厚大法考

真题卷

历年精粹　透视命题

商经法298题

思路点拨　举一反三

鄢梦萱◎编著　｜　厚大出品

中国政法大学出版社

憧憬未来不如创造未来

《《《 厚大在线 》》》

八大学科学习方法、新旧大纲对比及增删减总结、考前三页纸等你解锁。

🔊 硬核干货

法考管家 📣 法考公告发布、大纲出台、主客观报名时间、准考证打印等，法考大事及时提醒。

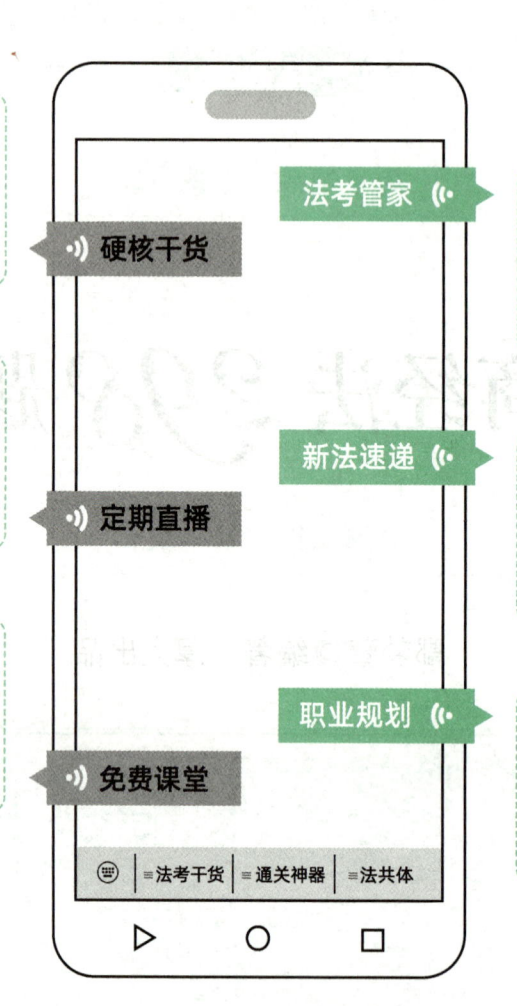

备考阶段计划、心理疏导、答疑解惑，专业讲师与你相约"法考星期天"直播间。

🔊 定期直播

新法速递 📣 新修法律法规、司法解释实时推送，最高院指导案例分享；牢牢把握法考命题热点。

图书各阶段配套名师课程的听课方式，课程更新时间获取，法考必备通关神器。

🔊 免费课堂

职业规划 📣 了解各地实习律师申请材料、流程，律师执业手册等，分享法律职业规划信息。

≡法考干货　≡通关神器　≡法共体

《《《 更多信息
关注厚大在线

HOUDA

代总序
GENERAL PREFACE

做法治之光
——致亲爱的考生朋友

如果问哪个群体会真正认真地学习法律，我想答案可能是备战法考的考生。

当厚大的老总力邀我们全力投入法考的培训事业，他最打动我们的一句话就是：这是一个远比象牙塔更大的舞台，我们可以向那些真正愿意去学习法律的同学普及法治的观念。

应试化的法律教育当然要帮助同学们以最便捷的方式通过法考，但它同时也可以承载法治信念的传承。

一直以来，人们习惯将应试化教育和大学教育对立开来，认为前者不登大雅之堂，充满填鸭与铜臭。然而，没有应试的导向，很少有人能够真正自律到系统地学习法律。在许多大学校园，田园牧歌式的自由放任也许能够培养出少数的精英，但不少学生却是在游戏、逃课、昏睡中浪费生命。人类所有的成就靠的其实都是艰辛的训练；法治建设所需的人才必须接受应试的锤炼。

应试化教育并不希望培养出类拔萃的精英，我们只希望为法治建设输送合格的人才，提升所有愿意学习法律的同学整体性的法律知识水平，培育真正的法治情怀。

厚大教育在全行业中率先推出了免费视频的教育模式，让优质的教育从此可以遍及每一个有网络的地方，经济问题不会再成为学生享受这些教育资源的壁垒。

最好的东西其实都是免费的，阳光、空气、无私的爱，越是弥足珍贵，越是免费的。我们希望厚大的免费课堂能够提供最优质

的法律教育，一如阳光遍洒四方，带给每一位同学以法律的温暖。

没有哪一种职业资格考试像法考一样，科目之多、强度之大令人咂舌，这也是为什么通过法律职业资格考试是每一个法律人的梦想。

法考之路，并不好走。有沮丧、有压力、有疲倦，但愿你能坚持。

坚持就是胜利，法律职业资格考试如此，法治道路更是如此。

当你成为法官、检察官、律师或者其他法律工作者，你一定会面对更多的挑战、更多的压力，但是我们请你持守当初的梦想，永远不要放弃。

人生短暂，不过区区三万多天。我们每天都在走向人生的终点，对于每个人而言，我们最宝贵的财富就是时间。

感谢所有参加法考的朋友，感谢你愿意用你宝贵的时间去助力中国的法治建设。

我们都在借来的时间中生活。无论你是基于何种目的参加法考，你都被一只无形的大手抛进了法治的熔炉，要成为中国法治建设的血液，要让这个国家在法治中走向复兴。

数以万计的法条，盈千累万的试题，反反复复的训练。我们相信，这种貌似枯燥机械的复习正是对你性格的锤炼，让你迎接法治使命中更大的挑战。

  亲爱的朋友，愿你在考试的复习中能够加倍地细心。因为将来的法律生涯，需要你心思格外的缜密，你要在纷繁芜杂的证据中不断搜索，发现疑点，去制止冤案。

  亲爱的朋友，愿你在考试的复习中懂得放弃。你不可能学会所有的知识，抓住大头即可。将来的法律生涯，同样需要你在坚持原则的前提下有所为、有所不为。

  亲爱的朋友，愿你在考试的复习中沉着冷静。不要为难题乱了阵脚，实在不会，那就绕道而行。法律生涯，道阻且长，唯有怀抱从容淡定的心才能笑到最后。

法律职业资格考试不仅仅是一次考试，它更是你法律生涯的一次预表。

我们祝你顺利地通过考试。

不仅仅在考试中，也在今后的法治使命中——

不悲伤、不犹豫、不彷徨。

但求理解。

厚大®全体老师　谨识

序　言

凡是持续的、大规模的考试，均有其自身规律。规律从何而来？答曰：过往真题也。多年的真题昭示着学科重点和改革方向，透露着本学科需要形成的思维方式和思维习惯。实践证明，我们在准备考试时研习真题、仔细揣摩命题思路、认真考量每一道题目中每一个选项的得失，是极为有效的巩固理论知识、增加实战经验的捷径。

2025版《真题卷·商经法298题》解析由我亲自完成，剔除了大量理论化表述，着重于选项的是、非、对、错分析，力图为各位考生朋友呈现一本"准确"的试题解析。下面我就本书的体例和学习方法作一简要说明，以方便各位考生朋友阅读。

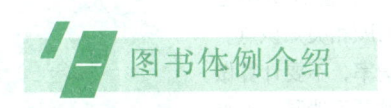

一 图书体例介绍

1. 本书体例与《理论卷·商经法51专题》保持一致，新增收集的2024年真题48道，同时替换过往年份重复考查或过于简单的真题。

2. 本书标注"回忆版"的真题，由厚大教学部参考考生们回忆的题目内容进行收集整理，再由本人解析。

3. 试题解析包含下列栏目：

    【本题考点】列明该题考点，可达到提炼题干关键信息的目的。

    【选项分析】本书对每个选项的分析，只求准确精当，不求析薪破理。

> **参考答案** 本书中每道试题的答案均参考最新法律法规及司法解释给出。对于本书答案较官方公布的参考答案有变化者，书中均予以注明，并说明了答案变动的原因。

> **总　结** 对一些重点试题，总结概括了该题对应的主要知识点，或者点评了该题的出题角度以及题目是否可用作主观题训练素材，让考生朋友们在复习后期只看 [总结] 就能回想起对应的知识点。

4. 本书最后附有"答案速查表"，便于考生朋友们在反复练习时快速核对答案和定位解析。

二 学习方法建议

1. 先听理论精讲阶段的课程，一战考生或初次接触法考的同学，可以以部门法（如公司法）为单位，先学完整个部门法，再做这本真题卷对应的该部门法的习题；有基础的同学，也可以以"专题"为单位，学完一"专题"即开始做对应部分的真题。

2. 本真题卷至少要做两遍。

第一轮真题
对于复杂题干，能"破题"找到题眼（关键字），能分析出考点，看解析能回顾相关知识点。此时不要求正确率，不要计算做题时间，力求题题不遗漏，点点都弄通，建议一道题目至少思考5分钟。

第二轮真题
重点是案例类客观题，此类题目务必每一道都细细体味、仔细琢磨，切勿浅尝辄止，力图能够举一反三，如此方可开悟良多；这类题目也极有可能是主观题案例分析的素材。此轮复习的次重点是前期易忽视的一些纯粹记忆类部门法对应的题目，要加强记忆。

3. 建议同学们准备一个错题本，将不理解的知识点、错误的选项汇总起来。错题本要标注日期，并简要标注错误原因。（有些题目，你会发现每次做都错在同一个选项上，这说明对应知识点没有理解，要回头去看理论卷对应部分的内容、听理论卷对应部分的课程）

法考，是一趟注定孤独的旅行，各位在希望中踯躅前行，路上少不了退缩和困顿，但，那又怎样？你将证明这是谁的时代！

最后，祝各位考生朋友心想事成！

鄢梦萱

2025 年 2 月

缩略语对照表 ABBREVIATION

九民纪要	全国法院民商事审判工作会议纪要
担保制度解释	最高人民法院关于适用《中华人民共和国民法典》有关担保制度的解释
公司法解释（二）	最高人民法院关于适用《中华人民共和国公司法》若干问题的规定（二）
公司法解释（三）	最高人民法院关于适用《中华人民共和国公司法》若干问题的规定（三）
公司法解释（四）	最高人民法院关于适用《中华人民共和国公司法》若干问题的规定（四）
破产法解释（一）	最高人民法院关于适用《中华人民共和国企业破产法》若干问题的规定（一）
破产法解释（二）	最高人民法院关于适用《中华人民共和国企业破产法》若干问题的规定（二）
破产法解释（三）	最高人民法院关于适用《中华人民共和国企业破产法》若干问题的规定（三）
保险法解释（二）	最高人民法院关于适用《中华人民共和国保险法》若干问题的解释（二）
保险法解释（三）	最高人民法院关于适用《中华人民共和国保险法》若干问题的解释（三）
保险法解释（四）	最高人民法院关于适用《中华人民共和国保险法》若干问题的解释（四）

目录 CONTENTS

01 第一编 商主体法

01 第一讲 公司法 ... 001

- 专题 1　公司法总则 ... 001
- 专题 2　公司的设立和公司登记 ... 003
- 专题 3　股东的出资 ... 008
- 专题 4　股东资格 ... 012
- 专题 5　有限责任公司的股权转让 ... 014
- 专题 6　股份有限公司的股份发行和转让 ... 018
- 专题 7　公司的组织机构 ... 020
- 专题 8　上市公司、国家出资公司组织机构的特别规定 ... 023
- 专题 9　公司董事、监事、高级管理人员的资格和义务 ... 024
- 专题 10　公司的财务与会计、合并与分立、增资与减资、
  解散与清算 ... 027
- 专题 11　公司经营中的特殊合同 ... 034

02 第二讲 合伙企业法 ... 037

- 专题 12　普通合伙企业 ... 037
- 专题 13　有限合伙企业 ... 045

03 第三讲 个人独资企业法与外商投资法 049

专题14 个人独资企业与外商投资 049

02 第二编 商行为法

04 第四讲 破产法 052

专题15 破产法总论（上） 052
专题16 破产法总论（下） 056
专题17 破产法分论——重整、和解、破产清算程序 060

05 第五讲 票据法 063

专题18 票据原理 063
专题19 票据行为（汇票） 066
专题20 本票与支票 069

06 第六讲 保险法 071

专题21 保险法概述 071
专题22 人身保险合同 072
专题23 财产保险合同 078

07 第七讲 证券业法律制度与信托法律制度 082

专题24 证券业法律制度 082
专题25 信托法律制度 086

03 第三编 知识产权法

08 第八讲 著作权法 ... 089

专题 26 著作权概述 ... 089
专题 27 著作权的内容与侵权行为 ... 096
专题 28 邻接权 ... 100

09 第九讲 专利法 ... 105

专题 29 专利法概述 ... 105
专题 30 专利侵权行为 ... 109

10 第十讲 商标法 ... 116

专题 31 注册商标概述 ... 116
专题 32 商标权的消灭和商标侵权行为 ... 120

04 第四编 劳动与社会保障法

11 第十一讲 劳动法律关系 ... 127

专题 33 劳动法一般原理 ... 127
专题 34 劳动合同的订立和特殊条款 ... 130
专题 35 劳动合同的解除和终止 ... 133
专题 36 特殊劳动关系 ... 134
专题 37 劳动争议的认定和处理 ... 137

12 第十二讲 社会保险与军人保险法律关系 　　140

　　专题38　社会保险与军人保险法律关系 ………………………………… 140

05 第五编 经济法、环境资源法

13 第十三讲 经 济 法 　　145

　　专题39　反垄断法 …………………………………………………………… 145
　　专题40　反不正当竞争法 …………………………………………………… 149
　　专题41　消费者权益保护法 ………………………………………………… 155
　　专题42　产品质量和食品安全法 …………………………………………… 160
　　专题43　商业银行与银行业监督管理 ……………………………………… 167
　　专题44　税收征纳实体法 …………………………………………………… 171
　　专题45　税收征收管理法律制度 …………………………………………… 179
　　专题46　审计法律制度 ……………………………………………………… 181
　　专题47　土地权属法律制度 ………………………………………………… 184
　　专题48　城市房地产管理法律制度 ………………………………………… 185
　　专题49　城乡规划和不动产登记法律制度 ………………………………… 187

14 第十四讲 环境资源法 　　191

　　专题50　环境保护法律制度 ………………………………………………… 191
　　专题51　森林和矿产资源法律制度 ………………………………………… 197

答案速查表 ……………………………………………………………………… 200

第一讲 公司法 01

专题 01 公司法总则

1 ▸

植根农业是北方省份一家从事农产品加工的公司。为拓宽市场，该公司在南方某省分别设立甲分公司与乙分公司。关于分公司的法律地位与责任，下列哪一选项是错误的？（2017/3/25-单）

A. 甲分公司的负责人在分公司经营范围内，当然享有以植根公司名义对外签订合同的权利
B. 植根公司的债权人在植根公司直接管理的财产不能清偿债务时，可主张强制执行各分公司的财产
C. 甲分公司的债权人在甲分公司直接管理的财产不能清偿债务时，可主张强制执行植根公司的财产
D. 乙分公司的债权人在乙分公司直接管理的财产不能清偿债务时，不得主张强制执行甲分公司直接管理的财产

本题考点 公司的分类（分公司）

选项分析 A选项，分公司并非"独立法人"，而是属于企业法人的分支机构，其在业务、资金、人事等方面受总公司管辖。故甲分公司在自己的经营范围内，以总公司（植根农业）的名义签订合同并无不妥。A选项正确，不当选。

B、C选项，分公司没有独立财产权，其财产本应归属于总公司。所以当总公司（植根农业）直接管理的财产不能清偿债务时，债权人有权主张由各分公司的财产清偿；若某一个分公司不能清偿债务，债权人可主张由总公司承担兜底责任。B、C选项正确，不当选。

D选项，基于前述分析，由于分公司没有法人独立性，因此当某一个分公司不能清偿债务时，也可由其他分公司承担债务清偿责任。所以乙分公司的债权人可主张强制执行甲分公司的财产。D选项错误，当选。

参考答案 D（本题为"选错题"）

总结 牢记"总-分不分家"。本题无难度。

总结 构成公司法人人格否认时，仅"滥权股东"承担连带责任。

2

零盛公司的两个股东是甲公司和乙公司。甲公司持股70%并派员担任董事长，乙公司持股30%。后甲公司将零盛公司的资产全部用于甲公司的一个大型投资项目，待债权人丙公司要求零盛公司偿还贷款时，发现零盛公司的资产不足以清偿。关于本案，下列哪一选项是正确的？（2016/3/27-单）

A. 甲公司对丙公司应承担清偿责任
B. 甲公司和乙公司按出资比例对丙公司承担清偿责任
C. 甲公司和乙公司对丙公司承担连带清偿责任
D. 丙公司只能通过零盛公司的破产程序来受偿

本题考点 公司法人人格否认的认定、责任承担

选项分析 A选项，公司股东滥用公司法人独立地位和股东有限责任，逃避债务，严重损害公司债权人利益的，应当对公司债务承担连带责任。本题中，"甲公司持股70%并派员担任董事长"，意指甲公司对零盛公司具有控制力；"后甲公司将零盛公司的资产全部用于甲公司的一个大型投资项目"，这是典型的适用"公司法人人格否认制度"的情形。A选项正确。

B、C选项，零盛公司不能清偿对丙公司的债务，与股东乙公司无关，乙公司无需承担责任。B、C选项错误。

D选项，除破产程序外，丙公司还有其他选择，如要求甲公司与零盛公司承担连带责任。D选项的"只能"，犯了过于绝对的错误。

参考答案 A

3

甲、乙、丙是萱草有限公司股东，甲是董事长且持股比例为67%。甲欲收购B公司，因与乙有矛盾，2018年9月，萱草公司召开股东会会议时未通知持股比例10%的乙。该次股东会在甲的主导下通过了收购B公司的决议，并且，甲让秘书伪造乙的签名。就该事件的判断，下列哪些说法符合法律规定？（2019-回忆版-多）

A. 该决议为可撤销决议，乙于知道决议作出之日起60日内有权请求法院撤销
B. 乙虽未参会但并未造成实质影响，该决议有效
C. 该决议因伪造签名导致收购B公司的行为无效
D. 乙若提出决议效力诉讼，可以列B公司为第三人

本题考点 公司决议的分类和效力

选项分析 A、B选项，根据《公司法》第26条第2款的规定，未被通知参加股东会会议的股东自知道或者应当知道股东会决议作出之日起60日内且自决议作出之日起1年内，可以请求人民法院撤销。本题中，萱草公司恶意未通知股东乙参加股东会而作出决议，并且，甲让秘书伪造乙的签名，无法体现未参会股东的意志，乙可行使撤销权。A选项当选，B选项不当选。

C选项，根据《公司法》第28条第2款的规定，股东会、董事会决议被人民法院宣告无效、撤销或者确认不成立的，公司根据该决议与善意相对人形成的民事法律关系不受影响。因此本题中的收购有效。C选项不当选。

D选项，该项决议的收购对象为B公司，B公司属于该项决议涉及的其他利害关系人，依

据《公司法解释（四）》第 3 条第 1 款的规定，可以依法列为第三人。D 选项当选。

参考答案 AD

总　结

未通知小股东参会，不属于程序轻微瑕疵，即使表决权达到法定要求，该决议仍可被撤销。

4

2016 年，陈某和周某共同创办了逐月有限公司，其中，陈某持有公司 67% 的股权，并担任董事长、法定代表人。公司章程规定，只要公司可分配利润超过 10 万元，即向周某分配 10 万元，剩余部分向陈某分配。2017 年，逐月公司业绩不佳，税后利润提取公积金后，公司可分配利润仅为 11 万元。当年股东会会议中，陈某以周某业务能力差、对公司贡献少为由，主张将可分配利润全部分配给自己，不向周某分配。该决议两股东均签字，但周某注明了反对意见。据此，当年的全部利润均分配给了陈某。对此，下列哪些说法是正确的？（2018-回忆版-多）

A. 周某可以主张该决议无效
B. 周某可以主张撤销该决议
C. 周某可以主张公司赔偿其损失
D. 周某可以主张陈某赔偿其损失

本题考点 公司决议的分类和效力

选项分析 A 选项，《公司法》第 25 条规定："公司股东会、董事会的决议内容违反法律、行政法规的无效。"本题中，股东会的决议内容为"分配利润"，此属于股东会职权，因此决议内容不违法。A 选项定性为"决议无效"，是错误的。

B 选项，公司章程关于利润分配的规定合法有效，因此，股东会决议中"不向周某分配"的内容违反该章程的规定。根据《公司法》第 26 条第 1 款的规定，决议内容违反公司章程的，股东可以请求人民法院撤销。B 选项正确。

C 选项，《公司法》及其司法解释尚无"公司向股东承担赔偿责任"的规定。C 选项错误。

D 选项，公司股东滥用股东权利给公司或者其他股东造成损失的，应当承担赔偿责任。（《公司法》第 21 条第 2 款）本题中，陈某违反公司章程，损害了周某的利润分配请求权，周某可以要求陈某赔偿其损失。D 选项正确。

参考答案 BD

总　结

（1）无效决议：内容违法。
（2）可撤销决议：①内容违反章程；②决议程序违法、违章。

专题 02

公司的设立和公司登记

一、设立条件、设立责任

5

甲、乙、丙等拟以募集方式设立厚亿股份公司。经过较长时间的筹备，公司设立的各项事务逐渐完成，现大股东甲准备组织召开公司成立大会。下列哪些表述是正确的？（改编自 2016/3/70-多）

A. 厚亿公司的章程应在成立大会上通过
B. 甲、乙、丙等出资的验资证明应由成立大会审核
C. 厚亿公司的经营方针应在成立大会上决定
D. 设立厚亿公司的各种费用应由成立大会审核

本题考点 股份公司的设立程序（公司成立大会的职权）

选项分析 A选项，根据《公司法》第104条第1款第2项的规定，公司成立大会通过公司章程。因此，采用募集设立方式，公司章程在成立大会上通过。A选项正确。

B选项，在募集设立中，《公司法》第101条规定："向社会公开募集股份的股款缴足后，应当经依法设立的验资机构验资并出具证明。"可知，需要法定验资的对象是"向社会公开募集的股份"，也即认股人认购的股份需要法定验资，而非对发起人的出资验资。B选项错误。

C选项，在设立阶段召开的公司成立大会，其目的是对是否成立公司作出决议，对设立阶段的费用进行审核。由于该阶段公司尚未领取营业执照，公司是否设立成功还存有变数，因此，成立大会阶段，发起人并不具有对公司具体经营方针进行决策的权利。C选项错误。

D选项，《公司法》第104条第1款明确规定了在募集设立阶段公司成立大会的职权，该条款第4项即为"对公司的设立费用进行审核"。D选项正确。（《公司法》第104条规定："公司成立大会行使下列职权：①审议发起人关于公司筹办情况的报告；②通过公司章程；③选举董事、监事；④对公司的设立费用进行审核；⑤对发起人非货币财产出资的作价进行审核；⑥发生不可抗力或者经营条件发生重大变化直接影响公司设立的，可以作出不设立公司的决议。成立大会对前款所列事项作出决议，应当经出席会议的认股人所持表决权过半数通过。"）

参考答案 AD

6

甲、乙、丙共同出资1亿元设立某有限责任公司，后公司收益颇丰，净资产达到1.7亿元，三人欲将公司转为股份有限公司，为将来公司上市做准备。下列说法正确的有：（2018-回忆版-多）

A. 如变更后的股份有限公司注册资本为2亿元，则所增加的注册资本可以由甲、乙、丙三人认购
B. 如变更后的股份有限公司注册资本为2亿元，则所增加的注册资本可向社会公开募集，但不能定向募集
C. 如变更后的股份有限公司注册资本为1.7亿元，则公司不必另行办理增资程序
D. 如注册资本变更为1.7亿元后，发现原公司净资产计算有误，漏记了一笔1000万元的对外债务，则此差额由甲、乙、丙三人承担连带补足责任

本题考点 股份公司的设立方式（公司形式的变更）

选项分析 A、B选项，由一公司类型变更为另一公司类型，可以理解为设立一个新公司。股份有限公司的设立，可以采取发起设立和募集设立两种形式。《公司法》对采取哪种设立方式没有加以限定，交由发起人自己决定。A选项正确，B选项错误。

C选项，根据《公司法》第108条的规定，有限责任公司变更为股份有限公司时，折合的实收股本总额不得高于公司净资产额。净资产=资产-负债，它和公司的经营情况紧密相连，数额也随公司经营情况而变动。该有限责任公司虽然净资产已达1.7亿元，但其注册资本仍为1亿元。若变更后的股份有限公司注册资本为1.7亿元，这是需要办理注册资本的变更程序的。C选项错误。

[易错] C选项混淆了"注册资本"和"净资产"的概念。注册资本，是指由章程载明的，经公司登记机关登记的资本。注册资本的变更

必须经过法定程序，不能随意变更。

D选项，漏记对外债务，意味着净资产价值低于1.7亿元，会导致股份有限公司资本不足，发起人应当承担连带补足资本的责任。D选项正确。

参考答案 AD

总结

公司形式变更时，净资产折合为股份（注册资本），要办理股本变更登记。

二、股东的查阅、复制权

7

嘉茂有限责任公司成立于2020年，夏某是持股0.8%的股东。嘉茂公司收购了华兴公司85%的股权，嘉茂公司和华兴公司的法定代表人（董事）由同一人担任。现嘉茂公司欲处置华兴公司的资产，嘉茂公司的控股股东未予理会。夏某认为该处置会损害嘉茂公司的利益，遂请求查阅嘉茂和华兴公司2023年的财务会计报告。对此，下列哪一选项是正确的？（2024-回忆版-单）

A. 夏某查阅公司财务会计报告须书面说明查阅目的
B. 夏某只持有嘉茂公司0.8%的股权，无权查阅嘉茂公司的财务会计报告
C. 夏某无权查阅华兴公司的财务会计报告
D. 夏某作为股东，可委托嘉茂公司查阅华兴公司的财务会计报告

本题考点 股东权利（查阅、复制权）

选项分析 根据《公司法》第57条的规定，股东有权查阅公司财务会计报告、会计账簿、会计凭证等文件资料，查阅、复制规则适用于股东要求查阅、复制公司全资子公司相关材料。

该条还区分了查阅财务会计报告和查阅会计账簿、会计凭证适用不同的程序。其中，股东要求查阅公司会计账簿、会计凭证的，应当向公司提出书面请求，说明目的。但本题为查阅财务会计报告，因此并无书面说明目的的前置程序要求。

该条第3款规定："股东查阅前款规定的材料，可以委托会计师事务所、律师事务所等中介机构进行。"该条款明确委托的主体为"股东"，委托对象为"中介机构"。

可知：

A选项，股东请求查阅财务会计报告的，无须向公司提出书面请求，说明目的。A选项错误。

B选项，有限责任公司的股东行使知情权没有持股比例和持股期限的限制，具有股东资格即可。（提示：股份有限公司股东要求查阅公司会计账簿、会计凭证的，需要连续180日以上单独或者合计持有公司3%以上股份）B选项错误。

C选项，华兴公司并非嘉茂公司的全资子公司，夏某作为嘉茂公司的股东，虽有权查阅嘉茂公司的财务会计报告，但无权查阅并非全资子公司的华兴公司的相关材料。C选项正确。

D选项，夏某仅为嘉茂公司持股0.8%的小股东，根据有限责任公司股东会采用"资本多数决"的表决规则可知，其无法作出影响嘉茂公司的有效决议，故D选项"委托嘉茂公司"是不可行的方案。并且，《公司法》第57条第3款也仅规定股东可委托中介机构进行查账，并未包括股东公司的股东（全资子公司的股东除外）。D选项错误。

参考答案 C

8

甲、乙二人合资创立了A有限公司，甲持股75%，乙持股25%，甲同时担任A公司的董事和法定代表人，乙未任职。后甲以A公司的名义创立了全资子公司B公司，主营并接手了A公司的业务。乙因一直未得到分红，于2024年7月向A公司发函查询，并委托律师要求查阅A公司、B公司的会计账簿和会计凭证。在符合公司法其他

规定的情形下，下列哪一说法是正确的？（2024-回忆版-单）

A. 乙有权查阅 A 公司的会计账簿和会计凭证，但是无权查阅 B 公司的会计账簿和会计凭证

B. 乙有权查阅 A 公司和 B 公司的会计账簿，但是无权查阅 A 公司和 B 公司的会计凭证

C. 乙有权查阅 A 公司和 B 公司的会计账簿和会计凭证

D. 乙只能自己请求查阅，不能委托律师查阅

本题考点 股东的查阅、复制权（可查阅资料的范围；会计账簿、会计凭证的特殊规则）

选项分析《公司法》第 57 条规定了股东有查阅公司会计账簿、会计凭证的权利。和本题相关的要点包括：

（1）股东可以要求查阅公司及其全资子公司的会计账簿、会计凭证。A、B 选项错误，C 选项正确。

（2）股东可以委托会计师事务所、律师事务所等中介机构进行查阅。D 选项错误。

参考答案 C

9

益成有限责任公司有股东三人，安盛公司持股 51%，昊海公司和陈某都是小股东。2018 年 3 月起，益成公司未分配利润。2023 年 6 月，安盛公司欲向外人转让其持有的股权，为确定股权价格，安盛公司提出查阅益成公司的有关财务文件。同时，昊海公司要求益成公司回购其股权。对此，下列哪一选项是正确的？（2023-回忆版-单）

A. 若益成公司拒绝安盛公司的查账请求，则安盛公司可向法院申请查阅益成公司会计原始凭证

B. 因涉及商业秘密，安盛公司只能查阅益成公司会计账簿，不能查阅会计原始凭证

C. 益成公司 5 年未分配利润的，昊海公司要求回购股权可以得到法院支持

D. 安盛公司查阅会计账簿的目的是转让股权的，益成公司有权拒绝

本题考点 股东权利（查阅、复制权）

选项分析 A、B 选项，基于利益平衡以及确保信息真实的考虑，股东知情权的范围不宜限定过窄，尤其是对于人合性较高的有限责任公司，严格限定知情权的范围并不利于实现知情权制度设置的目的。所以，有限责任公司的股东可以要求查阅公司会计账簿，并且有权查阅会计原始凭证。A 选项正确，B 选项错误。

C 选项，当出现法定情形时，异议股东可以请求公司按照合理的价格收购其股权。和本题案情相关的是"公司作出连续 5 年不向股东分配利润的决议，而公司该 5 年连续盈利"。C 选项缺乏"5 年连续盈利"的条件，不符合股东请求公司回购的情形。C 选项错误。

D 选项，本题股东为了合理评估股权转让价值而请求查账，因为只有对股权价值进行合理评估，才能完成股权转让的交易，所以股东查账的目的正当，现有案情也不能证明股东查账请求"可能损害公司合法利益"（《公司法解释（四）》第 8 条第 2 项），益成公司的拒绝理由不正当。D 选项错误。

参考答案 A

10

甲有限公司的股东李某持股比例为 3%。甲公司全体股东约定，李某不参与公司的经营管理，不过问公司事务，不得查阅会计账簿，以此条件换取李某的分红比例为 10%。后甲公司连续 3 年未进行利润分配，李某直接向法院提起知情权之诉，要求查阅甲公司会计账簿等资料。诉讼中，甲公司提出了李某在其他同类公司中参股投资的证据以及李某放弃知情权的证据。据此，下列

哪些选项是正确的？（2022-回忆版-多）

A. 李某应先向甲公司主张查阅，被拒绝后才可以起诉
B. 李某有权查阅甲公司的会计账簿
C. 李某有权行使高额的分红权
D. 甲公司以李某查账具有不正当目的为由拒绝提供查阅，能够得到法院支持

本题考点 股东权利（查阅、复制权）

选项分析 A 选项，公司是独立法人，所以股东查账应当向公司提出书面请求，说明目的。公司拒绝提供查阅的，股东方可请求法院要求公司提供查阅。A 选项正确。

B 选项，查阅账簿是股东基于股东身份所固有的权利。本题中，李某放弃知情权的约定，属于实质性剥夺该固有权利，故约定无效。B 选项正确。

C 选项，原则上，股东按照实缴的出资比例分配利润；但是，全体股东约定不按照出资比例分配利润的除外。题干告知李某的高额分红比例经过全体股东"一致决"，故 C 选项正确。

D 选项：

（1）公司有合理根据认为股东查阅会计账簿有不正当目的，可能损害公司合法利益的，可以拒绝提供查阅。此处"不正当目的"包括"股东自营或者为他人经营与公司主营业务有实质性竞争关系业务"。（《公司法解释（四）》第 8 条第 1 项）

（2）题干仅告知李某在其他同类公司中参股投资，是同类公司的投资人。依据公司法理论可知，公司是独立法人，出资人不能直接参与公司的经营管理，所以仅仅是"股东"身份不能表明李某实际参与了同类公司的经营，甲公司无权拒绝李某查阅会计账簿。

D 选项错误。

[易错] 若题干改成"李某在其他同类公司中担任董事、高管"，则甲公司有权拒绝李某查阅会计账簿。

参考答案 ABC

11

景明公司从事软件开发，有股东甲和乙两人。公司章程规定，股东不得查阅会计账簿。2019 年 10 月，乙认为软件开发没有前景，便将其股权卖给甲。至 2020 年 1 月，公司软件大卖，收益颇丰。乙非常后悔，遂发生纠纷。对此，下列哪些表述是正确的？（2020-回忆版-多）

A. 乙认为甲未告知自己景明公司投资的软件大卖，要求查阅其持股期间的会计账簿
B. 乙应该向景明公司书面提出查阅会计账簿的请求并说明原因
C. 景明公司有权以乙查阅会计账簿不符合公司章程规定为由拒绝
D. 景明公司无权以章程规定为由拒绝乙的查账请求

本题考点 股东权利（查阅、复制权）

选项分析 A 选项，提出查阅会计账簿的诉讼请求，要求原告在起诉时具有股东资格；但原告有初步证据证明在持股期间其合法权益受到损害的，可以请求依法查阅或者复制其持股期间的公司特定文件材料。（《公司法解释（四）》第 7 条第 2 款）本题中，股东乙有权查阅其持股期间的会计账簿。A 选项正确。

B 选项，公司是独立法人，所以股东查账应当向公司提出书面请求，说明目的。B 选项正确。

C、D 选项，本题公司章程实质性剥夺了股东的知情权，属于无效条款，故景明公司的拒绝理由不合法。C 选项错误，D 选项正确。

参考答案 ABD

总结

股东可以倒查持股期间的会计账簿。

12

甲、乙、丙、丁、戊五人是昌盛有限公司

的股东，其中，甲持有公司股权比例为1%；乙持有公司股权比例为2%；丙持有公司股权比例为17%，但丙与好友赵某签订了股权代持协议，约定由好友赵某实际出资，享受投资收益；丁持有公司股权比例为30%；戊持有公司股权比例为50%，且担任公司董事长。公司章程规定，持股比例低于5%的股东不得查阅公司会计账簿。对此，下列说法正确的是：（2018-回忆版-单）

A. 甲无权查阅公司会计账簿
B. 丙无权查阅公司会计账簿
C. 赵某无权查阅公司会计账簿
D. 丁有权查阅并复制公司会计账簿

本题考点 股东权利（查阅、复制权）

选项分析 A选项，查阅、复制权是股东基于股东身份所固有的权利。公司章程、股东之间的协议等不得实质性剥夺股东查阅或者复制公司文件材料的权利。（《公司法解释（四）》第9条）本题公司章程规定"持股比例低于5%的股东不得查阅公司会计账簿"，属于"实质性剥夺"股东依法享有的查阅、复制权，该限制条款无效。A选项错误。

B选项，就法律上或者名义上而言，名义股东（丙）是公司的合法股东，有权查阅公司会计账簿。B选项错误。

C选项，实际出资人（赵某）必须经过"公司其他股东半数以上同意"，请求公司变更股东后，才能行使股东权。（《公司法解释（三）》第24条第3款）本题赵某仍为隐藏的"实际出资人"，因此赵某无权查阅公司会计账簿。C选项正确。

D选项，错在"复制"。有限公司股东只能查阅会计账簿，但无权复制。D选项错误。

参考答案 C

总结
（1）原则上，实际出资人不可行使股东权（包括查阅、复制权）；
（2）不得实质性剥夺股东的查阅、复制权；
（3）只能查阅会计账簿，但无权复制。

专题 03 股东的出资

13

甲、乙、丙、丁设立萱草有限责任公司，甲认缴出资1000万元，以厂房20年使用权出资；乙认缴出资300万元，以其对某公司的300万元到期债权出资；丙认缴出资200万元，以房屋出资；丁实缴出资30万元，并担任董事长和设立阶段主要负责人。后发现丙用于出资的房屋其实归戊所有，丙篡改遗嘱取得该房屋的所有权，董事长丁对此事知情；因某公司破产，乙对某公司的300万元债权只分得30万元。对此，下列哪些表述是正确的？（2020-回忆版-多）

A. 乙对某公司的债权的实现具有不确定性，乙的该项出资不合法
B. 萱草有限责任公司有权向乙追缴出资270万元
C. 甲以厂房使用权出资不合法，需以厂房所有权出资
D. 萱草有限责任公司不能取得该房屋

本题考点 股东的出资方式；股东违反出资义务

的认定和处理

选项分析 A 选项，股东可以用能够以货币估价并可以依法转让的非货币财产作价出资；但是，法律、行政法规规定不得作为出资的财产除外。本题债权数额确定且已经到期，《民法典》也允许债权转移，无法律法规明确禁止以债权出资，所以乙以债权出资并无不妥。A 选项错误。

B 选项，在出资人乙以债权出资后，因为债务人破产导致可实现的债权额贬值，属于因市场变化或者其他客观因素导致出资财产贬值，萱草有限责任公司无权要求乙补足差额。（《公司法解释（三）》第 15 条）B 选项错误。

C 选项，根据《公司法》第 49 条第 2 款的规定，以非货币财产出资的，应当依法办理其财产权的转移手续。所以，C 选项甲以厂房 20 年使用权出资，不符合"财产权的转移"的规定。C 选项正确。

D 选项，出资人以不享有处分权的财产出资，当事人之间对于出资行为效力产生争议的，参照《民法典》"善意取得"的规定予以认定。本题丙用他人（戊）的房屋出资构成"无权处分"，此时要考虑房屋受让人萱草有限责任公司能否善意取得。题干中告知，丁是董事长和设立阶段主要负责人，丁知情即意味着萱草有限责任公司对此知情，所以萱草有限责任公司不能善意取得该房屋。D 选项正确。

参考答案 CD

总结

非货币财产能否出资，判断标准为是否"可估价+可转让"。

14

甲、乙、丙、丁共同出资设立一家有限责任公司，约定每人出资 100 万元。甲、乙均按期足额出资；丙到期只出资了 40 万元；丁以房屋作价 100 万元出资，该房屋已交付使用，但未办理过户手续。2022 年，股东会通过以下决议：①丁在完成过户手续前不享有股东权利；②丙在补足出资前不能参与当年利润分配。丙和丁均反对上述决议内容。据此，下列哪些说法是正确的？（2022-回忆版-多）

A. 决议①不合法，丁有权主张自房屋交付给公司使用时享有相应股东权利
B. 决议①合法，丁未办理过户手续，公司可对其相应股东权利加以限制
C. 决议②对丙利润分配请求权的限制不合法
D. 决议②对丙利润分配请求权的限制合法

本题考点 股东违反出资义务的认定和处理

选项分析 A、B 选项：

（1）根据《公司法》第 49 条第 2 款的规定，以非货币财产出资的，应当依法办理其财产权的转移手续。本题中，丁用以出资的房产已经交付公司使用但未办理权属变更手续，发生争议时，人民法院应当责令其在指定的合理期间内办理权属变更手续；在前述期间内办理了权属变更手续的，丁有权主张自其实际交付财产给公司使用时享有相应股东权利。（《公司法解释（三）》第 10 条第 1 款）据此，若没有办理财产权的权属变更手续，应当认定为出资人未全面履行出资义务，可以对其相应股东权利加以限制。

（2）A 选项缺少"办理权属变更手续"这一条件，直接认定丁享有股东权是错误的。

故 A 选项错误，B 选项正确。

C、D 选项，根据《公司法》第 210 条第 4 款的规定，公司分配所余税后利润时，有限责任公司按照股东实缴的出资比例分配利润，全体股东约定不按照出资比例分配利润的除外。本题中，丙已经实际缴纳部分出资，其有权参与利润分配，股东会决议②对其的限制不合法。故 C 选项正确，D 选项错误。

参考答案 BC

总结

A选项易错选，易忽视享有股东权利的前提是"办理了权属变更手续"。

15

萱草有限公司的股东为甲、乙、丙、丁四人，章程规定缴纳出资期限到2025年。2020年，萱草公司经营陷入困境，拖欠A公司到期货款1000万元，萱草公司账户中的资金已不足以偿付，A公司多次催款无果。关于本案，下列主张哪些能得到法院支持？（2020-回忆版-多）

A. A公司以萱草公司不能清偿到期债务为由主张甲等股东提前缴纳出资
B. 萱草公司以不能清偿到期债务为由主张甲等股东提前缴纳出资
C. A公司以萱草公司不能清偿到期债务为由主张甲等股东对债务承担补充赔偿责任
D. 萱草公司被法院受理破产后，A公司主张甲等股东在未出资范围内对上述债务承担补充赔偿责任

本题考点 股东违反出资义务的认定和处理（出资加速到期）

选项分析 A、B选项，公司不能清偿到期债务的，公司或者已到期债权的债权人有权要求已认缴出资但未届出资期限的股东提前缴纳出资。（《公司法》第54条，股东出资加速到期）A、B选项当选。

C选项，目前尚有争议。截至2025年1月本书修订，《公司法》关于债务清偿方面的司法解释仍未出台。就公司不能清偿到期债务，对未届出资期限的股东是采用"入库规则"（《公司法》第54条），抑或是"直接向债权人清偿规则"（《九民纪要》第6点），仍未达成一致。目前法院在审判实务中的主导意见是，在《公司法》相关司法解释出台之前，按照《九民纪要》的精神处理；一旦《公司法》相关司法解释出台，则不应适用《九民纪要》，而应根据《公司法》相关司法解释的规定处理。据此，本书认为，C选项当选。

但提请同学们注意，在2025年备考阶段，要实时关注是否颁布《公司法》相关司法解释。

D选项：

（1）《企业破产法》第48条第1款规定："债权人应当在人民法院确定的债权申报期限内向管理人申报债权。"同法第35条规定："人民法院受理破产申请后，债务人的出资人尚未完全履行出资义务的，管理人应当要求该出资人缴纳所认缴的出资，而不受出资期限的限制。"

（2）本题中，若萱草公司被受理破产，债权人应当依据统一的破产程序申报债权，同时，萱草公司股东出资加速到期，出资款作为萱草公司的债务人财产，由管理人统一管理。但是债权人无权要求股东承担清偿责任。

D选项不当选。

参考答案 ABC

16

甲有限责任公司成立于2014年4月，注册资本为1000万元，文某是股东之一，持有40%的股权。文某已实缴其出资的30%，剩余出资按公司章程规定，应在2017年5月缴足。2015年12月，文某以其所持甲公司股权的60%作为出资，评估作价为200万元，与唐某共同设立乙公司。对此，下列哪一选项是正确的？（2017/3/27-单）

A. 因实际出资尚未缴纳完毕，故文某对乙公司的股权出资存在权利瑕疵
B. 如甲公司经营不善，使得文某用来出资的股权在1年后仅值100万元，则文某应补足差额
C. 如至2017年5月文某不缴纳其对甲公司的剩余出资，则甲公司有权要求其履行
D. 如至2017年5月文某不缴纳其对甲公司的剩余出资，则乙公司有权要求其履行

本题考点 股东的出资方式（股权出资）；股东违反出资义务的认定和处理

选项分析 A 选项，文某剩余的出资尚未到章程约定的期限，且我国允许出资分期缴纳，所以文某持有的甲公司股权无权利瑕疵。文某以自己持有的甲公司股权出资设立乙公司并无不妥。（《公司法解释（三）》第 11 条第 1 款第 2 项）A 选项错误。

B 选项，《公司法解释（三）》第 15 条规定："出资人以符合法定条件的非货币财产出资后，因市场变化或者其他客观因素导致出资财产贬值，公司、其他股东或者公司债权人请求该出资人承担补足出资责任的，人民法院不予支持。但是，当事人另有约定的除外。"本题中，文某用以出资的股权并非在设立时虚假评估，而是在出资 1 年后因甲公司经营不善导致贬值，所以文某无需担责。B 选项错误。

C 选项，文某并未将持有的甲公司股权全部转出，因此其仍然是甲公司股东。如超过甲公司章程规定期限，文某不缴纳其对甲公司的剩余出资，则文某需要向甲公司补足出资。C 选项正确。

D 选项：

（1）题干未告知乙公司缴纳出资的期限，并且文某系以合法股权出资，所以，文某是否对乙公司存在"未按期足额缴纳出资"的情形，因题目信息不明确而无法判断。

（2）文某和乙公司均为甲公司的股东，超过甲公司的出资期限（2017 年 5 月），文某未缴纳剩余出资的，依据 2023 年修订的《公司法》的规定，也应由甲公司董事会进行核查催缴，而非另一股东乙公司。（《公司法》第 51 条规定："有限责任公司成立后，董事会应当对股东的出资情况进行核查，发现股东未按期足额缴纳公司章程规定的出资的，应当由公司向该股东发出书面催缴书，催缴出资。未及时履行前款规定的义务，给公司造成损失的，负有责任的董事应当承担赔偿责任。"）

D 选项错误。

参考答案 C

总 结
未到出资协议约定的认缴出资期限，股东以实缴出资的股权出资设立其他公司的，认定为"股权无瑕疵"。

17
罗某出资 500 万元，委托毛某设立星力有限责任公司。毛某随后与赖某、李某成立星力公司，毛某占股 80%，担任公司的执行董事，但公司实际事务由罗某管理。后赖某利用罗某、毛某的管理疏忽，通过签订虚假合同将自己的出资抽回，给公司造成重大损失。对此，下列哪些说法是正确的？（2024－回忆版－多）

A. 公司有权要求赖某返还抽逃的出资
B. 罗某和毛某对赖某返还抽逃的出资承担连带责任
C. 毛某和赖某对给公司造成的损失承担连带责任
D. 罗某作为实际控制人，对赖某抽逃出资给公司造成的损失承担连带责任

本题考点 抽逃出资；股东对公司的责任；董事的忠实、勤勉义务

选项分析（1）本题构成抽逃出资。《公司法》第 53 条规定："公司成立后，股东不得抽逃出资。违反前款规定的，股东应当返还抽逃的出资；给公司造成损失的，负有责任的董事、监事、高级管理人员应当与该股东承担连带赔偿责任。"

（2）本题董事（包括实际执行公司事务的实际控制人）违反了勤勉义务，应对公司损失承担赔偿责任。《公司法》第 180 条第 2、3 款规定："董事、监事、高级管理人员对公司负有勤勉义务，执行职务应当为公司的最大利益尽到管理者通常应有的合理注意。公司的控股股东、实际控制人不担任公司董事但实际执行公司事务的，适用前两款规定。"

可知：

A 选项，赖某构成抽逃出资，应向公司返还。A 选项正确。

C、D 选项，因罗某（实际控制人）、毛某（执行董事）管理疏忽，才使得赖某得以抽逃出资且给公司造成重大损失，显然，二者没有尽到管理者通常应有的合理注意。根据上述《公司法》第 53 条第 2 款的规定，对给公司造成的损失，罗某、毛某应当承担连带赔偿责任。C、D 选项均正确。

B 选项，《公司法》第 53 条第 2 款仅规定"股东应当返还抽逃的出资"，就疏忽过失的其他股东是否对返还出资承担补充赔偿责任，本法没有明确规定。同时，根据本题题干中"罗某、毛某的管理疏忽"，难以认定二人构成"协助抽逃出资"的共同故意。B 选项错误。

参考答案 ACD

专题 04 股东资格

18

甲购买了乙所持萱草公司的股权，签订了股权转让协议，当天支付给乙部分股权转让款，剩余部分分期支付，萱草公司已经变更股东名册，尚未在工商行政管理部门（现为市场监管部门）办理股权变更登记。对此，下列说法正确的有：（2020-回忆版-多）

A. 办理了股权变更登记，甲才能取得股权

B. 甲已经取得了已经支付股权转让款的部分股权

C. 未办理股权变更登记，不得对抗善意第三人

D. 甲已经取得了所购买的乙的股权

本题考点 股东资格的取得与确认

选项分析 A 选项，《公司法》第 56 条第 2 款规定："记载于股东名册的股东，可以依股东名册主张行使股东权利。"可知，股东名册是股东身份或资格的法定证明文件，股东身份的取得和确认并非以公司登记为标准。A 选项错误。

B、D 选项，股权转让款是否分期缴纳，是履行股权转让协议的具体方式，是"股权转让方-股权受让方"之间的法律关系。能否取得股权，是"股东-公司"之间的关系。本题中，甲登记在公司股东名册，已经是公司股东，而非仅仅取得已经支付股权转让款的部分股权。B 选项错误，D 选项正确。

C 选项，公司登记只具有程序性意义，但是基于登记的公信力，该记载具有对抗效力，即公司登记事项未经登记或者未经变更登记，不得对抗善意相对人。（《公司法》第 34 条第 2 款）C 选项正确。

参考答案 CD

总结

要区分两种法律关系：①股权的转让：股权转让方-股权受让方，依据合同规则处理；②公司股东的变更：依据股东名册确定。

19

甲、乙、丙三人设立宏远公司，于 2018 年 3 月办理设立登记，甲的名字在市场监管部门登记，但由于甲是通过朋友转账出资，公司出纳太忙忘记为其签发出资证明书和将其名字记载于股东名册。后在认定甲的股东资格时发生争议。就本案，下列哪一选项是正确的？（2019-回忆版-单）

A. 应按照工商登记认定

B. 甲没有被记载在股东名册上，不具有股

东资格

C. 甲没有出资证明书，不具有股东资格

D. 判断甲是否具有股东资格，应综合各种证据认定

本题考点 股东资格的取得与确认

选项分析 A、B选项：

（1）《公司法》第56条第2款规定："记载于股东名册的股东，可以依股东名册主张行使股东权利。"可知，股东名册是股东身份或资格的法定证明文件，股东身份的取得和确认并非以公司登记为标准。A选项错误。

（2）但从上述法条不能推导出"未记载于股东名册，则不是股东"的结论，因为股东身份的确认，应根据当事人的出资情况以及股东身份是否以一定的形式为公众所认知等因素进行综合判断。（《公司法解释（三）》第22、23条）根据《公司法解释（三）》第23条的规定，当事人依法履行出资义务或者依法继受取得股权后，公司未依规定记载于股东名册等的，当事人可请求公司履行上述义务。所以，股东名册仅是证明股东身份的证据之一。B选项错误。

C选项，根据《公司法》第55条第1款的规定，有限责任公司成立后，应当向股东签发出资证明书。出资证明书的性质是公司签发的证明股东出资额的凭证。逻辑关系是"先出资成立公司并成为股东，公司成立后出具凭证"。因此，即使公司没有签发出资证明书，也不能仅以此否定股东资格。C选项错误。

D选项，股东身份的确认，既要考虑形式要件又要考虑实质要件，即要"综合判断"。（《公司法解释（三）》第22、23条，可参考上述A、B选项的解析）D选项正确。

参考答案 D

总结

股权归属应当从"实质要件+形式要件"两方面综合考虑。

20

甲、乙、丙是某公司的股东，乙所持股份的实际出资人为丁，甲、丙对此知情。乙未告知丁便将所持股份全部转让给甲并办理了转让登记。下列哪一说法是正确的？（2020-回忆版-单）

A. 丁有权撤销甲、乙的股权转让协议
B. 丙有权就所转让的股份行使优先购买权
C. 甲有权主张自己受让有效
D. 丁可以要求返还股权

本题考点 代持股纠纷；股权转让规则

选项分析 A选项，名义股东将登记于其名下的股权转让、质押或者以其他方式处分时，参照善意取得处理。本题甲对"乙代持丁股份"一事知情，显然受让人甲不符合善意取得的条件。但根据民法的规定，即使甲、乙之间的股权转让为无权处分[1]，二者之间的股权转让协议（合同）仍为有效。A选项错误。

B选项，《公司法》第84条第1款规定："有限责任公司的股东之间可以相互转让其全部或者部分股权。"也即股东之间转让股权，因不会影响有限责任公司的人合性，故其他股东不享有优先购买权。B选项错误。

C、D选项，题干告知甲对代持知情，因此不能认定甲主观为善意，甲不符合善意取得的条件，不可受让股权；该股权的所有权人（实际出资人）丁可以要求返还。C选项错误，D选项正确。

参考答案 D

---

[1] 争议观点：名义股东处分股权的行为，定性为"有权处分"还是"无权处分"？观点一，定性为"有权处分"。该处法条的措辞是"参照民法典第311条的规定处理"（《公司法解释（三）》第25条第1款），说明仅是借用了"善意取得"的处理手段，但定性仍为"有权处分"。因为代持法律关系已被《公司法》所认可，并且相对于公司而言，名义股东因为记载于股东名册，可认定其是公司股东。2012年司考真题（2012/3/94）的答案是"有权处分"。观点二，定性为"无权处分"。

总结

（1）股东之间转让，其他股东无优先购买权；

（2）名义股东转让股权，参照善意取得处理。

21

胡铭是从事进出口贸易的茂福公司的总经理，姚顺曾短期任职于该公司，2016年初离职。2016年12月，姚顺发现自己被登记为贝达公司的股东。经查，贝达公司实际上是胡铭与其友张莉、王威共同设立的，也从事进出口贸易。胡铭为防止茂福公司发现自己的行为，用姚顺留存的身份信息等材料，将自己的股权登记在姚顺名下。就本案，下列哪些选项是错误的？（2017/3/69-多）

A. 姚顺可向贝达公司主张利润分配请求权

B. 姚顺有权参与贝达公司股东会并进行表决

C. 在姚顺名下股权的出资尚未缴纳时，贝达公司的债权人可向姚顺主张补充赔偿责任

D. 在姚顺名下股权的出资尚未缴纳时，张莉、王威只能要求胡铭履行出资义务

本题考点 冒名登记

选项分析 根据《公司法解释（三）》第28条的规定，冒名登记要点包括：

（1）冒名登记行为人应当承担相应责任；

（2）公司、其他股东或者公司债权人以未履行出资义务为由，请求被冒名登记为股东的承担补足出资责任或者对公司债务不能清偿部分的赔偿责任的，人民法院不予支持。

本题中，胡铭是"冒名登记行为人"，他应当承担所有责任。姚顺是"被冒名登记为股东的人"，他对"被冒名"不知情，所以其和贝达公司之间既无权利也无义务。

综上所述，A、B、C选项错误，当选；D选项正确，不当选。

参考答案 ABC（本题为"选错题"）

总结

被冒名者无权无责。

专题 05

有限责任公司的股权转让

22

甲、乙是某有限责任公司股东，分别持有公司51%和49%的股权，公司章程约定公司外部的人如果加入公司需内部股东一致同意。2018年10月，甲想把持有的公司51%的股权转让给外部的第三人丙，但乙不同意，于是，甲提出只转让0.1%的股权给丙，乙因为转让价格过高便同意了该股权转让。在丙成为公司的股东后，甲于2018年12月以极低的价格将自己持有的剩下50.9%的股权也转给了丙，并且办理了股权登记证明，这时候乙出来反对。关于两次股权转让是否有效，下列说法正确的有：（2018-回忆版-多）

A. 甲的第一次股权转让有效

B. 甲的第一次股权转让无效

C. 甲的第二次股权转让有效

D. 甲的第二次股权转让无效

本题考点 股权转让（合同效力）

选项分析（1）民事活动应当遵循诚实信用原则，民事主体依法行使权利，不得恶意规避法律，侵犯第三人利益。

（2）本题中，"甲-丙之间"进行了两次股权转让，实际上达到了丙持有公司51%的股权的结果，但这个结果是股东乙不愿意看到的，甲的这波神操作绕过了"需要一致同意"的章程规定，也绕过了"有限公司人合性"的要求。表面上看是两次独立的股权转让，实质上是"一次股权转让分两个阶段操作"。

（3）如果认可上述行为的合法性，则《公司法》关于股东优先购买权的立法目的将会落空。本题中的两份股权转让协议，目的在于规避《公司法》关于股东优先购买权制度的规定，剥夺乙在同等条件下享有的优先购买权，均当属无效。[1]

综上所述，B、D选项正确。

参考答案 BD

总结
（1）如果案情没有"价格悬殊""股权比例悬殊"等非正常手段，没有很明显的恶意规避法律，则两次股权转让合同应为有效；
（2）分析具体案情时，还应考虑民事活动遵循的基本原则。

23

甲辞去公职与乙、丙共同出资创办A有限责任公司。后甲与丁约定以110万元的价格出售其股权，随后甲将股权转让的事宜通知乙、丙，乙、丙均主张行使优先购买权，甲决定取消出售，与丁产生争议。后甲与乙达成协议，以115万元的价格出售其股权，乙将115万元全部支付给甲。乙尚未办理股权变更登记（股东名册、公司登记等均未变更），甲即被查出其出资金额为贪污所得。关于本案，以下哪些说法是错误的？（2023-回忆版-多）

A. 甲、丁之间的股权转让合同有效，丁可以要求甲继续履行合同
B. 甲用贪污款出资获得的股权应予以没收
C. 甲、乙之间的股权转让合同有效，乙可主张公司办理相应股权变更登记
D. 乙不能取得甲转让的股权

本题考点 股权转让（合同效力）

选项分析 A选项，有限公司的股东向股东以外的人转让股权时，其他股东在同等条件下享有优先购买权。（《公司法》第84条第2款）本题甲、丁之间的股权转让合同应当认定为有效。但因要保护股东乙的优先购买权，故甲、丁之间的股权转让合同无法继续履行。此时，丁可依约请求转让股东（甲）承担相应的违约责任。A选项错误，当选。

B选项，基于货币"占有即所有"，以违法犯罪所得的货币出资后，出资人可以取得股权；对违法犯罪行为予以追究、处罚时，应当采取拍卖或者变卖的方式处置其股权。B选项"没收股权"错误，当选。

C、D选项，从B选项的分析可知，甲可以取得股权，但该股权应当被处置。另根据《公司法》第86条第2款的规定，股权转让的，受让人自记载于股东名册时起可以向公司主张行使股东权利。本题甲、乙之间的股权转让合同有效，但由于该次股权转让尚未完成变更，而甲的股权应当被拍卖、变卖，因此乙无法取得该股权，此时，乙可以追究甲的违约责任。C选项错误，当选；D选项正确，不当选。

参考答案 ABC（本题为"选错题"）

---

[1] 解析参考：江苏省高级人民法院再审（2015）苏商再提字第00068号民事判决书——吴嶔崎与吴汉民确认合同无效纠纷。

> **总结**
> （1）本题的难点是股权转让合同有效，但合同履行受到《公司法》的诸多限制；
> （2）合同履行时，要考虑其他股东的优先购买权及该股权可能被依法处置。

24

甲、乙、丙、丁为某有限责任公司的股东。甲和第三人戊签订股权转让协议，乙反对并主张按协议行使优先购买权，但被甲拒绝。第二天，乙因车祸住院，昏迷一月有余。在戊支付完股权转让款后，公司高管李某因为疏忽未给戊办理股权变更登记手续。后甲将该股权转让给丁。乙出院后主张继续行使优先购买权。关于本案，下列说法正确的是：（2021-回忆版-单）

A. 乙因未付款，不满足同等条件而无权主张优先购买权
B. 乙因超过法定期间而无权主张优先购买权，但可主张甲承担赔偿责任
C. 戊不能取得该股权
D. 丁可以取得该股权

本题考点 股权转让（优先购买权）；股权的善意取得

选项分析 A选项，股权对外转让时，其他股东在同等条件下有优先购买权。（《公司法》第84条第2款）本题乙未付款是因为"车祸"这一客观因素，并非自己主观原因，如乙符合在法定期限内主张等其他条件，仍可享有优先购买权。A选项的错误为"因果关系错误"。

B选项，股东的优先购买权，行使期限需满足"自知道或应当知道之日起30日内，且自变更登记之日起1年内"。（《公司法解释（四）》第21条第1款）《公司法解释（四）》第21条第2款规定："前款规定的其他股东仅提出确认股权转让合同及股权变动效力等请求，未同时主张按照同等条件购买转让股权的，人

民法院不予支持，但其他股东非因自身原因导致无法行使优先购买权，请求损害赔偿的除外。"本题乙虽因超过30日期限而无法行使优先购买权，但其属于"非因自身原因（车祸）导致无法行使优先购买权"，有权向甲主张损害赔偿。B选项正确。

D选项，甲、丁均为公司股东，且丁对甲、戊之间的股权转让知情，难以认定丁主观上系善意，因此，丁不能善意取得该股权。D选项错误。

C选项，股东资格的取得并非以股权变更登记为条件。本题乙因超过法定期限而丧失优先购买权，丁因不符合"善意取得"的条件而无法取得甲的股权，因此，戊可以取得甲的股权。C选项错误。

参考答案 B

> **总结**
> （1）优先购买权，一要关注"同等条件"，二要关注法定期间。
> （2）股权处分能否善意取得，要判断受让人是否"善意"。本题易忽视丁是股东。

25

杨某用甲公司的股权出资设立乙公司，后杨某为了谋取私利，违规操控甲公司，导致甲公司的股权大幅贬值。乙公司章程规定的出资期限届满后，杨某将其在乙公司的股权转让给了不知情的刘某。后乙公司要求刘某和杨某补足出资。据此，下列说法正确的有：（2024-回忆版-多）

A. 杨某已履行出资义务，股权贬值后无需承担补足出资的责任
B. 刘某无需承担补足出资的责任
C. 杨某需要承担补足出资的责任
D. 杨某和刘某需要承担连带责任

本题考点 瑕疵股权转让

选项分析 A、C选项，出资后，因市场变化或

者其他客观因素导致出资财产贬值的,出资人无需承担补足出资的责任。(《公司法解释(三)》第15条)本题杨某用以出资的股权贬值,并非客观因素导致,而是因为杨某违规操控所致,因此,杨某仍需承担补足出资的责任。A选项错误,C选项正确。

B、D选项,我国公司法并未禁止瑕疵股权的转让,其法律后果是:转让瑕疵股权的,转让人与受让人在出资不足的范围内承担连带责任;受让人不知道且不应当知道存在上述情形的,由转让人承担责任。(《公司法》第88条第2款)本题瑕疵股权的受让人刘某不知情,所以,刘某无需承担补足出资的责任,但转让人杨某不能免除补足出资的责任。B选项正确,D选项错误。

参考答案 BC

26

甲有限责任公司章程规定,公司召开股东会应当提前15天以书面形式通知全体股东。张某是大股东并任董事长。为了扩大公司规模,张某认为甲公司应当与乙公司合并,遂提议召开股东会讨论,但因准备匆忙,在会议召开前5天才通知持股7%的李某。李某参会后,虽然同意该次合并,但对仓促通知自己表示非常不满,并拒绝在决议上签字。其他股东均同意该次合并。对此,下列哪些说法是正确的?(2018-回忆版-多)

A. 该次股东会会议的召集程序违反章程,李某可以主张撤销该决议
B. 股东会作出的合并决议有效
C. 李某有权要求公司以合理的价格收购其股权
D. 若李某之后转让全部股权,则无权提起撤销公司决议的诉讼

本题考点 公司决议的分类和效力;股权转让(异议股东请求公司回购股权)

选项分析 A、B选项,《公司法》第26条第1款规定:"公司股东会、董事会的会议召集程序、表决方式违反法律、行政法规或者公司章程,或者决议内容违反公司章程的,股东自决议作出之日起60日内,可以请求人民法院撤销。但是,股东会、董事会的会议召集程序或者表决方式仅有轻微瑕疵,对决议未产生实质影响的除外。"本题甲公司仅提前5天通知李某,虽然会议召集程序违法,但李某实际参会,并未影响到李某行使表决权,故该决议合法有效。A选项错误,B选项正确。

C选项,李某并非对合并决议持有异议,而是对会议召集程序有异议,不符合异议股东请求公司收购其股权的情形。C选项错误。(异议股东请求公司收购其股权的情形,见《公司法》第89条第1款的规定:"有下列情形之一的,对股东会该项决议投反对票的股东可以请求公司按照合理的价格收购其股权:①公司连续5年不向股东分配利润,而公司该5年连续盈利,并且符合本法规定的分配利润条件;②公司合并、分立、转让主要财产;③公司章程规定的营业期限届满或者章程规定的其他解散事由出现,股东会通过决议修改章程使公司存续。")

D选项,根据前述《公司法》第26条第1款的规定,提起撤销股东会或者董事会决议的原告,应当在起诉时具有公司股东资格。本题李某转让全部股权,则失去股东资格,无权提起该类诉讼。D选项正确。

参考答案 BD

总结
决议程序是否属于轻微瑕疵、是否对决议结果产生实质影响,是判断决议效力的关键点。

27

汪某为兴荣有限责任公司的股东,持股34%。2017年5月,汪某因不能偿还永平公司的货款,永平公司向法院申请强制执行汪某在兴荣公司的股权。关于本案,下

列哪一选项是正确的？（2017/3/28-单）

A. 永平公司在申请强制执行汪某的股权时，应通知兴荣公司的其他股东
B. 兴荣公司的其他股东自通知之日起1个月内，可主张行使优先购买权
C. 如汪某所持股权的50%在价值上即可清偿债务，则永平公司不得强制执行其全部股权
D. 如在股权强制拍卖中由丁某拍定，则丁某取得汪某股权的时间为变更登记办理完毕时

本题考点 股权转让（强制执行）

选项分析《公司法》第85条规定，人民法院依照法律规定的强制执行程序转让股东的股权时，应当通知公司及全体股东，其他股东在同等条件下有优先购买权。其他股东自人民法院通知之日起满20日不行使优先购买权的，视为放弃优先购买权。

A选项，依照强制执行程序转让股权时，应当由法院通知。A选项错在"由债权人通知"。

B选项，股权强制执行程序的通知时间和协议转让股权的通知时间（提前30日通知）不同。依据上述《公司法》第85条的规定，满20日不行使优先购买权的，视为放弃。B选项错在"1个月内"。

C选项，债权人请求法院强制执行股权的目的是使自己的债权得到清偿，如果永平公司就汪某的部分股权的强制执行可以达到清偿目的，则不得就汪某的全部股权请求强制执行。也即，法院强制执行的范围应限于生效法律文书所确定的数额及执行费用。C选项正确。

D选项，登记只是具有对抗效力，未经登记的，不得对抗善意第三人。因此，丁某取得汪某股权的时间并非变更登记办理完毕时。D选项错误。

参考答案 C

总结

（1）股权被强制执行时应当由"法院"通知；
（2）股权被强制执行时行使优先购买权的时间：20日。

专题 06 股份有限公司的股份发行和转让

28

甲股份公司计划发行表决权多于普通股的类别股。下列说法正确的有：（2024-回忆版-多）

A. 若甲公司发行表决权型类别股，则须修改公司章程
B. 若甲公司未来要上市，则当下不能发行表决权型类别股
C. 上市后甲公司不能公开发行表决权多于普通股的类别股
D. 甲公司上市前发行的表决权型类别股有效，在选举监事时，该类别股的表决权多于普通股

本题考点 股份公司类别股

选项分析 "上市"约等于"公开发行股份"。根据《公司法》第144、145条的规定，股份公司发行类别股需遵守下列规则：

（1）股份公司可以按照公司章程的规定发

行下列与普通股权利不同的类别股：（《公司法》第 144 条第 1、2 款）

❶ 优先或者劣后分配利润或者剩余财产的股份。

❷ 每一股的表决权数多于或者少于普通股的股份；但公开发行股份的公司不得发行该类别股，公开发行前已发行的除外。

❸ 转让须经公司同意等转让受限的股份；但公开发行股份的公司不得发行该类别股，公开发行前已发行的除外。

❹ 国务院规定的其他类别股。

（2）股份公司发行"每一股的表决权数多于或者少于普通股"的类别股的，对于监事或者审计委员会成员的选举和更换，类别股与普通股每一股的表决权数相同。（《公司法》第 144 条第 3 款）

（3）发行类别股的公司，应当在公司章程中载明以下事项：①类别股分配利润或者剩余财产的顺序；②类别股的表决权数；③类别股的转让限制；④保护中小股东权益的措施；⑤股东会认为需要规定的其他事项。（《公司法》第 145 条）

可知：

A 选项，公司章程中应当载明"类别股的表决权数"。因此，甲公司发行表决权型类别股，须修改公司章程。A 选项正确。

B、C 选项，"上市"可理解为"公开发行股份"，故上市前甲公司发行的类别股不受限制，但上市后不可公开发行表决权型、转让受限型类别股。B 选项错误，C 选项正确。

D 选项，前半句正确，该类别股有效，但是对于监事或者审计委员会成员的选举和更换，类别股与普通股每一股的表决权数相同。D 选项错误。

参考答案 AC

29 甲、乙、丙、丁发起设立 A 股份有限公司（以下简称"A 公司"），出资比例分别为 25%、20%、34%、21%，四人共同组成董事会。经股东会决议，将发售股份的权利授予董事会，但丙持反对票。后经董事会决议，对外发售股份。B 公司以发明专利作价 2000 万元出资，丙持反对票；C 公司以 1300 万元的价格购买 A 公司 20% 的股份，丁持反对票。据此，下列说法正确的是：（2024-回忆版-单）

A. 由于丙不同意，因此不能将发售股份的权利授予董事会

B. A 公司董事会决定发行新股的，董事会决议应当经全体董事过半数通过

C. B 公司以发明专利作价出资，可以经董事会决议

D. C 公司可以取得 A 公司 20% 的股份

本题考点 授权资本制

选项分析 授权资本制的要点包括：（《公司法》第 152、153 条）

（1）公司章程或者股东会可以授权董事会在 3 年内决定发行不超过已发行股份 50% 的股份。但以非货币财产作价出资的应当经股东会决议。

（2）公司章程或者股东会授权董事会决定发行新股的，董事会决议应当经全体董事 2/3 以上通过。此处是指全体董事人数的 2/3 以上通过。

可知：

A 选项，股东会可授权董事会发行股份，该项股东会决议属于一般事项，经出席会议的股东所持表决权过半数通过即可。（《公司法》第 116 条第 2 款）本题丙持反对票，剩余股东同意的比例为 66%，所以，股东会将发售股份的权利授予董事会的决议是有效的。A 选项错误。

B 选项，董事会经过授权决定发行新股的，应当经全体董事 2/3 以上通过，而非过半数通过。B 选项错误。

C 选项，在授权资本制度下，以非货币财

产作价出资的应当经股东会决议。所以，B公司以发明专利作价出资的，应当经股东会决议，而非可以经董事会决议。C选项错误。

D选项，本题虽然丁反对，但是董事会同意的人数达到了2/3以上。因此，C公司可以取得A公司20%的股份。D选项正确。

参考答案 D

30

紫霞股份有限公司是一家从事游戏开发的非上市公司，注册资本5000万元，已发行股份总额为1000万股。公司成立后经营状况一直不佳，至2015年底公司账面亏损3000万元。2016年初，公司开发出一款游戏，备受玩家追捧，市场异常火爆，年底即扭亏为盈，税后利润达7000万元。进入2017年，紫霞公司保持良好的发展势头。为进一步激励员工，公司于8月决定收购本公司的部分股份，用于职工奖励。关于此问题，下列选项正确的是：（2017/3/94－任）

A. 公司此次可收购的本公司股份的上限为100万股
B. 公司可动用任意公积金作为此次股份收购的资金
C. 收购本公司股份后，公司可在2年内完成实施对职工的股份奖励
D. 如在2017年底公司仍持有所收购的股份，则在利润分配时不得对该股份进行利润分配

本题考点 股份转让的限制；股份回购规则；公司财务、会计（利润分配）

选项分析 A、C选项：

（1）《公司法》第162条允许股份公司以"用于员工持股计划或者股权激励"为目的收购本公司股份。要点包括：①可以按照公司章程或者股东会的授权，经2/3以上董事出席的董事会会议决议；②公司合计持有的本公司股份数不得超过本公司已发行股份总数的10%；③应当在3年内转让或者注销。

（2）本题中，紫霞公司已发行股份总额为1000万股，该次收购股份上限"不得超过本公司已发行股份总数的10%"。A选项"上限为100万股"正确。C选项，在2年内完成奖励，未超过3年，所以符合时间要求。C选项正确。

B选项，《公司法》第214条第1款规定，公司的公积金用于弥补公司的亏损、扩大公司生产经营或者转为增加公司注册资本。此处的"公积金"包括法定公积金、任意公积金和资本公积金。所以，B选项用任意公积金作为股份收购的资金，违反了公积金的用途。B选项错误。

D选项，公司只能因特定目的（如员工持股、股权激励等）收购本公司股份，且收购股份后公司应在法定时间内转让或注销，这说明公司不应当成为持有股份的股东，在未转让或注销时，公司不得行使股东权利。所以，《公司法》第210条第5款规定："公司持有的本公司股份不得分配利润。"D选项正确。

参考答案 ACD

专题 07 公司的组织机构

31

钱某为益扬有限公司的董事，赵某为公司的职工代表监事。公司为钱某、赵某支出的下列哪项费用须经公司股东会批准？（改编自2015/3/68－单）

A. 钱某的年薪
B. 钱某的董事责任保险费
C. 赵某履行监事职责要报销的差旅费
D. 赵某的社会保险费

本题考点 股东会的职权；董事责任保险；监事费用承担

选项分析 赵某具有双重身份：劳动者+监事。劳动者和公司的关系依据劳动法调整，监事和公司的关系依据《公司法》调整。

A选项，《公司法》第59条第1款第1项明确规定股东会的职权包括选举和更换董事、监事，决定有关董事、监事的报酬事项。A选项当选。

B选项：

（1）责任保险，是指董事和高管执行公司职务的过程中导致第三方损害，以董事、高管承担的民事赔偿责任为保险标的的一种保险。该制度可以为经营者分担职业风险，被视为董事、高管的激励机制之一，也被视为对公司中小股东的保护措施之一。《公司法》第193条规定："公司可以在董事任职期间为董事因执行公司职务承担的赔偿责任投保责任保险。公司为董事投保责任保险或者续保后，董事会应当向股东会报告责任保险的投保金额、承保范围及保险费率等内容。"

（2）可知，是否为董事投保责任保险可以由董事会作出决议，虽然应当向股东会报告，但无需经股东会批准。

B选项不当选。

C选项，《公司法》第82条规定："监事会行使职权所必需的费用，由公司承担。"赵某的差旅费属于行使职权的必需费用，法律明确规定由公司承担，故该笔费用无需经公司股东会批准。C选项不当选。

D选项，社会保险属于强制险，用人单位和劳动者必须依法参加社会保险，缴纳社会保险费。（《劳动法》第72条）本题中，赵某是劳动者，公司和赵某均要缴纳社会保险费用，该项费用无需经股东会批准。D选项不当选。

参考答案 A

32

茂森股份公司效益一直不错，为提升公司治理现代化，增强市场竞争力并顺利上市，公司决定重金聘请知名职业经理人王某担任总经理。对此，下列哪些选项是正确的？（2017/3/71—多）

A. 对王某的聘任以及具体的薪酬，由茂森公司董事会决定
B. 王某受聘总经理后，就其职权范围的事项，有权以茂森公司名义对外签订合同
C. 王某受聘总经理后，有权决定聘请其好友田某担任茂森公司的财务总监
D. 王某受聘总经理后，公司一旦发现其不称职，可通过股东会决议将其解聘

本题考点 董事会的职权

选项分析《公司法》第67条第2款规定了董事会的职权，和本题相关的内容包括"董事会决定聘任或者解聘公司经理及其报酬事项，并根据经理的提名决定聘任或者解聘公司副经理、财务负责人及其报酬事项"。

A选项，董事会决定聘任或者解聘公司经理及其报酬事项。A选项正确。

B选项，经理和董事会之间是聘任关系，王某就其授权范围内的事项（或职权范围内的事项）以茂森公司名义对外签订合同，并无不妥。B选项正确。

C选项，"财务总监"为公司的财务负责人，应当由董事会决定聘任，而非由公司经理决定。C选项错误。

D选项，经理由董事会决定聘任或者解聘，而非由股东会决议解聘。D选项错误。

参考答案 AB

总结

人事权：股东会选董事、监事；董事会聘高管；监事会仅可提出解任的建议。

33

A公司有甲、乙、丙、丁四个董事，丙同时担任法定代表人。丙和甲、乙产生冲突，丙欲辞去董事职务。下列说法正确的是：（2024-回忆版-单）

A. 董事辞任需要经过股东会决议
B. 公司收到辞呈的，丙同时失去董事和法定代表人的身份
C. 丙仅提出辞去董事职务，为了公司的进一步经营，应保留丙的法定代表人身份
D. 丙尚在任期内，该辞任不能生效

本题考点 公司的组织机构（董事辞任）

选项分析《公司法》规定了法定代表人和董事辞任，和本题相关的内容包括：

（1）有限责任公司董事会成员为3人以上；（《公司法》第68条第1款）

（2）董事辞任的，应当以书面形式通知公司，公司收到通知之日辞任生效；（《公司法》第70条第3款）

（3）董事在任期内辞任导致董事会成员低于法定人数的，在改选出的董事就任前，原董事仍应当依照法律、行政法规和公司章程的规定，履行董事职务；（《公司法》第70条第2款）

（4）担任法定代表人的董事或者经理辞任的，视为同时辞去法定代表人。（《公司法》第10条第2款）

可知：

A选项，董事辞任的，公司收到通知之日辞任生效，不需要经过股东会决议。A选项错误。

B、C选项，法定代表人应当由代表公司执行公司事务的董事或者经理担任。如果辞去董事或者经理职务，则担任法定代表人的基础也随之丧失，应视为同时辞去法定代表人。B选项正确，C选项错误。

D选项，董事会法定最低人数为3人，本题共有4名董事，即使丙在任期内辞任，董事会还有3人，故丙无需遵守履行董事职务的限制。D选项错误。

参考答案 B

34

萱草有限责任公司董事会共有甲、乙、丙三人。乙提出辞职，但是股东会不同意。被拒后，乙一直未到公司工作。丙因为管理无能被股东会决议罢免，并委派丁取代丙的董事职务。对此，下列哪些说法是正确的？（2021-回忆版-多）

A. 股东会的决议不影响乙辞职的法律效力
B. 乙因辞职有权不再履行董事职务
C. 股东会罢免丙的决议作出即生效
D. 萱草公司仍要支付丙任期内剩余年限的薪酬

本题考点 公司的组织机构（董事任期、辞任）

选项分析 A选项，公司和董事之间属于委任关系，依股东会的选任决议和董事答应任职而成立委托合同。《公司法》第70条第3款规定："董事辞任的，应当以书面形式通知公司，公司收到通知之日辞任生效……"因此，董事辞职无需股东会批准，股东会的决议不影响董事辞职的法律效力。A选项正确。

B选项，为了维持公司正常运行，《公司法》第70条第2款规定，董事在任期内辞任导致董事会成员低于法定人数的，在改选出的董事就任前，原董事仍应当依照法律、行政法规和公司章程的规定，履行董事职务。本题中，乙辞职则该公司董事会人数仅剩余2人，出现低于法定人数的情形（有限责任公司董事会的法定最低人数为3人）。虽然乙的辞职有效，但乙在新董事就任前仍需履行董事职务。B选项错误。

C选项，基于委托合同的原理，股东会可以决议解任董事，决议作出之日解任生效。C选项正确。

D选项，股东会解任董事的决议作出之日，解任即生效。公司无正当理由，在任期届满前解任董事的，该董事可以要求公司予以赔偿。

（《公司法》第 71 条第 2 款）因丙系被公司合法解除董事职务，故公司无需再支付剩余薪酬。至于赔偿事宜，还应当综合考虑解任的原因、剩余任期、董事薪酬等因素，确定是否赔偿以及赔偿的合理数额。D 选项错误。

参考答案 AC

> **总 结**
>
> 公司与董事双方均有任意解除权。一方面，董事辞职无需股东会批准；另一方面，股东会决议作出，无需办理变更登记手续，该解除即生效。

专题 08 上市公司、国家出资公司组织机构的特别规定

35

星煌公司是一家上市公司。现董事长吴某就星煌公司向坤诚公司的投资之事准备召开董事会。因公司资金比较紧张，且其中一名董事梁某的妻子又在坤诚公司任副董事长，有部分董事对此投资事宜表示异议。关于本案，下列哪些选项是正确的？（2016/3/71-多）

A. 梁某不应参加董事会表决
B. 吴某可代梁某在董事会上表决
C. 若参加董事会人数不足，则应提交股东会审议
D. 星煌公司不能投资于坤诚公司

本题考点 上市公司组织机构的特别规定（关联董事回避）

选项分析 A、B、C 选项均考查关联董事的回避规则，要点包括：①上市公司董事与董事会会议决议事项所涉及的企业或者个人有关联关系的，该董事应当及时向董事会书面报告；②有关联关系的董事不得对该项决议行使表决权，也不得代理其他董事行使表决权；③出席董事会会议的无关联关系董事人数不足 3 人的，应当将该事项提交上市公司股东会审议。本题中，星煌公司拟向坤诚公司投资，但董事梁某的妻子在坤诚公司任副董事长，因此，梁某与该表决事项所涉企业有关联关系，其在表决时应当回避。A、C 选项正确，B 选项错误。

D 选项，《公司法》仅要求关联董事在表决时回避，并未禁止公司向其他企业投资。D 选项于法无据，错误。

参考答案 AC

36

甲公司是国有独资公司。根据《公司法》的规定，关于甲公司，下列说法正确的有：（2024-回忆版-多）

A. 甲公司章程由履行出资人职责的机构修改
B. 修改后的甲公司章程可以规定把修改章程的权利授予董事会
C. 修改后的甲公司章程可以规定不设监事会，在董事会中设立审计委员会
D. 甲公司必须设立股东会

本题考点 国有独资公司的组织机构

选项分析（1）《公司法》第 172 条规定："国有独资公司不设股东会，由履行出资人职责的机构行使股东会职权。履行出资人职责的机构可以授权公司董事会行使股东会的部分职权，但公司章程的制定和修改，公司的合并、分立、解散、申请破产，增加或者减少注册资本，分配利润，应当由履行出资人职责的机构决定。"

（2）《公司法》第 176 条规定："国有独资

公司在董事会中设置由董事组成的审计委员会行使本法规定的监事会职权的，不设监事会或者监事。"

可知：

A、B 选项，均考查章程修改的权限。根据《公司法》第 172 条的规定，国有独资公司章程的制定和修改，应当由履行出资人职责的机构决定，并且该事项不得授权董事会行使。A 选项正确，B 选项错误。

C 选项，在董事会中设置的审计委员会，其职权和监事会相近。根据《公司法》第 176 条的规定，此时国有独资公司可以不设监事会或者监事。C 选项正确。

D 选项，根据《公司法》第 172 条的规定，国有独资公司不设股东会，由履行出资人职责的机构行使股东会职权。D 选项错误。

参考答案 AC

专题 09 公司董事、监事、高级管理人员的资格和义务

37 下列哪些人员不能担任公司的董事？（2022-回忆版-多）

A. 甲因炒股欠下巨额债务不清偿，被法院列入失信人员名单
B. 乙曾因挪用公款受到刑事处罚，执行期满刚 4 年
C. 丙曾主导公司盲目借款，最终导致该公司因巨额负债而在 2 年前被破产清算
D. 丁 2 年前担任一家长期负债的公司的法定代表人，上任后不久该公司即被责令关闭

本题考点 对董事任职资格的法律限制

选项分析《公司法》第 178 条第 1 款规定："有下列情形之一的，不得担任公司的董事、监事、高级管理人员：①无民事行为能力或者限制民事行为能力；②因贪污、贿赂、侵占财产、挪用财产或者破坏社会主义市场经济秩序，被判处刑罚，或者因犯罪被剥夺政治权利，执行期满未逾 5 年，被宣告缓刑的，自缓刑考验期满之日起未逾 2 年；③担任破产清算的公司、企业的董事或者厂长、经理，对该公司、企业的破产负有个人责任的，自该公司、企业破产清算完结之日起未逾 3 年；④担任因违法被吊销营业执照、责令关闭的公司、企业的法定代表人，并负有个人责任的，自该公司、企业被吊销营业执照、责令关闭之日起未逾 3 年；⑤个人因所负数额较大债务到期未清偿被人民法院列为失信被执行人。"

可知：

A 选项，甲符合上述第 5 项的规定，失信被执行人不得担任公司的董事。A 选项当选。

B 选项，乙符合上述第 2 项规定的经济犯罪类型，且执行期满刚 4 年（未逾 5 年），不得担任公司董事。B 选项当选。

C 选项，丙"主导"，说明应当负有个人责任，且导致公司破产未逾 3 年，符合上述第 3 项的规定，不得担任公司董事。C 选项当选。

D 选项，题干告知"长期负债""上任后不久"，说明丁对该公司被责令关闭不负有个人责任，其可以担任董事。D 选项不当选。

参考答案 ABC（本题为"选非题"）

总结
（1）注意犯罪类型，只有经济犯罪会对任职资格有限制；
（2）注意该人是否对破产、企业被责令关闭要承担个人责任。

38

A 股份公司是上市公司，董事会成员共 5 人，其中，股东 B 公司持股 51%，股东 C 公司持股 1%。B 公司推荐赵某担任董事，后 A 公司确定赵某是公司董事长和法定代表人。2023 年，A 公司通报经营情况，去年亏损 6000 万元，赵某主动辞去董事职务，B 公司遂推荐其市场部经理陈某担任 A 公司董事，但 C 公司反对陈某担任，理由是陈某因欠下巨额赌债尚未归还，被法院列为失信被执行人，不适合担任此职务。C 公司推荐姜某担任 A 公司独立董事。以下哪些说法是正确的？（2023—回忆版—多）

A. 陈某不能担任 A 公司董事
B. C 公司有权推荐姜某担任 A 公司独立董事
C. 赵某的董事资格自其递交辞呈至公司时起发生效力
D. 赵某仅提出辞去董事职务，其可保留公司法定代表人职务

本题考点 对董事任职资格的法律限制；公司的组织机构（董事辞职、独立董事）

选项分析 A 选项，根据《公司法》第 178 条第 1 款第 5 项的规定，个人因所负数额较大债务到期未清偿被人民法院列为失信被执行人的，不得担任公司的董事、监事、高级管理人员。本题陈某因被列为失信被执行人，不符合法律对董事、监事、高管任职资格的限制。A 选项正确。

B 选项，上市公司董事会成员中应当至少包括 1/3 的独立董事。独立董事的提名和更换办法在《公司法》中未作规定。《上市公司独立董事管理办法》第 9 条第 1 款规定，上市公司董事会、监事会、单独或者合计持有上市公司已发行股份 1% 以上的股东可以提名独立董事候选人，并经股东大会选举决定。本题中，C 公司持股比例为 1%，符合提名独立董事的资

格。B 选项正确。

C 选项，《公司法》第 70 条第 3 款规定，董事辞任的，应当以书面形式通知公司，公司收到通知之日辞任生效。该选项的表述为"递交辞呈至公司"，可以理解为"公司收到通知"，故辞职发生效力。C 选项正确。

D 选项，法定代表人由代表公司执行公司事务的董事或者经理担任，所以，当担任法定代表人的董事辞任时，应当同时辞去法定代表人职务。故本题中，赵某不得继续担任 A 公司的法定代表人。D 选项错误。

参考答案 ABC

总结
(1) 董事辞职无需批准；
(2) 同时辞去董事和法定代表人职务。

39

A 有限责任公司从事文化创意设计，甲、乙、丙三人组成董事会，丙担任法定代表人。2023 年，A 公司获得一项外观设计专利。2024 年 9 月，丙将该专利以市场价格转让给 B 公司。经查明，B 公司是由丙的妻子丁通过其胞妹控制的公司，且丙事先未告知甲和乙。据此，下列说法正确的是：（2024—回忆版—单）

A. 因为丙与 B 公司无关联关系，其转让该专利的行为没有违反忠实义务
B. 因为丙系以市场价格转让该专利，其转让该专利的行为没有违反忠实义务
C. 丙转让该专利，应报告董事会并经董事会同意
D. 丙转让该专利，应报告股东会并经股东会同意

本题考点 关联交易；董事的忠实义务

选项分析 (1) 关联交易的认定：根据《公司法》第 182 条第 2 款的规定，董事、监事、高级管理人员的近亲属，董事、监事、高级管理

人员或者其近亲属直接或者间接控制的企业，以及与董事、监事、高级管理人员有其他关联关系的关联人，与公司订立合同或者进行交易，应当经董事会或者股东会决议通过。(见下文)

(2) 关联交易的表决：根据《公司法》第182条第1款、第185条的规定，有关上述交易事项应当向董事会或者股东会报告，并经董事会或者股东会决议通过。但是，董事会对该事项决议时，关联董事不得参与表决，其表决权不计入表决权总数。出席董事会会议的无关联关系董事人数不足3人的，应当将该事项提交股东会审议。

(3) 董事的忠实义务：董事、监事、高级管理人员对公司负有忠实义务，应当采取措施避免自身利益与公司利益冲突，不得利用职权牟取不正当利益。(《公司法》第180条第1款)

可知：

A、B选项，丙的身份为A公司董事，其妻子丁(近亲属)间接控制B公司，在A公司与B公司订立合同或者进行交易时，丙应当向A公司董事会或股东会报告并经有效决议。本题丙未经报告和决议，擅自与B公司进行交易，即使是市场价格，也应认定为丙违反了忠实义务。A、B选项均错误。

C、D选项，在A公司转让该专利的交易中，丙属于关联董事，不得参与该事项的表决。但A公司董事会排除丙后，人数不足3人，因此应当将该事项提交股东会审议，并经股东会同意。C选项错误，D选项正确。

参考答案 D

40

2018年1月，甲、乙、丙三人出资设立萱草有限公司，甲持有公司10%的股权。该公司未设董事会和监事会。甲发现公司执行董事乙(持有该公司89%的股权)将公司产品低价出售给乙妻开办的公司，遂书面向公司监事丙(持有该公司1%的股权)反映，丙未予过问。甲可以采取哪项措施保护公司和自己的合法利益？(2018-回忆版-单)

A. 提请召开临时股东会，解除乙的执行董事职务
B. 请求公司以合理的价格收购自己的股权
C. 以公司的名义对乙提起民事诉讼，要求赔偿萱草公司的损失
D. 以自己的名义对乙提起民事诉讼，要求赔偿萱草公司的损失

本题考点 股东代表诉讼；股东权(提议召集权)

选项分析 A选项：

(1) 根据《公司法》第62条第2款的规定，下列主体有权提议召开临时会议：①代表1/10以上表决权的股东；②1/3以上的董事；③监事会。

(2) 本题中，甲的持股比例为10%，虽然可以提议召开临时股东会，但乙的持股比例极高，即使召开股东会，乙也不会反对自己，甲仍然无法保护自己和公司的利益，故A选项的措施无法达到目的。

A选项不当选。

B选项，《公司法》第89条第1款规定了异议股东请求公司收购其股权的法定情形，包括股东对公司作出的下列决议投反对票：①不分红决议；②合分转决议；③公司续期决议。本题显然不符合上述情形。B选项不当选。

C选项，错误为"以公司的名义"提起。该类诉讼，股东有权为了公司的利益以自己的名义直接起诉。C选项不当选。

D选项，本题符合"内部人害公司"引起的股东代表诉讼的情形，该类诉讼并非股东利益受损，所以胜诉利益归于公司。D选项当选。

参考答案 D

总结

本题易错选A选项，要考虑一般法律规则能否解决具体问题。

41

大合股份公司成立于2021年2月5日，股东甲、乙、丙分别持股49%、1%、50%。其中，甲担任董事。公司章程约定，对外担保需要董事会一致同意。2021年3月，甲未经董事会同意即为外人张三提供担保。债务到期后，张三无法清偿，债权人要求大合公司承担保证责任。2022年4月，丙将其股权转让给了丁。2022年5月，针对甲的行为，股东乙、丙、丁咨询律师该如何救济。据此，下列哪些说法是正确的？（2022-回忆版-多）

A. 在紧急情况下，乙有权提出股东代表诉讼
B. 若提起股东代表诉讼，则应把大合公司列为第三人，但是诉讼所得利益归大合公司所有
C. 在紧急情况下，丙有权提出股东代表诉讼
D. 在紧急情况下，丁有权提出股东代表诉讼

本题考点 股东代表诉讼（股份公司）

选项分析 A、D选项，股份公司的股东欲提起股东代表诉讼，其适格原告要满足"连续180日以上单独或者合计持有公司1%以上股份"。据此可知，乙符合条件；丁不满足连续持股180日以上的要求，其无权提起股东代表诉讼。A选项正确，D选项错误。

B选项，股东代表诉讼中，股东仅为"形式上的原告"，因为该类诉讼并非股东利益受损，所以胜诉利益归属于公司。（《公司法解释（四）》第25条）B选项正确。

C选项，股东提起代表诉讼，要求原告在起诉时具有股东资格，因为该诉讼制度是赋予股东为公司利益而以自己的名义直接向法院提起诉讼的权利。本题中，丙将股权转让后，其不再是公司的股东，与公司没有诉讼利益，因此无权提起股东代表诉讼。C选项错误。

参考答案 AB

总结
（1）下列股东可成为股东代表诉讼的原告：
❶有限责任公司：股东；
❷股份有限公司：股东要满足"180日+1%"的条件。
（2）不要混淆：
❶股东代表诉讼：原告起诉时必须具备股东资格；
❷查阅、复制权诉讼：起诉时不是股东的，允许倒查持股期间公司会计账簿。

专题 10

公司的财务与会计、合并与分立、增资与减资、解散与清算

一、公司的财务与会计

42

A公司是一家非上市股份公司。2020年年末数据显示，A公司本年度未弥补亏损0.4亿元。2021年，A公司经营好转，年底计算得到的利润为0.8亿元，无累积的法定公积金。关于2021年公司利润款项的处理，下列哪些说法是正确的？（2022-回忆版-多）

A. 利润0.8亿元应当先弥补上一年度的亏损
B. 董事会有权决定提取一定比例的任意公积金
C. A公司可提取0.08亿元列入法定公积金
D. 对于溢价发行的股款应当列入资本公积金

本题考点 公积金；公司的利润分配顺序

选项分析 A、B选项：

（1）《公司法》第210条第1~3款规定："公司分配当年税后利润时，应当提取利润的10%列入公司法定公积金。公司法定公积金累计额为公司注册资本的50%以上的，可以不再提取。公司的法定公积金不足以弥补以前年度亏损的，在依照前款规定提取法定公积金之前，应当先用当年利润弥补亏损。公司从税后利润中提取法定公积金后，经股东会决议，还可以从税后利润中提取任意公积金。"

（2）本题A公司2020年度有未弥补亏损，2021年，A公司分配利润时无累积的法定公积金，所以应当先用当年利润弥补亏损。从税后利润中提取任意公积金的，需经股东会决议。

A选项正确；B选项错误，错误为"董事会"决定。

C选项，《企业所得税法》第5、18条规定，企业每一纳税年度的收入总额，减除不征税收入、免税收入、各项扣除以及允许弥补的以前年度亏损后的余额，为应纳税所得额。企业纳税年度发生的亏损，准予向以后年度结转，用以后年度的所得弥补，但结转年限最长不得超过5年。本题中，A公司2020年的亏损为0.4亿元，先用2021年0.8亿元的利润来弥补，因此，A公司应纳税所得额为0.4亿元。下一步是计算企业所得税税款，缴纳税款之后的"税后利润"再提取10%作为法定公积金。所以C选项错在没有考虑上述弥补亏损和税款计算，而直接得出提取法定公积金0.08亿元。

D选项，《公司法》第213条规定："公司以超过股票票面金额的发行价格发行股份所得的溢价款、发行无面额股所得股款未计入注册资本的金额以及国务院财政部门规定列为资本公积金的其他项目，应当列为公司资本公积金。" D选项正确。

参考答案 AD

总结

当年利润：弥补以前年度亏损（5年内）→ 纳税 → 提取法定公积金。

43

甲公司由王某、李某、吴某设立，注册资本为200万元。王某出资50万元且已实缴完毕；李某认缴出资50万元但尚未缴纳；吴某出资120万元，并约定其中20万元作为资本公积金。现甲公司亏损50万元，在已经使用除资本公积金外的其他公积金后，仍不能弥补亏损。三位股东同意减少公司注册资本弥补亏损。对此，下列选项正确的有：（2024-回忆版-多）

A. 甲公司减少注册资本弥补亏损的，无需通知债权人

B. 甲公司需先使用资本公积金弥补亏损，然后才能通过减少注册资本来弥补亏损

C. 使用20万元资本公积金弥补亏损时，应相应减少吴某的出资份额

D. 可以通过减少李某未出资的50万元来弥补亏损

本题考点 资本公积金；公司注册资本减少（简易减资）

选项分析 本题涉及的知识点包括：

（1）资本公积金：公积金弥补公司亏损，应当先使用任意公积金和法定公积金；仍不能弥补的，可以按照规定使用资本公积金。（《公司法》第214条第2款）

（2）简易减资（《公司法》第225条）

❶适用前提：公司在使用任意公积金、法定公积金、资本公积金弥补亏损后，仍有亏损的，可以减少注册资本弥补亏损；

❷限制规定：减少注册资本弥补亏损的，公司不得向股东分配，也不得免除股东缴纳出资或者股款的义务；

❸程序简化：减少注册资本弥补亏损的，仅是账面处理，并没有实质减少公司的责任资产，没有损害债权人利益，因此可以适用"简易减资"程序，即无需通知债权人，但应当自股东会作出减少注册资本决议之日起按规定进行公告。

可知：

A选项，符合《公司法》关于通过减少注册资本弥补亏损的，无需通知债权人的规定。A选项正确。

B选项，公司在使用各项公积金后均无法弥补亏损时，才可以通过减少注册资本来弥补亏损。B选项正确。

C选项，公积金的用途之一是用于弥补公司的亏损，使用任意公积金和法定公积金仍不能弥补的，可以按照规定使用资本公积金。（《公司法》第214条第2款）C选项并非"减少注册资本弥补亏损"，所以吴某的出资份额不受影响。C选项错误。

D选项，通过减资弥补亏损的，不能免除股东缴纳出资的义务。D选项错误。

参考答案 AB

44

甲有限责任公司成立于2015年，章程约定：公司成立后前3年不分红，之后如果公司分红，则应在股东会决议作出后3个月内完成分配。2020年，甲公司召开股东会，股东张某请求分红被拒。2021年5月10日召开股东会时，因多个股东要求分红，甲公司形成了在12月31日前完成向股东分红的决议。据此，下列说法正确的是：（2021-回忆版-单）

A. 2020年，张某要求分红被拒绝，其有权请求甲公司以合理的价格回购股权

B. 甲公司作出分红决议后，股东可对外转让利润分配请求权

C. 甲公司章程约定公司成立后前3年不分红不合法

D. 全体股东只能按照2021年股东会决议中约定的时间完成分红

本题考点 利润分配请求权；异议股东回购请求权

选项分析 A选项，《公司法》第89条第1款规定："有下列情形之一的，对股东会该项决议投反对票的股东可以请求公司按照合理的价格收购其股权：①公司连续5年不向股东分配利润，而公司该5年连续盈利，并且符合本法规定的分配利润条件；②公司合并、分立、转让主要财产；③公司章程规定的营业期限届满或者章程规定的其他解散事由出现，股东会通过决议修改章程使公司存续。"本题未告知甲公司到2020年"连续盈利"的条件，因此，该选项股东要求回购股权的前提条件尚不具备。A选项错误。

B选项，利润分配请求权能否单独转让，即保留股东身份，仅将利润分配请求权单独转让，在司法实践中尚有争议。

[观点1-本书采用] 如果公司作出分配利润决议，则股东享有的是具体利润分配请求权，该权利虽然产生于作为成员权的抽象利润分配请求权，但具体利润分配请求权在性质上与普通债权无异，因此，股东可以在不转让股权的情况下，将公司利润分配决议已经确定分配的利润转让给他人。依据该观点，B选项正确。

[观点2-本书未采用] 股东权是民事主体基于股东身份所享有的权利，如准许上述权利与股东身份分离并单独让与，则会导致非股东可以向公司主张上述各项权利。因此，当法律没有规定上述权利可以脱离股东身份单独让与时，即便当事人以合同方式约定转让，亦不可能发生法律上的效力。

C选项，章程对公司利润分配事项作出约定，符合有限责任公司封闭性和人合性的特点，亦系公司自治原则的体现，不违反《公司法》的禁止性规定。本题甲公司章程约定公司成立

后前3年不分红合法有效。C选项错误。

D选项，《公司法》第212条规定："股东会作出分配利润的决议的，董事会应当在股东会决议作出之日起6个月内进行分配。"本题股东会决议形成于2021年5月10日，但是实际分配的时间为12月31日前，已经超过6个月，故该次股东会决议的分红时间因违法而无效，但分红是有效的，股东有权要求公司董事会提前分配。D选项错误。

参考答案 B

总结

（1）股东权的某一项权能（如本题中的分红权）能否单独转让，仍是有争议的问题。一般而言，一项具体的、独立的请求权可以单独转让。

（2）股东会可作出不分红的决议。

二、公司合并、分立

45

张某、李某为甲公司的股东，分别持股65%与35%，张某为公司董事长。为谋求更大的市场空间，张某提出吸收合并乙公司的发展战略。关于甲公司的合并行为，下列哪些表述是正确的？（2015/3/69-多）

A. 只有取得李某的同意，甲公司内部的合并决议才能有效

B. 在合并决议作出之日起15日内，甲公司须通知其债权人

C. 债权人自接到通知之日起30日内，有权对甲公司的合并行为提出异议

D. 合并乙公司后，甲公司须对原乙公司的债权人负责

本题考点 公司合并（合并程序）

选项分析 吸收合并，是指一个公司吸收其他公司，被吸收的公司解散，即兼并。

A选项，根据《公司法》第66条第3款的规定，股东会作出公司合并、分立的决议，应

当经代表2/3以上表决权的股东通过。本题中，张某持股65%（<2/3），所以张某不能自行决定合并，还要取得李某的同意，才能使得甲公司内部的合并决议生效。A选项正确。

B选项，根据《公司法》第220条的规定，公司应当自作出合并决议之日起10日内通知债权人，并于30日内在报纸上或者国家企业信用信息公示系统公告。B选项错误，错在"债权通知的时间"，不应是"15日内"，而是"10日内"。

C选项，根据《公司法》第220条的规定，合并程序中，债权人可以要求公司清偿债务或者提供相应的担保。但这仅仅是保护债权的措施，如果公司不清偿或者不提供担保，不会影响合并，因为是否合并毕竟是甲、乙公司的经营问题，债权人作为第三方没有干涉的权利。C选项错误，错在"对合并行为提出异议"。

D选项，根据《公司法》第221条的规定，合并各方的债权、债务，应当由合并后存续的公司或者新设的公司承继。D选项正确。

参考答案 AD

总结

（1）2/3以上表决权通过的事项：章程资本合分散，变更形式667；

（2）合并程序：债权人可要求清偿或担保。

三、公司增资、减资

46

甲、乙共同出资设立A有限责任公司，注册资本2亿元，甲、乙分别认缴1亿元，约定出资期限为2025年。2022年，A公司和兆晁公司签订协议，以5000万元的价格受让兆晁公司的专利使用权。在完成专利权转让登记后，A公司将注册资本变更为2000万元，出资期限不变。但此次减资未通知兆晁公司。现A公司经营困难，无法向兆晁公司支付专利转让费。据此，下列

说法正确的是：(2022-回忆版-单)
A. 减资行为不具有对抗兆晁公司的法律效力
B. 因此次减资没有通知兆晁公司，故减资行为无效
C. 就债权问题，兆晁公司可以向甲、乙主张连带赔偿责任
D. 就债权问题，兆晁公司可以向甲、乙主张补充赔偿责任

本题考点 公司减资（违反程序减资的法律后果）

选项分析 A、B选项，公司违反法定程序减资，应由相关管理机关对其实施一定的处罚。但减资是公司内部经营问题，其对债权人不具有对抗效力，减资程序违法并不意味着未通知债权人的减资行为无效。A选项正确，B选项错误。

C选项，本题系违反减资的法定程序，而非"股东滥用公司法人独立地位和股东有限责任"导致"公司法人人格否认"（人格否认情形，股东承担连带责任）。C选项错误，错在"连带赔偿责任"。

D选项，处理尚有争议。

（1）《公司法》第226条规定："违反本法规定减少注册资本的，股东应当退还其收取的资金，减免股东出资的应当恢复原状；给公司造成损失的，股东及负有责任的董事、监事、高级管理人员应当承担赔偿责任。"

（2）上述法条解决的是"违法减资的股东和公司"的关系，但未明确"违法减资的股东和公司债权人"的关系。对此，目前实务中有两种观点：

[观点1-本书采用] 在公司减资过程中，如果股东并未实际抽回资金，则属于形式上的减资，即公司登记的注册资本虽然减少，但公司的责任财产并未发生变化，股东不构成抽逃出资，不对公司债权人承担补充赔偿责任。依据该观点，D选项错误。

[观点2-本书未采用] 由于公司在减资行为上存在瑕疵，致使减资前形成的公司债权在减资之后清偿不能的，股东应在公司减资数额范围内对公司债务不能清偿部分承担补充赔偿责任。

参考答案 A

四、公司解散、注销

47

萱草公司有甲、乙、丙三个股东，甲和乙是夫妻，各自持有49%的股份。因甲、乙感情不和发生矛盾，萱草公司一直未召开股东会，但公司一直处于盈利状态。后由于公司所在地段租金上涨，股东向法院提起解散公司之诉。据此，下列说法正确的有：(2021-回忆版-多)
A. 因公司一直处于盈利状态，法院不得判决解散公司
B. 甲可以以自己的名义提起解散公司之诉
C. 丙无权提起解散公司之诉
D. 丙可以以其知情权受到损害为由请求法院解散公司

本题考点 公司解散（股东请求法院解散公司）

选项分析《公司法》第231条规定："公司经营管理发生严重困难，继续存续会使股东利益受到重大损失，通过其他途径不能解决的，持有公司10%以上表决权的股东，可以请求人民法院解散公司。"

A选项，判断"公司经营管理是否发生严重困难"，应从公司组织机构的运行状态进行综合分析。公司虽处于盈利状态，但其股东会机制长期失灵，内部管理有严重障碍，已陷入僵局状态的，可以认定为公司经营管理发生严重困难。因此，对"公司僵局"的理解，是指"经营管理发生严重困难"，并非指公司"是否处于盈利状态"等财务问题。A选项错误。

B、C选项，持有公司10%以上表决权的股东，可以提起解散公司之诉。B、C选项均正确。

D选项，股东"知情权受到损害"并非

"公司经营管理发生严重困难，公司陷入僵局"的情形，不符合提起司法解散的条件。丙可以通过提起侵权之诉等其他途径解决。D选项错误。

参考答案 BC

总结

> 司法解散的原因是"公司僵局"，其目的是保护"股东利益"，所以不是单纯指公司财务危机的处理，不是为了保护"债权人"的利益。

48

A公司有两名股东，甲持股60%，乙持股40%。后因经营不善，甲欲解散公司（主张公司破产清算），召开股东会讨论时，乙不同意，并且乙在决议上特别注明：A公司欠乙2000万元，未设定担保，公司应在偿还完欠款后再讨论解散事宜。后因A公司的其他债权到期无力偿还，外部债权人起诉至法院，A公司被法院受理破产。下列哪些说法是正确的？（2023-回忆版-多）

A. 解散公司的股东会决议不成立
B. 解散公司的股东会决议成立
C. 乙的债权应计入破产债权，于其他没有抵押权的债权之后受偿
D. 乙的债权应计入破产债权，与其他没有抵押权的债权平等受偿

本题考点 公司解散

选项分析 A、B选项，《公司法》第27条规定："有下列情形之一的，公司股东会、董事会的决议不成立：……④同意决议事项的人数或者所代表决权数未达到本法或者公司章程规定的人数或者所持表决权数。"具体到本题，决议内容为解散公司，而股东会作出解散公司的决议，应当经代表2/3以上表决权的股东通过。（《公司法》第66条第3款）由于持股40%的股东乙反对公司解散，该解散决议未达2/3

以上表决权通过，因此该决议不成立。A选项正确，B选项错误。

C、D选项：

（1）本题中，乙虽然具有双重身份（A公司股东+A公司债权人），但题干并未出现其滥用股东权利损害A公司利益的行为，也并未显示乙不当利用关联关系损害A公司的利益。

（2）依据债权的平等性，股东作为债权人（关联债权人）与其他债权人（非关联债权人）的债权平等受偿。（不适用深石原则[1]）

C选项错误，D选项正确。

参考答案 AD

49

李桃是某股份公司发起人之一，持有14%的股份。在公司成立后的2年多时间里，各董事之间矛盾不断，不仅使公司原定上市计划难以实现，更导致公司经营管理出现严重困难。关于李桃可采取的法律措施，下列哪一说法是正确的？（2015/3/27-单）

A. 可起诉各董事履行对公司的忠实义务和勤勉义务
B. 可同时提起解散公司的诉讼和对公司进行清算的诉讼
C. 在提起解散公司诉讼时，可直接要求法院采取财产保全措施
D. 在提起解散公司诉讼时，应以公司为被告

本题考点 董事的忠实、勤勉义务；公司解散

---

[1] 深石原则：为解决关联债权与外部债权的清偿顺序，美国法院通过判例确立了"深石原则"。在深石案件（1939年）中，法院认为深石公司在成立之初即资本不足，其业务经营完全受被告（股东）控制，经营方式主要是为了被告（股东）的利益，因此，判决被告（股东）对深石公司的债权应次于（滞后于）深石公司的其他债权受清偿。此即"衡平居次原则"。"深石原则"在我国成文法中尚未明确，但在"沙港公司诉开天公司执行分配方案异议案"中，松江法院运用了"深石原则"处理债务纠纷。该案被列入2015年最高人民法院发布的典型案例。[参见（2010）松民二（商）初字第275号民事判决]

(股东请求法院解散公司)

选项分析 A选项，董事、监事、高级管理人员对公司负有忠实义务、勤勉义务。若违反上述义务，给公司造成损失，董事、监事、高级管理人员应当对公司承担赔偿责任。但A选项中，股东起诉的是"履行义务"，这无法通过诉讼解决，正确做法是起诉相关责任主体承担赔偿责任。A选项错误。

B选项，股东提起解散公司诉讼，同时又申请法院对公司进行清算的，法院对其提出的清算申请不予受理。（《公司法解释（二）》第2条）B选项错误，错在"同时提起"。

C选项，股东提起解散公司诉讼时，向法院申请财产保全或者证据保全的，在股东提供担保且不影响公司正常经营的情形下，法院可予以保全。（《公司法解释（二）》第3条）C选项错误，错在"直接……"，本题缺乏"担保+不影响正常经营"的前提条件。

D选项，提起解散公司诉讼时，因为目的是要"公司"解散，所以应以公司为被告。D选项正确。

参考答案 D

总结
一般出现"同业竞争""违法借贷""违法担保""泄露商业秘密"等行为，可认定董事、监事、高管违反忠实义务和勤勉义务。

50
甲和乙共同出资设立丽华有限责任公司，甲担任公司董事，乙担任公司监事。丽华公司因未清偿到期债务，被A公司起诉至法院。在该诉讼进行中，甲和乙决定解散丽华公司，并通过简易程序注销公司，但诉讼尚在进行。对此，下列说法正确的是：（2024-回忆版-单）
A. 丽华公司的解散和注销须经股东会决议
B. 甲和乙都是清算组成员，须承担清算义务
C. 在丽华公司清算期间，有关公司的诉讼应中止
D. 丽华公司注销后，甲和乙应对公司的债务承担连带责任

本题考点 公司解散；简易注销

选项分析 本题涉及公司解散、清算、注销系列知识点。

（1）股东可通过股东会决议解散公司，并且，解散决议应当经代表2/3以上表决权的股东通过。（《公司法》第66条第3款）

（2）公司因股东会决议而解散的，应当清算。董事为公司清算义务人。（《公司法》第232条第1款）

（3）普通注销：公司清算结束后，清算组应当制作清算报告，报股东会或者人民法院确认，并报送公司登记机关，申请注销公司登记。（《公司法》第239条）

（4）简易注销：公司在存续期间未产生债务，或者已清偿全部债务的，经全体股东承诺，可以按照规定通过简易程序注销公司登记。公司通过简易程序注销公司登记，股东对前述规定的内容承诺不实的，应当对注销登记前的债务承担连带责任。（《公司法》第240条第1、3款）

可知：

A选项，公司是否解散须经股东会决议，该表述正确；但向公司登记机关申请注销登记的，无论是采用"普通注销"程序还是"简易注销"程序，均是清算后的必经程序，是否注销无须再经股东会决议。A选项错误。

B选项，董事为公司清算义务人。清算组由董事组成，但是公司章程另有规定或者股东会决议另选他人的除外。本题章程无另外约定，故只有董事甲承担清算义务，乙作为公司监事，并无清算义务。B选项错误。

C选项，丽华公司并未被受理破产，仍为股东自行解散清算。根据《公司法》第234条第7项的规定，清算组在清算期间代表公司参与民事诉讼活动。故丽华公司的解散清算诉讼继续进行，清算组代表公司参与民事诉讼活动。C选项错误。

D选项，通过简易程序注销公司登记的，其适用前提为"公司在存续期间未产生债务，或者已清偿全部债务的，经全体股东承诺"。本题丽华公司因债务纠纷尚处于诉讼中，显然属于股东对公司债务清偿承诺不实，根据《公司法》第240条第3款的规定，股东应当对注销登记前的债务承担连带责任。D选项正确。

参考答案 D

专题 11 公司经营中的特殊合同

51

李某是甲公司的大股东和法定代表人。乙公司和丙公司之间签订了一份借款合同，乙公司找到李某，希望甲公司为该笔借款承担保证责任。李某伪造了甲公司股东会同意担保的决议，委托周某担任特别代理人，为乙公司和丙公司之间的借款合同提供担保，并加盖了甲公司的公章。经查，李某是丙公司的实际控制人。对此，下列哪一选项是正确的？（2021-回忆版-单）

A. 甲公司可以主张股东会决议不成立
B. 周某是特别代理人，并非甲公司法定代表人，不适用越权担保制度
C. 该担保合同对甲公司不发生效力，丙公司不可请求甲公司承担赔偿责任
D. 该担保合同有效，甲公司应承担担保责任

本题考点 公司担保

选项分析 A选项，当作出决议的程序有重大瑕疵，如本题甲公司未召开股东会会议直接作出的决议，根据《公司法》第27条可认定该决议不成立。A选项正确。

B选项，越权担保，是指公司的法定代表人违反《公司法》关于公司对外担保决议程序的规定，超越权限代表公司与相对人订立担保合同。（《担保制度解释》第7条第1款）本题周某接受李某委托，其身份虽然不是法定代表人，但其行为本质上仍是违反公司担保决议程序、超越权限的代表行为。所以，该担保合同仍要考虑第三人是否善意，也即适用越权担保的规定。B选项错误。

C、D选项，构成越权担保需要考虑相对人（丙公司）的主观心态：①相对人善意的，担保合同对公司发生效力，公司承担担保责任；②相对人非善意的，担保合同对公司不发生效力，公司依据过错承担赔偿责任。本题李某是债权人丙公司的实际控制人，而公司的意志依据其背后的个人来体现，因此难以认定债权人丙公司为善意。同时，李某还是担保人甲公司的法定代表人，因此也难以认定担保人甲公司无过错。《担保制度解释》第17条第1款规定："主合同有效而第三人提供的担保合同无效，人民法院应当区分不同情形确定担保人的赔偿责任：①债权人与担保人均有过错的，担保人承担的赔偿责任不应超过债务人不能清偿部分的1/2；……"可知，D选项"该担保合同有效"是错误的。C选项的错误在于，虽然甲公司不承担"担保责任"，但因担保人和相对人均有过错，所以担保人甲公司要依据过错承担赔偿责任。

参考答案 A

总结

（1）决议不成立的判断标准：均为程序重大瑕疵，该瑕疵导致决议没有达到法定最低合意；

（2）越权担保，要考虑相对人是否"合理审查"，是否构成善意。

52

甲、乙、丙、丁四人共同出资设立A有限责任公司，甲担任董事长兼法定代表人。公司章程规定，股东为本公司股东提供担保的，需要董事会全体成员一致通过。在公司经营过程中，甲擅自以A公司的名义为其朋友的B公司借款提供担保，并将伪造的董事会决议交给债权人审查。另外，经过董事会决议，A公司为丙的一笔个人债务提供了担保，债权人也审查了董事会决议。据此，下列哪些说法是正确的？（2022-回忆版-多）

A. A公司需要对B公司的债务承担担保责任
B. A公司不需要对B公司的债务承担担保责任
C. A公司需要对丙的债务承担担保责任
D. A公司不需要对丙的债务承担担保责任

本题考点 公司担保

选项分析《公司法》第15条规定："公司向其他企业投资或者为他人提供担保，按照公司章程的规定，由董事会或者股东会决议；公司章程对投资或者担保的总额及单项投资或者担保的数额有限额规定的，不得超过规定的限额。公司为公司股东或者实际控制人提供担保的，应当经股东会决议。前款规定的股东或者受前款规定的实际控制人支配的股东，不得参加前款规定事项的表决。该项表决由出席会议的其他股东所持表决权的过半数通过。"

A、B选项，A公司为甲的朋友的B公司提供担保，属于非关联担保，根据《公司法》第15条第1款的规定，当公司为他人提供担保时，决议机关可以是董事会。虽然甲伪造董事会决议与相对人订立担保合同，构成越权担保，但债权人作为公司的外部人，没有审查公司章程的义务，其仅需依据法律规则审查公司决议，本题中债权人对A公司的决议进行了合理审查，所以担保合同对A公司发生效力，A公司

承担担保责任。（《担保制度解释》第7条第1款第1项）A选项正确，B选项错误。

C、D选项，A公司为股东丙提供担保，属于关联担保，根据《公司法》第15条第2款的规定，必须经股东会决议，即使章程允许仅经过董事会决议，该章程条款也因违反《公司法》的强制性规定而无效。本题中，在关联担保情形下，债权人仅审查董事会决议，未尽到合理审查义务，担保合同对A公司不发生效力，A公司不承担担保责任（相对人可请求A公司承担赔偿责任）。（《担保制度解释》第7条第1款第2项）C选项错误，D选项正确。

参考答案 AD

总结
关联担保：必须经股东会决议（法定）；
非关联担保：股董决（章定）。

53

汪某是蓝鸥股份有限公司的大股东及法定代表人。为公司上市融资，汪某以个人的名义和公司的名义分别与爱思基金签订增资协议。该协议约定，蓝鸥公司全体股东放弃对此次增资的优先认缴权，爱思基金投资2亿元用以增加蓝鸥公司的注册资本。汪某与蓝鸥公司承诺，爱思基金增资后3年内公司完成上市。若未完成该目标，则汪某以市场价格收购爱思基金持有的公司股权，且蓝鸥公司以当年公司全部利润为汪某收购股权提供担保。据此，下列说法正确的是：（2022-回忆版-单）

A. 蓝鸥公司以当年公司全部利润为汪某收购股权提供担保，因违反利润分配原则而无效
B. 蓝鸥公司以当年公司全部利润为汪某收购股权提供担保，因违反资本维持原则而无效
C. 其他股东可以该协议损害其优先认缴权为由，主张合同无效

D. 蓝鸥公司为汪某收购股权提供担保，须经股东会决议通过，且汪某无表决权

本题考点 对赌协议

选项分析 投资方（蓝鸥公司）与融资方（爱思基金）所签协议即常说的"对赌协议"。本题中，融资方（爱思基金）是与目标公司（蓝鸥公司）的股东（汪某）签订对赌协议，目标公司（蓝鸥公司）为该项协议的履行提供担保。（注意：并非直接和目标公司签订对赌协议）

根据《九民纪要》的规定，不论是与目标公司签订对赌协议，还是与目标公司的股东签订对赌协议，只要不存在法定无效事由，该协议都有效。但投资方主张实际履行的，要区分两种情况：

（1）与目标公司的股东签订的对赌协议：支持实际履行；

（2）与目标公司签订的对赌协议：法院应当审查是否符合"股东不得抽逃出资"、是否符合"股份回购的强制性规定"、是否按照利润分配的强制性规定进行。

A、B选项：

（1）虽然本题中协议的履行由目标公司（蓝鸥公司）以当年全部利润提供担保，但该案并非投资方直接和目标公司签订的对赌协议，并非直接从目标公司中取得金钱补偿，不应适用"公司向股东分配利润，需要依法定分配顺序"的规则；

（2）蓝鸥公司本身是该对赌协议的最终受益者，认定蓝鸥公司承担担保责任，符合一般公平原则。（参见 2018 年最高法院作出的"强静延与曹务波、山东瀚霖生物技术有限公司股权转让纠纷案"的判决，认可经公司内部决策程序的对赌担保有效）

A、B 选项错误。

C 选项，股份有限公司属于资合性公司，在增资时，其他股东没有优先认缴权。C 选项错误。

D 选项，公司为本公司股东提供担保的，应当经股东会决议。被担保的股东或实际控制人不得参与表决，该项表决由出席会议的其他股东所持表决权的过半数通过。（《公司法》第 15 条第 2、3 款）D 选项正确。

参考答案 D

总　结

公司为投资方和股东签订的对赌协议提供担保，是有效担保，不能直接认定为"公司-投资方"签订的对赌协议。本题是极好的主观题素材。

第二讲

合伙企业法

02

专题 12 普通合伙企业

一、设立和财产

54

甲、乙、丙三人共同设立了一家普通合伙企业。甲以 A、B 两栋房屋出资，两栋房屋均已交付合伙企业使用，其中 A 房屋已经办理过户登记，B 房屋未办理过户登记。后甲将 A、B 两栋房屋卖给了第三人并且办理了过户登记。企业经营中，事务执行人丙以合伙企业的名义将企业所有的资产抵押，向银行办理贷款，所得款项用于合伙企业的日常经营。以下哪些说法是正确的？（2022-回忆版-多）

A. 第三人符合善意取得条件的，可以取得 A 房屋
B. 第三人符合善意取得条件的，可以取得 B 房屋
C. 丙的抵押行为有效
D. 丙的抵押行为无效

本题考点 合伙企业事务执行

选项分析 A 选项，根据《合伙企业法》第 31 条第 3 项的规定，处分合伙企业的不动产的，除合伙协议另有约定外，应当经全体合伙人一致同意。同法第 37 条规定，合伙企业对合伙人执行合伙事务以及对外代表合伙企业权利的限制，不得对抗善意第三人。本题中，A 房屋已经办理过户登记，属于合伙企业的财产。甲擅自将属于合伙企业财产的 A 房屋出卖，属于无权处分，所以第三人需要符合善意取得条件才可取得 A 房屋。A 选项正确。

B 选项，本题 B 房屋未办理过户登记，其所有权仍属于合伙人甲。因此，甲属于处分自己的财产，并非"无权处分"，第三人当然可以取得该房屋的所有权，无需满足"善意"的条件。B 选项错误。

C、D选项，根据《合伙企业法》第 31 条第 5 项的规定，以合伙企业名义为他人提供担保，除合伙协议另有约定外，应当经全体合伙人一致同意。本题中，丙以企业资产设立抵押是为"企业自己"，而非"他人"，因此，丙的抵押行为有效。C 选项正确，D 选项错误。

参考答案 AC

总结

> 和公司出资要求"以所有权换股权"不同，合伙企业允许合伙人以财产使用权出资。所以本题要先辨明房屋归谁所有。

55

甲、乙、丙共同成立了某普通合伙企业。2017 年，甲向丁借款 100 万元，到期无法清偿。甲准备以其持有的合伙企业份额对丁进行清偿，其他合伙人均不同意。下列选项正确的是：（2018-回忆版-单）

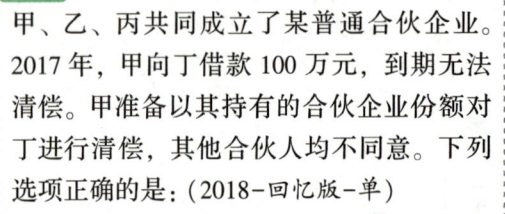

A. 可以合伙企业盈利对丁进行清偿
B. 若丁向法院申请强制执行甲的合伙份额，应经其他合伙人一致同意
C. 为了避免丁强制执行甲的合伙份额，其他合伙人可协商代为清偿
D. 若丁向法院申请强制执行甲的合伙份额，其他合伙人不行使优先购买权，也不同意对外转让份额，则视为其他合伙人同意对外转让

本题考点 合伙人个人债务的清偿

选项分析 A 选项错误，错在用"合伙企业盈利"清偿"个人债务"。

[易错] 合伙人的自有财产不足清偿其与合伙企业无关的债务，该合伙人可以以其从合伙企业中分取的收益用于清偿。"收益"是合伙人自己赚的钱，当然可以清偿个人债务。

B 选项，基于生效判决请求法院强制执行，不需要其他合伙人一致同意。B 选项错误。

[易错] 如果合伙人主动对外转让财产份额，则需要其他合伙人一致同意。

C 选项，协商代为清偿模式，既有合伙人的合意，又不损害债权人丁的利益，当然可行。C 选项正确。

D 选项，《合伙企业法》第 42 条第 2 款规定："人民法院强制执行合伙人的财产份额时，应当通知全体合伙人，其他合伙人有优先购买权；其他合伙人未购买，又不同意将该财产份额转让给他人的，依照本法第 51 条的规定为该合伙人办理退伙结算，或者办理削减该合伙人相应财产份额的结算。"该规定的目的是保护普通合伙企业的"人合性"。所以 D 选项的正确处理方式是"甲办理退伙结算"，而非"视为其他合伙人同意对外转让"。D 选项错误。

参考答案 C

总结

> （1）普通合伙人发生与合伙企业无关的债务，清偿规则为：禁抵销禁代位，可收益可强执。
>
> （2）强制执行合伙人的财产份额时：
> ① 法院应当通知全体合伙人；
> ② 其他合伙人有优先购买权；
> ③ 其他合伙人未购买，又不同意将该财产份额转让给他人的，依照退伙规定为该合伙人办理退伙结算，或者办理削减该合伙人相应财产份额的结算。

56

高崎、田一、丁福三人共同出资 200 万元，于 2011 年 4 月设立"高田丁科技投资中心（普通合伙）"，从事软件科技的开发与投资。其中高崎出资 160 万元，田、丁分别出资 20 万元，由高崎担任合伙事务执行人。

2012 年 6 月，丁福为向钟冉借钱，作为担保方式，而将自己的合伙财产份额出质给钟冉。下列说法正确的是：（2013/3/92-任）

A. 就该出质行为，高、田二人均享有一票否决权
B. 该合伙财产份额质权，须经合伙协议记载与工商登记才能生效
C. 在丁福伪称已获高、田二人同意，而钟冉又是善意时，钟冉善意取得该质权
D. 在丁福未履行还款义务，如钟冉享有质权并主张以拍卖方式实现时，高、田二人享有优先购买权

本题考点 财产份额（转让、出质）

选项分析 A选项，合伙人以其在合伙企业中的财产份额出质的，须经其他合伙人一致同意；未经其他合伙人一致同意，其行为无效，由此给善意第三人造成损失的，由行为人依法承担赔偿责任。（《合伙企业法》第25条）所以，高、田二人均享有一票否决权。A选项正确。

B选项，依据上述法条的规定，财产份额出质规则并非合伙协议必须记载的事项，满足其他合伙人一致同意的条件的，则出质行为有效。B选项错误。

C选项，前述已经明确"未经其他合伙人一致同意，其出质行为无效"。合伙企业具有极强的"人合性"，而外人如果仅因为是"善意"即可取得该质权，那么就会成为"新的普通合伙人"，这影响了合伙企业的人合性。所以，合伙企业的财产份额出质不适用"善意取得"制度。C选项错误。

D选项，如钟冉主张以拍卖方式实现质权，"拍卖"等于合伙份额"对外转让"，在同等条件下其他合伙人有优先购买权。D选项正确。

参考答案 AD

总 结
普通合伙人的财产份额出质：内部一致同意+外人不适用善意取得。

二、普通合伙事务的执行、和第三人的关系

57 ▶▶▶

甲、乙、丙、丁等五人共同设立了一家普通合伙企业，甲、乙为共同执行事务人。甲和A签订了一份买卖合同，甲、乙和B签订了一份技术合同，丙经甲、乙同意出质了其持有的合伙企业的财产份额。下列哪些选项是正确的？（2023-回忆版-多）

A. 只有乙有权对买卖合同提出异议
B. 甲单独签订的买卖合同对合伙企业发生法律效力
C. 甲、乙签订的技术合同对合伙企业发生法律效力
D. 丙出质财产份额时因经过了合伙事务执行人甲、乙同意，故其出质行为有效

本题考点 合伙企业事务执行；财产份额（出质）

选项分析 A选项，合伙人分别执行合伙事务的，执行事务合伙人可以对其他合伙人执行的事务提出异议。（《合伙企业法》第29条第1款）本题中，甲和乙是共同执行事务人，所以只有乙可以对甲执行事务（甲与A签订买卖合同）的行为提出异议。A选项正确。

B选项，合伙企业对合伙人执行合伙事务以及对外代表合伙企业权利的限制，不得对抗善意第三人。（《合伙企业法》第37条）本题中，甲和乙为共同执行事务人，甲单独与A签订买卖合同构成越权代表，所以还需考虑第三人主观上是否善意，该合同并非一律对合伙企业发生法律效力。B选项错误。

C选项，甲、乙作为共同执行事务人，共同代表合伙企业签订的技术合同，没有出现越权代表，故该合同对合伙企业发生效力。C选项正确。

D选项，合伙人以其在合伙企业中的财产份额出质的，须经其他合伙人一致同意；未经其他合伙人一致同意，其行为无效，由此给善

意第三人造成损失的，由行为人依法承担赔偿责任。(《合伙企业法》第 25 条) 本题中，丙将财产份额出质仅经过了甲、乙同意，而未经过其他合伙人一致同意，故其出质行为无效。D 选项错误。

参考答案 AC

58

赵某、钱某、孙某三人共同设立 X 汽修厂(普通合伙企业)，合伙协议约定，赵某负责零部件采购，钱某、孙某负责汽车修理。在企业经营过程中，赵某洽谈了甲零部件供应商，钱某也私下和乙零部件供应商洽谈。后来 X 汽修厂内部出现争议，未就零部件采购达成一致。赵某在 X 汽修厂附近与他人又合伙开了一家 M 汽修厂。对此，下列选项正确的有：(2024-回忆版-多)

A. 对于钱某的行为，赵某有权提出异议
B. 对于赵某与他人开设 M 汽修厂的行为，X 汽修厂可决定将赵某除名
C. 赵某与他人开设 M 汽修厂的，视为自动退出 X 汽修厂
D. 对于零部件供应商的选择，应当经全体合伙人一致同意

本题考点 合伙企业事务执行；合伙人的权利

选项分析 A 选项，《合伙企业法》第 29 条第 1 款规定："合伙人分别执行合伙事务的，执行事务合伙人可以对其他合伙人执行的事务提出异议。"可知，在分别执行合伙事务时，执行事务合伙人享有异议权，故赵某有权对钱某的行为提出异议。A 选项正确。

B 选项，《合伙企业法》第 32 条第 1 款规定："合伙人不得自营或者同他人合作经营与本合伙企业相竞争的业务。"同法第 49 条第 1 款规定："合伙人有下列情形之一的，经其他合伙人一致同意，可以决议将其除名：……③执行合伙事务时有不正当行为；……"可知，普通合伙人不得自营或者同他人合作经营与本合伙企业相

竞争的业务，同业竞争行为属于合伙人执行合伙事务时的不正当行为，为法定除名事由。B 选项正确。

C 选项，"自动退出"对应普通合伙人"当然退伙"的情形。这显然与本题题意不符。(《合伙企业法》第 48 条第 1 款规定："合伙人有下列情形之一的，当然退伙：①作为合伙人的自然人死亡或者被依法宣告死亡；②个人丧失偿债能力；③作为合伙人的法人或其他组织依法被吊销营业执照、责令关闭、撤销，或者被宣告破产；④法律规定或者合伙协议约定合伙人必须具有相关资格而丧失该资格；⑤合伙人在合伙企业中的全部财产份额被人民法院强制执行。") C 选项错误。

D 选项错误，错在"经全体合伙人一致同意"。《合伙企业法》第 30 条第 1 款规定："合伙协议未约定或者约定不明确的，实行合伙人一人一票并经全体合伙人过半数通过的表决办法。"(提示：不要和"经全体合伙人一致同意"的特殊事项混淆，后者包括改变合伙企业的名称、经营范围、主要经营场所的地点等)

参考答案 AB

59

甲、乙、丙共同出资设立萱草洗衣店(普通合伙企业)，合伙协议约定，甲以一套洗衣设备作价 8 万元出资，所有合伙人均有执行合伙事务的权利。后丙未经甲、乙二人同意，擅自将该洗衣设备以 6 万元的价格出售给不知情的丁。甲、乙知晓后坚决反对。丙认为甲提供的洗衣设备未经评估，该洗衣设备已经贬值，其实际价值小于当时的作价出资，此次出售并未损害萱草洗衣店的实际利益。据此，下列哪些表述是错误的？(2024-回忆版-多)

A. 丙擅自出售该洗衣设备，丁无法取得该洗衣设备的所有权
B. 丙擅自出售该洗衣设备，甲、乙可一致同意将丙除名
C. 丙和丁之间的出售行为合法有效

D. 甲用以出资的洗衣设备未经评估且已贬值，甲应履行出资补足义务

本题考点 合伙企业事务执行；除名；合伙人出资

选项分析 A、C 选项，由于丙享有合伙事务执行权，合伙协议对合伙事务的执行没有限制，且丁是善意第三人，因此，丙和丁之间的出售行为有效，丁可以取得该洗衣设备的所有权。A 选项错误，当选；C 选项正确，不当选。

B 选项，丙虽然没有经过甲、乙的同意就处分该洗衣设备，但其既未给萱草洗衣店造成实质损失，也不属于"经全体合伙人一致同意"方能进行的法定事项，尚不能认定丙执行合伙事务时有不正当行为，不符合除名的要求。B 选项错误，当选。（《合伙企业法》第 49 条第 1 款规定，合伙人有下列情形之一的，经其他合伙人一致同意，可以决议将其除名：①未履行出资义务；②因故意或者重大过失给合伙企业造成损失；③执行合伙事务时有不正当行为；④发生合伙协议约定的事由。）

D 选项，合伙人以非货币财产（洗衣设备）出资，需要评估作价的，可以由全体合伙人协商确定，也可以由全体合伙人委托法定评估机构评估。（《合伙企业法》第 16 条第 2 款）本题甲的洗衣设备经全体合伙人协商确定，属于有效评估，甲无需补足出资。D 选项错误，当选。

参考答案 ABD（本题为"选错题"）

60

甲、乙、丙三人共同设立普通合伙企业，合伙协议约定，若变更经营范围，需要每人增资 50 万元。后该合伙企业决议变更经营范围，但丙表示反对。甲、乙同意变更经营范围并按约定增资 50 万元，当通知丙增资时，被丙拒绝。若合伙协议无其他约定，下列哪些选项是正确的？（2024-回忆版-多）

A. 丙反对变更经营范围，可以不履行增资义务
B. 合伙协议约定在先，丙应履行增资义务
C. 丙拒绝履行增资义务，应被除名
D. 因丙反对，该合伙企业不能变更经营范围

本题考点 合伙企业的全票决事项；增资决议

选项分析 D 选项，"改变合伙企业的经营范围"属于经营过程中的重大事项，需要经全体合伙人一致同意。（《合伙企业法》第 31 条规定："除合伙协议另有约定外，合伙企业的下列事项应当经全体合伙人一致同意：……②改变合伙企业的经营范围、主要经营场所的地点；……"）D 选项正确。

A、B 选项，因本题未能改变合伙企业的经营范围，合伙协议约定的增资前提条件未能达成，且增资未经全体合伙人一致决定，故丙可不履行增资义务。（《合伙企业法》第 34 条规定："合伙人按照合伙协议的约定或者经全体合伙人决定，可以增加或者减少对合伙企业的出资。"）A 选项正确，B 选项错误。

C 选项，将合伙人除名，一般适用于有故意或重大过失的合伙人。本题丙仅是反对变更经营范围和增加出资，这本是合伙人的权利，不得无故将其除名。（《合伙企业法》第 49 条第 1 款规定："合伙人有下列情形之一的，经其他合伙人一致同意，可以决议将其除名：①未履行出资义务；②因故意或者重大过失给合伙企业造成损失；③执行合伙事务时有不正当行为；④发生合伙协议约定的事由。"）C 选项错误。

参考答案 AD

61

逐道茶业是一家生产销售野生茶叶的普通合伙企业，合伙人分别为赵、钱、孙。合伙协议约定如下：第一，赵、钱共同担任合伙事务执行人；第二，赵、钱共同以合

伙企业名义对外签约时，单笔标的额不得超过30万元。对此，下列哪一选项是正确的？（2017/3/29-单）

A. 赵单独以合伙企业名义，与甲茶农达成协议，以12万元的价格收购其茶园的茶叶，该协议为有效约定
B. 孙单独以合伙企业名义，与乙茶农达成协议，以10万元的价格收购其茶园的茶叶，该协议为无效约定
C. 赵、钱共同以合伙企业名义，与丙茶叶公司签订价值28万元的明前茶销售合同，该合同为有效约定
D. 赵、钱共同以合伙企业名义，与丁茶叶公司签订价值35万元的明前茶销售合同，该合同为无效约定

本题考点 合伙企业与第三人签订的合同的效力

选项分析 《合伙企业法》第37条规定："合伙企业对合伙人执行合伙事务以及对外代表合伙企业权利的限制，不得对抗善意第三人。"在考虑合伙企业与第三人签订的合同的效力时，需要考虑"第三人"的主观心态，是否构成"善意第三人"。

A选项，本题合伙协议约定，赵、钱共同执行事务，所以赵单独执行事务是违反合伙协议的，而甲茶农是否为善意第三人不明确，难以直接认定该协议有效。A选项错误。

B选项，孙无事务执行权，但作为合伙人，孙可以以合伙企业名义对外签约，但乙茶农是否为善意第三人不明确，难以直接认定该协议无效。B选项错误。

C选项，赵、钱为共同的合伙事务执行人，并且与丙茶叶公司签订的合同的交易金额低于30万元，C选项所给条件均符合合伙协议约定，该合同有效。C选项正确。

D选项，丁茶叶公司是否为善意第三人不明确，难以直接认定该合同无效。D选项错误。

参考答案 C

总结 当没有告知第三人是否为善意时，要区分情况，不能一概推定其为"善意"。

62

君平昌成律师事务所是一家采取特殊普通合伙形式设立的律师事务所，曾君、郭昌是其中的两名合伙人。在一次由曾君主办、郭昌辅办的诉讼代理业务中，因二人的重大过失而泄露客户商业秘密，导致该所对客户应承担巨额赔偿责任。关于该客户的求偿，下列哪些说法是正确的？（2015/3/72-多）

A. 向该所主张全部赔偿责任
B. 向曾君主张无限连带赔偿责任
C. 向郭昌主张补充赔偿责任
D. 向该所其他合伙人主张连带赔偿责任

本题考点 特殊普通合伙企业债务的清偿

选项分析 《合伙企业法》第55条第1款规定："以专业知识和专门技能为客户提供有偿服务的专业服务机构，可以设立为特殊的普通合伙企业。"本题律师事务所采取特殊普通合伙形式设立，合伙人对企业债务的清偿采用"分担原则"，即同法第57条第1款的规定："一个合伙人或者数个合伙人在执业活动中因故意或者重大过失造成合伙企业债务的，应当承担无限责任或者无限连带责任，其他合伙人以其在合伙企业中的财产份额为限承担责任。"

A选项，合伙企业，包括特殊普通合伙企业，首先以合伙企业财产对外承担责任。（《合伙企业法》第58条）所以该客户向该所主张全部赔偿责任并无不妥。A选项正确。

B、D选项，本题两位合伙人（曾君、郭昌）均有重大过失，所以二人需对该客户承担无限连带赔偿责任，但其他合伙人无过错，则无需承担连带赔偿责任。B选项正确，D选项错误。

C 选项，由上述分析可知，郭昌应当承担连带赔偿责任，而不是补充赔偿责任。C 选项错误。

参考答案 AB

总　结

特殊普通合伙，因为专业所以分责：执行事务有过错的合伙人-无限连带责任；其他无过错的合伙人-份额为限。

三、入伙、退伙

63

甲企业是一家普通合伙企业，现有三名普通合伙人。因企业经营状况不佳，2021 年初，三名合伙人找到投资方于某，邀请其入伙。在订立入伙协议时，原合伙人未如实告知甲企业的经营状况和财务状况，并且于某未经仔细调查便签订了合伙协议，办理了工商变更登记。入伙后，于某经过查账得知甲企业实际经营不善，于是提出撤销入伙协议，但其他合伙人均不同意。于某遂要求退伙结算。同年 6 月 1 日，该主张得到了其他合伙人的同意，于某于 6 月 10 日办理了退伙登记。对此，下列哪些说法是正确的？（2021-回忆版-多）

A. 于某有权请求撤销入伙协议，并对入伙前甲企业的债务不承担连带责任
B. 于某应对入伙前甲企业的债务承担无限连带责任
C. 6 月 1 日为于某的退伙生效之日
D. 于某应对 6 月 10 日前发生的甲企业债务承担无限连带责任

本题考点 入伙、退伙（债务的承担）

选项分析 A、B 选项，一方以欺诈手段，使对方在违背真实意思的情况下实施的民事法律行为，受欺诈方有权请求人民法院或者仲裁机构予以撤销。（《民法典》第 148 条）本题中，因于某受到欺诈，其有权主张撤销入伙协议，但这是合伙人内部关系，有过错的一方应当赔偿对方（于某）由此所受到的损失。对外办理了合伙人变更登记，就已经对债权人产生了"公示公信"的效力，所以，于某仍需要对入伙前甲企业的债务承担无限连带责任。A 选项错误，B 选项正确。

C 选项，在合伙企业存续期间，经全体合伙人一致同意的，合伙人可以退伙。退伙事由实际发生之日为退伙生效日。（《合伙企业法》第 45 条第 2 项、第 48 条第 3 款）所以，本题于某退伙的日期为 6 月 1 日。C 选项正确。

D 选项，《合伙企业法》第 13 条规定："合伙企业登记事项发生变更的，执行合伙事务的合伙人应当自作出变更决定或者发生变更事由之日起 15 日内，向企业登记机关申请办理变更登记。"未变更工商登记的，对外不产生公示效力，该退伙事由仅在合伙人内部发生效力，对第三人无约束力。因此，在办理变更登记前，于某对合伙企业所负债务仍需承担无限连带责任。D 选项正确。

参考答案 BCD

64

甲、乙、丙、丁共同设立了一家普通合伙企业，约定各合伙人应在 2020 年 3 月底之前完成出资。2020 年 5 月 8 日，因乙到期一直未出资，甲、丙、丁在一致同意的情况下作出了将乙除名的决议，并于 2020 年 5 月 13 日通知了乙，但未办理变更登记。2020 年 7 月，合伙企业和 A 公司签订买卖合同。2020 年 11 月，经甲、丙、丁一致同意，戊加入合伙企业，成为新的合伙人，并办理了变更登记。2021 年 4 月，合伙企业无法清偿 A 公司的到期债务。据此，下列说法正确的有：（2022-回忆版-多）

A. 乙于 2020 年 5 月 8 日丧失合伙人资格
B. 因缺少乙的意见，所以戊不能成为合伙人

C. A公司可以请求戊对合伙企业的债务承担连带责任
D. 若A公司对乙被除名的事实不知情，则可以请求乙对合伙企业的债务承担连带责任

本题考点 入伙、退伙

选项分析 A选项，合伙人未履行出资义务的，经其他合伙人一致同意，可以将其除名。被除名人接到除名通知之日，除名生效。（《合伙企业法》第49条第1、2款）本题符合除名的要求，因此，乙丧失合伙人资格的时间为其收到除名通知之日，即2020年5月13日。A选项错误。

B选项，在合伙企业内部，乙的除名已于2020年5月13日生效，所以，戊于同年11月加入合伙企业时无需再经过乙的同意。B选项错误。

C选项，普通合伙企业中，新合伙人对入伙前合伙企业的债务承担无限连带责任。（《合伙企业法》第44条第2款）本题虽然合伙企业和A公司签订买卖合同在戊入伙之前，但因为戊是普通合伙人，因此不能免除其责任。C选项正确。

D选项，合伙企业登记事项发生变更的，执行合伙事务的合伙人应当自作出变更决定或者发生变更事由之日起15日内，向企业登记机关申请办理变更登记。（《合伙企业法》第13条）该条的立法本意是，合伙企业在对登记事项进行变更之后，应当通过工商登记行为使其产生对外公示的效力。显然若仅有除名决议，则只在企业内部产生效力，对外不能产生对抗善意第三人的效力。因此，A公司要求乙承担连带责任的主张正确。D选项正确。

参考答案 CD

总结

退伙但未变更登记的，该退伙人需承担连带责任。

65

甲企业是一家普通合伙企业，张某为合伙事务执行人之一。张某因重大过失给合伙企业造成了较大损失，其他合伙人一致同意将其除名。张某不服，提出异议，并且之后张某仍以合伙企业的名义对外签订合同。2021年，因合伙企业经营困难，除张某外的其他合伙人一致决定解散合伙企业，张某再次提出异议。对此，下列哪些说法是正确的？（2021-回忆版-多）

A. 除名决议一经送达即对张某发生效力
B. 除名决议作出后暂不发生效力，需排除张某异议后方可发生效力
C. 解散决议因张某提出异议，暂不发生效力
D. 解散决议作出后即应由一个或数个合伙人负责清算

本题考点 退伙的理由和程序（除名退伙）；合伙企业解散

选项分析 A选项，《合伙企业法》第49条第1款规定了可以通过决议将合伙人除名的情形，其中第2项为"因故意或者重大过失给合伙企业造成损失"。所以本题中的除名决议理由合法。该条第2款规定，被除名人接到除名通知之日，除名生效，被除名人退伙。A选项正确。

B选项，被除名人（张某）对除名决议有异议的，可以自接到除名通知之日起30日内，向法院起诉。（《合伙企业法》第49条第3款）但这并不影响除名决议的效力，除名仍然是"被除名人接到除名通知之日"即生效，在法院的最终判决生效前，在合伙企业内部，张某不再具备合伙人身份。B选项错误。

C选项，全体合伙人决定解散，是合伙企业应当解散的法定理由。（《合伙企业法》第85条第3项）本题中，张某虽然对除名决议提出异议，但其并未向法院提起诉讼，因此，张某已经丧失合伙人资格。所以经其他合伙人一致同意，该企业可以解散，张某的异议不能阻止

企业的解散。C 选项错误。

D 选项，合伙企业解散，应当由清算人进行清算。清算人由全体合伙人担任；经全体合伙人过半数同意，可以自合伙企业解散事由出现后 15 日内指定一个或者数个合伙人，或者委托第三人，担任清算人。（《合伙企业法》第 86 条第 1、2 款）D 选项正确。

参考答案 AD

专题 13 有限合伙企业

一、设立、事务执行、财产份额

66

灏德投资是一家有限合伙企业，专门从事新能源开发方面的风险投资。甲公司是灏德投资的有限合伙人，乙和丙是普通合伙人。关于合伙协议的约定，下列哪些选项是正确的？（2016/3/72-多）

A. 甲公司派驻灏德投资的员工不领取报酬，其劳务折抵 10% 的出资
B. 甲公司不得与其他公司合作从事新能源方面的风险投资
C. 甲公司不得将自己在灏德投资中的份额设定质权
D. 甲公司不得将自己在灏德投资中的份额转让给他人

本题考点 有限合伙企业的设立（出资）；有限合伙企业事务执行；财产份额（转让、质押）

选项分析 A 选项，有限合伙人不得以劳务出资。（《合伙企业法》第 64 条第 2 款）因此，甲公司（有限合伙人）以劳务折抵出资款，不符合法律规定。A 选项错误。

B 选项，有限合伙人没有事务执行权。《合伙企业法》第 71 条规定："有限合伙人可以自营或者同他人合作经营与本有限合伙企业相竞争的业务；但是，合伙协议另有约定的除外。"即"默示允许，协议可禁"。该选项中有限合伙人甲公司的行为属于"同业竞争"，合伙协议可以对该行为加以限制。B 选项正确。

C 选项，《合伙企业法》第 72 条规定："有限合伙人可以将其在有限合伙企业中的财产份额出质；但是，合伙协议另有约定的除外。"既然"协议可禁"，那么合伙协议可以对出质行为加以限制。C 选项正确。

D 选项，《合伙企业法》第 73 条规定："有限合伙人可以按照合伙协议的约定向合伙人以外的人转让其在有限合伙企业中的财产份额，但应当提前 30 日通知其他合伙人。"可知，有限合伙人转让财产份额不需要其他合伙人同意，只需通知即可完成转让。故 D 选项中，合伙协议禁止转让财产份额是错误的。

参考答案 BC

总结

有限合伙人"默示允许，协议可禁"的事项：①财产份额的出质；②同本有限合伙企业进行交易；③自营或同他人合作经营与本有限合伙企业相竞争的业务。

67

萱草投资有限合伙企业共有 30 位合伙人，甲是唯一的普通合伙人。经全体合伙人一致同意，合伙人乙以其在合伙企业工作的薪酬作为出资。有限合伙人丙在没有通知其他人的情况下，将其所持合伙份额转让给不知情的张某；有限合伙人丁私自将其所持合伙份额出质给第三人罗某。经查，

合伙协议对上述事项均无规定，且协议虽经全体合伙人签字但并未向工商部门登记。对此，下列哪一选项是正确的？（2021-回忆版-单）

A. 该合伙协议已经生效
B. 乙的出资合法有效
C. 因未通知其他合伙人，丙和张某的合伙份额转让行为无效
D. 丁将合伙份额出质的行为因没有得到全体合伙人一致同意而无效

本题考点 有限合伙企业的设立；财产份额（转让、质押）

选项分析 A选项，《合伙企业法》第19条第1款规定："合伙协议经全体合伙人签名、盖章后生效。合伙人按照合伙协议享有权利，履行义务。"同法第4条规定："合伙协议依法由全体合伙人协商一致、以书面形式订立。"这均说明，合伙协议无需登记即可生效。A选项正确。

B选项，"薪酬"说明是以劳务出资。由于乙是有限合伙人，其以劳务出资违反法律规定。B选项错误。

C选项，根据《合伙企业法》第73条的规定，有限合伙人可以对外转让财产份额，但应当提前30日通知其他合伙人。但是"通知"并非转让财产份额的前提，仅产生告知的效果，并且其他合伙人并无优先购买权。因此，即使没有通知，也不能否认财产份额转让的效力。C选项错误。

D选项，有限合伙人财产份额的出质采用"默示允许，协议可禁"规则。《合伙企业法》第72条规定："有限合伙人可以将其在有限合伙企业中的财产份额出质；但是，合伙协议另有约定的除外。"可知，出质无需全体合伙人一致同意。D选项错误。（提示：普通合伙人出质财产份额，需其他合伙人一致同意，出质行为方有效）

参考答案 A

68

甲是某有限合伙企业的有限合伙人，持有该企业15%的份额。在合伙协议无特别约定的情况下，甲在合伙期间未经其他合伙人同意实施的下列行为，哪些符合《合伙企业法》的规定？（2019-回忆版-多）

A. 将自购的机器设备出租给合伙企业使用
B. 以合伙企业的名义购买汽车一辆由合伙企业使用
C. 以自己在合伙企业中的财产份额向银行提供质押担保
D. 将其部分合伙份额转让给合伙人以外的人

本题考点 有限合伙企业事务执行；财产份额

选项分析 A选项，有限合伙企业由普通合伙人执行合伙事务。正是因为有限合伙人没有企业事务执行权，所以，有限合伙人可以同本有限合伙企业进行交易，可以自营或同他人合作经营与本有限合伙企业相竞争的业务。（但是，合伙协议另有约定的除外）A选项中甲的行为属于"同本有限合伙企业进行交易"，当合伙协议没有规定时，该行为合法。A选项当选。

B选项，根据前述分析可知，有限合伙人不执行合伙事务，不得对外代表有限合伙企业。该选项甲"以合伙企业的名义……"，性质为甲代表有限合伙企业执行合伙事务，这与甲的"有限合伙人"身份不符。B选项不当选。

C、D选项，考查财产份额的出质和转让。《合伙企业法》第72条规定："有限合伙人可以将其在有限合伙企业中的财产份额出质；但是，合伙协议另有约定的除外。"可知，财产份额的出质无需其他合伙人同意。C选项当选。

同法第73条规定："有限合伙人可以按照合伙协议的约定向合伙人以外的人转让其在有限合伙企业中的财产份额，但应当提前30日通知其他合伙人。"可知，财产份额的转让无需其他合伙人同意。D选项当选。

参考答案 ACD

69

蔓蔓餐饮是一家有限合伙企业，余春为普通合伙人，吴勇为有限合伙人。合伙企业经营过程中，下列哪些表述符合法律规定？（2020-回忆版-多）

A. 余春可聘请吴勇担任财务总监
B. 余春聘请陈某担任企划总监，需经全体合伙人一致同意
C. 吴勇无权以合伙企业的名义对外签订合同
D. 若吴勇以合伙企业的名义签订合同，第三人善意时，吴勇对该笔债务应承担无限连带责任

本题考点 有限合伙企业事务执行；有限合伙人的权利；表见普通合伙

选项分析 A选项，财务总监属于企业经营管理人员，法律仅不允许有限合伙人担任"事务执行人"，但并未禁止有限合伙人担任经营者。（《合伙企业法》第68条第1款）A选项当选。

B选项，余春聘请陈某担任企划总监无需经有限合伙人吴勇同意。根据《合伙企业法》第68条第2款第2项的规定，有限合伙人可对企业<u>经营管理提出建议</u>。由此处的"建议"可知，有限合伙人无"决定权"。B选项中，聘请他人担任企划总监（经营管理人员）属于经营管理事项，应由普通合伙人（余春）决定，无需经有限合伙人（吴勇）同意。B选项不当选。

C选项，有限合伙人不执行合伙事务，不得对外代表有限合伙企业。（《合伙企业法》第68条第1款）所以吴勇（有限合伙人）无权以合伙企业的名义对外签订合同。C选项当选。

D选项，有限合伙人本无事务执行权，其越权对外签订合同时，如果第三人有理由相信有限合伙人为普通合伙人并与其交易，则该有限合伙人对该笔交易承担与普通合伙人同样的责任，即对该笔债务承担无限连带责任。（《合伙企业法》第76条第1款）D选项当选。

参考答案 ACD

总结

有限合伙人的权利要点有：①经营管理建议权（无决定权）；②入伙、退伙决定权；③为自身利益的查账权；④代表诉讼权；⑤没有事务执行权。

二、入伙与退伙、合伙人之间的转换

70

雀凤投资是有限合伙企业，从事私募股权投资活动。2017年3月，三江有限公司决定入伙雀凤投资，成为其有限合伙人。对此，下列哪些选项是错误的？（2017/3/72-多）

A. 如合伙协议无特别约定，则须经全体普通合伙人一致同意，三江公司才可成为新的有限合伙人
B. 对入伙前雀凤投资的对外负债，三江公司仅以实缴出资额为限承担责任
C. 三江公司入伙后，有权查阅雀凤投资的财务会计账簿
D. 如合伙协议无特别约定，则三江公司入伙后，原则上不得自营与雀凤投资相竞争的业务

本题考点 有限合伙人入伙

选项分析 A选项，新合伙人入伙，除合伙协议另有约定外，应当经<u>全体合伙人</u>一致同意，并依法订立书面入伙协议。（《合伙企业法》第43条第1款）A选项错在"经全体普通合伙人一致同意"，正确表述应当是"经全体合伙人（包含有限合伙人）一致同意"。A选项当选。

B选项，新入伙的有限合伙人对入伙前有限合伙企业的债务，以其<u>认缴</u>的出资额为限承担责任。（《合伙企业法》第77条）B选项错在"仅以实缴出资额为限承担责任"，正确表述应当是"以其认缴的出资额为限承担责任"。B选项当选。

C 选项，《合伙企业法》第 68 条第 2 款规定，有限合伙人的下列行为，不视为执行合伙事务：……⑤对涉及自身利益的情况，查阅有限合伙企业财务会计账簿等财务资料；……C 选项缺乏前提条件，错误，当选。（提示：普通合伙人查账不需要前提条件；但有限合伙人查账的前提是"涉及自身利益"）

D 选项，若合伙协议没有另外的约定，则有限合伙人可以同本有限合伙企业进行交易。即"默示允许，协议可禁"。D 选项将"例外"当作"原则"，错误，当选。

参考答案 ABCD（本题为"选错题"）

总结

"查账权"要点：
（1）有限合伙人查账的前提："涉及自身利益"；普通合伙人查账无需前提条件。
（2）有限责任公司股东查账的前提：书面请求+说明目的。
（3）股份有限公司股东，<u>不可查阅公司账簿</u>。

71

A 公司和甲、乙共同成立有限合伙企业。A 公司为普通合伙人，以劳务作价 200 万元出资，负责执行合伙事务；甲和乙为有限合伙人，均认缴出资 100 万元，但出资期限届满均未缴清。在合伙企业经营过程中，丙出资 100 万元成为有限合伙人，后得知合伙企业已欠债 600 万元，拟转为普通合伙人参与管理合伙企业事务。对此，下列说法正确的是：（2024-回忆版-单）

A. A 公司以劳务出资违法
B. 丙转为普通合伙人后，对 600 万元的债务承担无限连带责任
C. 丙转为普通合伙人后，仅需要对转变后发生的合伙企业债务承担无限连带责任
D. A 公司、甲、乙、丙应对合伙企业 600 万元的债务承担连带责任

本题考点 有限合伙人的出资；合伙人转变后责任的承担

选项分析 A 选项，A 公司是普通合伙人，法律对其出资形式没有限制，故其可以用劳务出资。（《合伙企业法》第 16 条第 1 款规定，合伙人可以用货币、实物、知识产权、土地使用权或者其他财产权利出资，也可以用劳务出资）A 选项错误。

B、C 选项，有限合伙人转变为普通合伙人的，对其作为有限合伙人期间有限合伙企业发生的债务承担无限连带责任。（《合伙企业法》第 83 条）B 选项正确，C 选项错误。

D 选项，甲和乙为<u>有限合伙人</u>，以其认缴的出资额为限对合伙企业债务承担责任，而非对合伙企业全部债务承担连带责任。D 选项错误。

参考答案 B

第三讲

个人独资企业法与外商投资法

专题 14 个人独资企业与外商投资

一、个人独资企业的法律制度

72

甲为 A 个人独资企业（以下简称"A 企业"）股东，因经营不善，决定解散该企业。此时企业资产仅剩 10 万元，欠员工工资和社保 10 万元、税款 5 万元、房租 10 万元、供应商 20 万元。以下哪些说法是正确的？（2023-回忆版-多）

A. 针对 A 企业无力偿还的税款，甲负无限连带责任
B. A 企业剩余资金应优先偿付员工的工资和社会保险费用
C. 债权人仅可通过 A 企业的破产清算程序来受偿
D. A 企业依破产清算程序裁定终结后，债权人仍然可以就其未获清偿的部分向甲主张权利

本题考点 个人独资企业债务的清偿

选项分析 A 选项，《个人独资企业法》第 2 条规定："本法所称个人独资企业，是指依照本法在中国境内设立，由 1 个自然人投资，财产为投资人个人所有，投资人以其个人财产对企业债务承担无限责任的经营实体。"从该概念可知，由于投资人个人对该类企业的财产享有所有权，可以理解为"个人独资企业"是从事商行为的个人，企业和投资人等同。所以投资人对企业债务承担"无限责任"，而非"无限连带责任"。A 选项错误。

B 选项，个人独资企业解散的，财产应当按照下列顺序清偿：①所欠职工工资和社会保险费用；②所欠税款；③其他债务。（《个人独资企业法》第 29 条）B 选项正确。

C 选项：
（1）个人独资企业财产不足以清偿债务，属于破产清算的，参照《企业破产法》规定的

破产程序清偿。(《企业破产法》第135条) 所以本题中，债权人通过破产清算程序得以受偿是解决途径之一。

（2）但是，还有另一条解决途径：由于投资人需对该类企业承担无限责任，所以"个人独资企业财产不足以清偿债务的，投资人应当以其个人的其他财产予以清偿"。(《个人独资企业法》第31条)

因此，C选项仅考虑一种情况，犯了表述"过于绝对"的错误。C选项错误。

D选项，个人独资企业解散后，原投资人对个人独资企业存续期间的债务仍应承担偿还责任，但债权人在5年内未向债务人提出偿债请求的，该责任消灭。(《个人独资企业法》第28条) D选项正确。

参考答案 BD

73

"李老汉私房菜"是李甲投资开设的个人独资企业。关于该企业遇到的法律问题，下列哪一选项是正确的？（2017/3/30-单）

A. 如李甲在申请企业设立登记时，明确表示以其家庭共有财产作为出资，则该企业是以家庭成员为全体合伙人的普通合伙企业
B. 如李甲一直让其子李乙负责企业的事务管理，则应认定为以家庭共有财产作为企业的出资
C. 如李甲决定解散企业，则在解散后5年内，李甲对企业存续期间的债务，仍应承担偿还责任
D. 如李甲死后该企业由其子李乙与其女李丙共同继承，则该企业必须分立为两家个人独资企业

本题考点 个人独资企业的设立与解散

选项分析 A选项，《个人独资企业法》第18条规定，个人独资企业投资人在申请企业设立登记时明确以其家庭共有财产作为个人出资的，应当依法以家庭共有财产对企业债务承担无限责任。所以，即使在设立登记时以家庭共有财产作为个人出资，企业性质仍为个人独资企业，并未转换为普通合伙企业。A选项错误。

B选项，个人独资企业投资人可以自行管理企业事务，也可以委托或者聘用其他具有民事行为能力的人负责企业的事务管理。(《个人独资企业法》第19条第1款) 可知，李乙负责企业的事务管理是合法的，这和是否认定为"以家庭共有财产出资"是不搭界的两个问题，不具有因果关系。B选项错误。

C选项，个人独资企业解散后，原投资人对个人独资企业存续期间的债务仍应承担偿还责任，但债权人在5年内未向债务人提出偿债请求的，该责任消灭。(《个人独资企业法》第28条) 所以，本题个人独资企业解散后，原投资人李甲对企业债务的清偿责任没有消灭，但5年内债权人未提出偿债请求的，李甲不再承担清偿责任。C选项正确。

D选项，李乙与李丙共同继承该企业还可采取其他企业形式，如变更为合伙企业。该选项"必须分立为两家个人独资企业"的表述过于绝对。D选项错误。

参考答案 C

二、外商投资法律制度

74

根据我国《外商投资法》对外商投资企业的投资保护措施，下列说法错误的有：（2020-回忆版-多）

A. 为保障在外商投资过程中开展技术合作，行政机关及其工作人员可以利用行政手段强制转让技术
B. 地方政府制定涉及外商投资的规范性文件，可根据当地经济和社会发展需要设置市场准入和退出条件
C. 地方政府及其有关部门可依权限和程序改变向外国投资者作出的政策承诺
D. 仅在特殊情况下，国家可以对外国投资者的投资实行征收或者征用

本题考点 外商投资保护措施

选项分析 A 选项，国家鼓励在外商投资过程中基于自愿原则和商业规则开展技术合作。技术合作的条件由投资各方遵循公平原则平等协商确定。行政机关及其工作人员不得利用行政手段强制转让技术。（《外商投资法》第 22 条第 2 款）A 选项错误，当选。

B 选项，各级人民政府及其有关部门制定涉及外商投资的规范性文件，应当符合法律法规的规定；没有法律、行政法规依据的，不得减损外商投资企业的合法权益或者增加其义务，不得设置市场准入和退出条件，不得干预外商投资企业的正常生产经营活动。（《外商投资法》第 24 条）B 选项错误，当选。

C 选项，地方各级人民政府及其有关部门应当履行向外国投资者、外商投资企业依法作出的政策承诺以及依法订立的各类合同。因国家利益、社会公共利益需要改变政策承诺、合同约定的，应当依照法定权限和程序进行，并依法对外国投资者、外商投资企业因此受到的损失予以补偿。（《外商投资法》第 25 条）改变政策承诺的前提条件是"国家利益、社会公共利益需要"。C 选项错误，当选。

D 选项，原则上，国家对外国投资者的投资不实行征收。在特殊情况下，国家为了公共利益的需要，可以依照法律规定对外国投资者的投资实行征收或者征用。征收、征用应当依照法定程序进行，并及时给予公平、合理的补偿。（《外商投资法》第 20 条）D 选项正确，不当选。

参考答案 ABC（本题为"选错题"）

75

对外商投资企业的投资管理行为，《外商投资法》规定了下列哪些措施？（2019-回忆版-多）

A. 实行外商投资准入负面清单管理制度
B. 外国投资者参与经营者集中的，应当依照《反垄断法》的规定接受经营者集中审查
C. 国家对影响或者可能影响国家安全的外商投资进行安全审查，对该安全审查决定不服的，外国投资者可以上诉
D. 准入负面清单规定禁止投资的领域，外国投资者不得投资

本题考点 外商投资保护措施

选项分析 C 选项，国家建立外商投资安全审查制度……依法作出的安全审查决定为最终决定。（《外商投资法》第 35 条）C 选项不当选。

其余选项均直接来源于法律规定，当选。

参考答案 ABD

第四讲 破产法

专题 15 破产法总论（上）

一、破产案件的申请和受理

76
乙公司拖欠甲公司债务无法清偿，甲公司向法院起诉。诉讼中，甲公司向法院申请冻结了乙公司的 100 万元银行存款。胜诉后，甲公司申请强制执行。法院拟将冻结的资金转移给甲公司，但此时乙公司已经被法院受理破产申请。据此，下列说法正确的是：（2024-回忆版-单）

A. 待破产宣告裁定作出后，应解除资金冻结，将资金移交破产管理人
B. 应终止执行，自法院受理破产申请后，将该笔资金移交破产管理人
C. 应中止执行，自法院受理破产申请后，将该笔资金移交破产管理人
D. 应继续执行，自法院受理破产申请后，将该笔资金转移给甲公司

本题考点 破产申请受理的后果

选项分析 A、B、C 选项，《企业破产法》第 19 条规定："人民法院受理破产申请后，有关债务人财产的保全措施应当解除，执行程序应当中止。""冻结"是保全措施之一，在法院"受理破产申请后"即应当解除，该笔资金列入债务人财产。A 选项错误，错在"宣告破产"后才解除；B 选项错误，错在"终止执行"；C 选项正确。

D 选项，乙公司被法院受理破产申请后，执行法院不再执行，甲公司应向破产管理人申报债权。D 选项错误。

参考答案 C

77
甲公司向 A 银行借款 1000 万元，王某为该笔借款提供担保。借款协议和担保协议中均约定，若发生纠纷，应向乙仲裁委申请

仲裁。因甲公司到期未能偿还借款，A银行遂向乙仲裁委申请仲裁。2024年3月，在仲裁程序进行中，甲公司向丙法院申请破产并被受理。随后，王某申报债权1000万元，管理人仅认可部分债权金额。王某提出异议，但管理人拒绝调整金额。甲公司债权人会议于6月15日完成核查债权，此时A银行仍未申报债权。据此，下列哪一选项是正确的？（2024-回忆版-单）

A. 乙仲裁委应当驳回A银行的请求，告知其向管理人申报债权
B. 因A银行与甲公司的仲裁尚未终结，A银行不得向甲公司的管理人申报债权
C. 王某应当向乙仲裁委申请确认债权债务关系
D. 王某应当在6月30日前向丙法院提起债权确认的诉讼

本题考点 破产申请受理的后果；债权异议的处理

选项分析 A选项，《企业破产法》第20条规定："人民法院受理破产申请后，已经开始而尚未终结的有关债务人的民事诉讼或者仲裁应当中止；在管理人接管债务人的财产后，该诉讼或者仲裁继续进行。"可知，本题甲公司和A银行的仲裁程序应当中止，而非驳回A银行的请求，该仲裁在管理人接管债务人的财产后继续进行。A选项错误。

B选项，《企业破产法》第47条规定："附条件、附期限的债权和诉讼、仲裁未决的债权，债权人可以申报。"故仲裁未决的债权，债权人也可以申报。B选项错误。

C、D选项，考查债权异议的处理。根据《破产法解释（三）》第8条的规定：

（1）有仲裁需仲裁。即在破产申请受理前，当事人之间订立有仲裁条款或仲裁协议的，应当向选定的仲裁机构申请确认债权债务关系。C选项正确。

（2）无仲裁则诉讼。即在破产申请受理前，当事人之间没有订立仲裁条款或仲裁协议

的，异议人应当在债权人会议核查结束后15日内向法院提起债权确认的诉讼。可知，因为本题在甲公司受理破产申请前已经订立仲裁协议，所以王某不应向丙法院提起诉讼。D选项错误。

参考答案 C

78

A公司欠B公司租金1500万元。但当债务到期、B公司索要时，发现A公司法定代表人不知所踪，A公司也不再经营。B公司多次发出律师函催要无果。据此，下列说法正确的是：（2022-回忆版-单）

A. B公司没有向法院申请确认合同债权，不能向法院申请A公司破产
B. B公司没有向法院确认A公司资不抵债，不能向法院申请A公司破产
C. B公司应当向A公司所在地的中级法院申请A公司破产
D. B公司可以直接向法院申请对A公司进行破产清算

本题考点 破产案件的申请（债权人申请的条件）

选项分析 A选项：

（1）债权人申请债务人破产的，应当提交债务人不能清偿到期债务的有关证据。（《破产法解释（一）》第6条第1款）可知，债权人申请债务人破产时，只需证明该债权是"已到期的、债务人未清偿的、法律上可强制执行的请求权"。

（2）A选项中，债权人向法院申请确认合同债权，是A公司被受理破产后确定债权数额，进而确定债权人表决权时需要进行的步骤，而非债权人"申请启动破产程序"需要满足的条件。

A选项错误。

B选项，债权人（B公司）作为外部人，无法知晓债务人（A公司）的资产情况以及其他债务情况，债权人只能提供自身债权到期但

无法得到清偿的证据。B 选项错误。

C 选项，破产案件由债务人住所地法院管辖（《企业破产法》第 3 条），并无必须由中级法院管辖的要求。C 选项错误。

D 选项，债务人不能清偿到期债务，债权人可以向法院提出对债务人进行重整或者破产清算的申请。（《企业破产法》第 7 条第 2 款）D 选项正确。

参考答案 D

总结
债权人申请债务人破产的证据要求仅为证明债务人"不能清偿到期债务"。

79

甲公司于 2021 年 8 月 1 日被法院受理破产申请，后管理人发现甲公司于 2021 年 5 月向乙公司支付 1200 万元用于购买设备，乙公司于 2021 年 7 月 10 日发货，管理人于 8 月 13 日收到该批设备。据此，下列说法正确的是：（2022-回忆版-单）

A. 管理人可将该批设备列为债务人财产
B. 乙公司有权取回该批设备
C. 管理人有权解除该合同
D. 管理人有权向法院申请撤销对乙公司价款的支付

本题考点 破产案件受理的后果

选项分析 A、B 选项，人民法院受理破产申请时，出卖人已将买卖标的物向作为买受人的债务人发运，债务人尚未收到且未付清全部价款的，出卖人可以取回在运途中的标的物。（《企业破产法》第 39 条）本题中，管理人已经收到了该批设备，不符合"在途标的物"的要求，因此，出卖人乙公司不能取回，该批设备属于甲公司的债务人财产。A 选项正确，B 选项错误。

C 选项，人民法院受理破产申请后，管理人对破产申请受理前成立而债务人和对方当事人均未履行完毕的合同有权决定解除或者继续履行，并通知对方当事人。（《企业破产法》第 18 条第 1 款）本题中，对方（乙公司）已经交付设备履行完毕，因此，管理人无权再解除该合同。C 选项错误。

D 选项，人民法院受理破产申请前 1 年内，涉及债务人财产的下列行为，管理人有权请求人民法院予以撤销：……②以明显不合理的价格进行交易的；……（《企业破产法》第 31 条）本题中，购买设备的交易行为（合同签订时间）发生在法院受理破产申请前的特定时间，该合同被撤销，还需要满足"以明显不合理的价格进行交易"这一条件。D 选项缺乏必要条件，故申请撤销该交易错误。

参考答案 A

总结
（1）就合同是否解除的问题，要满足"双方均未履行完毕"的条件才交由管理人决定；
（2）破产受理前的交易行为并非一概被禁止。

二、管理人、债权人会议与债权人委员会

80

祺航公司向法院申请破产，法院受理并指定甲为管理人。债权人会议决定设立债权人委员会。现昊泰公司提出要受让祺航公司的全部业务与资产。甲的下列哪一做法是正确的？（2016/3/31-单）

A. 代表祺航公司决定是否向昊泰公司转让业务与资产
B. 将该转让事宜交由法院决定
C. 提议召开债权人会议决议该转让事宜
D. 作出是否转让的决定并将该转让事宜报告债权人委员会

本题考点 管理人（职权）；管理人和债权人会议、债权人委员会的关系

选项 分析 A 选项，管理人可依职权管理和处分债务人（祺航公司）的财产，决定债务人的内部管理事务。（《企业破产法》第25条第1款第3、6项）所以，管理人的地位是"独立机构、法定机构"，其处分祺航公司资产是"管理人职权内的行为"，而非"代表"债务人企业的行为。A 选项错误。

[易混] 管理人职责中有一项是"代表债务人参加诉讼、仲裁或者其他法律程序"，是指当债务人企业在破产程序中又涉及诉讼时，该诉讼以祺航公司为当事人，管理人为"代表人"。

B 选项，前述 A 选项的解析已知，债务人的财产交由管理人决定，管理人仅是向法院报告工作，但"并非由法院来决定"财产的处理。B 选项错误。

C 选项，对债务人财产的处分权归属于管理人，也即债务人财产的具体转让事宜由"管理人"执行。（《企业破产法》第25条第1款第6项）C 选项错误。

[易错] 债权人会议有权通过债务人财产的管理方案；通过破产财产的变价方案；通过破产财产的分配方案。"通过"是债务人企业的内部决议，但"转让"涉及的是外部关系，由管理人决定。

D 选项，祺航公司转让全部业务与资产，属于对债权人利益有重大影响的财产处分行为，管理人应当在报告债权人委员会后实施转让为。（《企业破产法》第69条第1款第3项）D 选项正确。

参考 答案 D

总 结

本题难度较高，综合考查管理人的管理处分权、债权人会议的决议权、债权人委员会的监督权。其可以概括为：财产内部决议-债权人会议；执行该决议-管理人。

81 ➤➤➤
甲公司被受理破产，法院指定了金公律师事务所为破产管理人。为保证破产程序顺利进行，该律师事务所准备聘请三位会计师进行账目清理工作。对此，下列说法正确的有：(2021-回忆版-多)

A. 管理人可以直接决定聘请财务人员
B. 管理人聘请财务人员以及确定报酬方案需要经过债权人会议同意
C. 债权人会议有权审查所聘财务人员的报酬
D. 聘请财务人员的费用可以从破产财产中随时清偿

本题考点 管理人（职权）；债权人会议（职权）

选项 分析 管理人，是法律为实现破产程序的目的而设定的履行法定职能的专门机构。

A 选项，《企业破产法》第28条规定："管理人经人民法院许可，可以聘用必要的工作人员。管理人的报酬由人民法院确定。债权人会议对管理人的报酬有异议的，有权向人民法院提出。"可知，管理人聘请工作人员需经法院许可，并非可直接聘用。A 选项错误。

B 选项，根据《企业破产法》第28条第2款的规定，管理人及其工作人员的报酬由法院确定，债权人会议只能提出异议，而无决定权。B 选项错误。

C 选项，管理人要接受债权人会议的监督。为了防止管理人滥用管理权，《企业破产法》第6条第1款第2项规定，债权人会议有权申请人民法院更换管理人，审查管理人的费用和报酬。C 选项正确。

[易错]"审查报酬"是事后审查；"决定报酬"是事先决定，由法院确定报酬。

D 选项，管理人执行职务的费用、报酬和聘用工作人员的费用，属于破产费用。（《企业破产法》第41条第3项）而破产费用和共益债务由债务人财产随时清偿。（《企业破产法》第43条第1款）可知，该笔报酬可由债务人财产随时清偿。D 选项正确。

参考 答案 CD

总　结

债权人会议可审查管理人的报酬，可向法院提出异议，但其对管理人的报酬无决定权。

82

法院受理林纶公司的破产申请，并指定了管理人。债权人甲公司向管理人申报了1亿元债权，管理人审查后认定甲公司的债权难以确定，因此未确认甲公司申报的债权。林纶公司第一次债权人会议于2023年11月15日召开，甲公司要求参加并行使表决权。下列哪一说法是正确的？（2023-回忆版-单）

A. 甲公司不能就申报债权数额的争议向法院提起诉讼

B. 甲公司的债权尚未经确认，其不能行使表决权

C. 甲公司有权按自己申报的1亿元债权额行使表决权

D. 甲公司的债权尚未经确认，其无权参加林纶公司第一次债权人会议

本题考点 债权人会议的表决规则

选项分析 A选项，本题管理人未确认债权人甲公司申报的债权，属于对债权表记载的债权有异议。对该争议事项，异议人应当在债权人会议核查结束后15日内向人民法院提起债权确认的诉讼。当事人之间在破产申请受理前订立有仲裁条款或仲裁协议的，应当向选定的仲裁机构申请确认债权债务关系。（《企业破产法》第58条第3款；《破产法解释（三）》第8条）A选项错误。

B、C选项，破产债权的确定是债权人行使表决权的前提。本题甲公司申报的债权未经确认，理论上不属于正式的破产债权。根据《企业破产法》第59条第2款的规定，债权尚未确定的债权人，除人民法院能够为其行使表决权而临时确定债权额的外，不得行使表决权。本题并未显示法院为其临时确定债权额，故甲公司不能行使表决权。B选项正确，C选项错误。

D选项，本题债权人甲公司已经向管理人申报债权，虽然该债权未经确认尚有争议，但依法申报债权的债权人为债权人会议的成员，有权参加债权人会议（《企业破产法》第59条第1款），只是甲公司无表决权。D选项错误。

参考答案 B

专题16 破产法总论（下）

一、破产债权

83

甲公司向乙公司借款，丙公司提供一般保证担保，该笔借款尚未到期。后甲公司于2020年9月被裁定进入破产程序，丙公司于2021年7月被受理破产。据此，下列哪些说法是正确的？（2021-回忆版-多）

A. 因该笔借款未到期，乙公司不能向丙公司主张申报保证债权

B. 若乙公司向甲公司申报了全部债权，丙公司仍可以其对甲公司的将来求偿权申报债权

C. 乙公司有权向丙公司和甲公司分别申报债权

D. 乙公司向丙公司申报债权时，丙公司可以主张其自2020年9月起停止计息

第4讲 破产法

本题考点 破产债权（保证债权）

选项分析 A选项，保证人被裁定进入破产程序，即使主债务未到期，保证债权在保证人破产申请受理时也视为到期。并且，一般保证的保证人主张行使先诉抗辩权的，人民法院不予支持。（《破产法解释（三）》第4条第2款）所以保证人丙公司被受理破产时，债权人乙公司有权申报其对丙公司的保证债权。A选项错误。

B选项：

（1）根据《企业破产法》第51条第2款的规定，若债权人未向管理人申报全部债权，则债务人的保证人或者其他连带债务人尚未代替债务人清偿债务的，可以以其对债务人的将来求偿权申报债权；

（2）但该选项中，债权人乙公司已经申报了全部债权，故保证人丙公司不能以"将来求偿权"向债务人甲公司申报债权。

B选项错误。

C选项，债务人、保证人均被裁定进入破产程序的，债权人有权向债务人、保证人分别申报债权。（《破产法解释（三）》第5条第1款）C选项正确。

D选项：

（1）基于保证债权的从属性，当债务人被受理破产时，附利息的债权自破产申请受理之日起停止计息，该停止计息的效力及于债务人的保证人；（《担保制度解释》第22条）

（2）本题中，债务人甲公司被受理破产，债权人请求保证人丙公司承担担保责任，丙公司有权主张担保债务自债务人甲公司被受理破产申请之日（2020年9月）起停止计息。

D选项正确。

参考答案 CD

总结

（1）只要保证人被受理破产，其保证债权即视为到期；

（2）破产债权停止计息的效力及于债务人的保证人。

84

甲公司于2021年1月被裁定进入破产程序，乙公司对甲公司享有到期债权本金及利息，丙公司为该债权提供连带责任保证。现乙公司已经向甲公司管理人申报破产债权，但乙公司未将债权申报情况告知丙公司。同年4月，乙公司准备另行起诉丙公司。对此，下列哪些说法是正确的？（2021-回忆版-多）

A. 丙公司就该债权在破产程序中可能受偿的范围内免除担保责任

B. 乙公司在破产程序中申报债权后还可起诉丙公司，请求丙公司承担担保责任

C. 乙公司对丙公司的保证债权应自2021年1月破产受理时起停止计息

D. 丙公司全部清偿该笔债务后可代乙公司在破产程序中受偿

本题考点 破产债权（保证债权）

选项分析 A选项，担保人免除担保责任的前提是"债权人知道或者应当知道债务人破产，既未申报债权也未通知担保人，致使担保人不能预先行使追偿权"。（《担保制度解释》第24条）本题中，债权人乙公司已经申报债权，并不符合上述免责条件。A选项错误。

B选项，《担保制度解释》第23条第1款明确了债权人的救济手段——既可以在破产程序中申报债权，又可以向法院提起诉讼，请求担保人承担担保责任，两种救济手段并行不悖。B选项正确。

C选项，基于保证债权的从属债权属性，既然主债务人（甲公司）附利息的债权自破产申请受理时起停止计息，则保证债权也采用"破产止息"规则，自主债务人（甲公司）被受理破产申请日起不再计算保证人（丙公司）的利息。C选项正确。

D选项，担保人（丙公司）清偿债权人的全部债权后，可以代替债权人在破产程序中受偿。因为此时债权人已经得到充分、足额的保

护，为了防止债权人得到超过其债权额的清偿，债权人不能继续参与破产分配。D选项正确。

参考答案 BCD

总结
（1）对债权人的保护：申报破产债权+请求担保人承担担保责任；
（2）对保证人的保护：附利息的债权自主债务人被受理破产申请时起停止计息。

二、涉及债务人财产的权利（追回权、取回权、撤销权、抵销权）

85
法院受理了利捷公司的破产申请。管理人甲发现，利捷公司与翰扬公司之间的债权债务关系较为复杂。下列哪些说法是正确的？（2016/3/73-多）

A. 翰扬公司的某一项债权有房产抵押，可在破产受理后行使抵押权
B. 翰扬公司与利捷公司有一合同未履行完毕，甲可解除该合同
C. 翰扬公司曾租给利捷公司的一套设备被损毁，侵权人之前向利捷公司支付了赔偿金，翰扬公司不能主张取回该笔赔偿金
D. 茹洁公司对利捷公司负有债务，在破产受理后茹洁公司受让了翰扬公司的一项债权，因此茹洁公司无需再向利捷公司履行等额的债务

本题考点 破产案件的受理；取回权；抵销权

选项分析 A选项，为了保证债务人财产以及债权的稳定性，《企业破产法》第16条规定："人民法院受理破产申请后，债务人对个别债权人的债务清偿无效。"此处的"债权人"是指全部债权人，包括抵押权人（翰扬公司）。因为"法院受理"后还需要债权人申报债权、召开债权人会议等一系列工作，此时清偿某一债权人的债权，会对其他债权人的清偿造成影响。A选项错误。

[**易错**]《企业破产法》第109条规定："对破产人的特定财产享有担保权的权利人，对该特定财产享有优先受偿的权利。"该条中的"优先受偿权"的时间点是"宣告破产后"，而不是"受理后"。

B选项，人民法院受理破产申请后，管理人对破产申请受理前成立而债务人和对方当事人均未履行完毕的合同有权决定解除或者继续履行，并通知对方当事人。（《企业破产法》第18条第1款）所以该选项中管理人（甲）决定解除该合同，并无不妥。B选项正确。

C选项：
（1）债务人占有的他人财产毁损、灭失，因此获得的保险金、赔偿金、代偿物的处理：（《破产法解释（二）》第32条第1、2款）

情形一：尚未交付给债务人，或者虽已交付但能与债务人财产予以区分的，权利人可主张取回保险金、赔偿金、代偿物。

情形二：保险金、赔偿金已经交付给债务人，或者代偿物已经交付给债务人且不能与债务人财产予以区分的：

❶财产毁损、灭失发生在破产申请受理前的，权利人因财产损失形成的债权→作为普通破产债权清偿；

❷财产毁损、灭失发生在破产申请受理后的，因管理人或者相关人员执行职务导致权利人损害产生的债务→作为共益债务清偿。

（2）该选项告知"曾租""……之前"，说明债务人（利捷公司）占有的他人（翰扬公司）财产的毁损、灭失发生在破产申请受理前，并且赔偿金已经交付给债务人（利捷公司）。所以，权利人（翰扬公司）因财产损失形成的债权，应当作为普通破产债权清偿，其无权要求取回该笔赔偿金。

C选项正确。

D选项，债务人的债务人在破产申请受理后取得他人对债务人的债权的，不得抵销。（《企业破产法》第40条第1项）该选项中，茹洁公司为次债务人，其在破产申请受理后取得他人（翰扬公司）对债务人（利捷公司）的债

权的，因当事人主观恶意明显，不得抵销。D 选项错误。

参考答案 BC

总结

本题综合性强、难度高。
（1）破产申请受理后禁止个别清偿，对所有债权人适用。
（2）占有他人财产但被违法转让/毁损、灭失：发生在受理前→普通破产债权；发生在受理后→共益债务。
（3）题目中出现的破产抵销，大概率无效。

86

甲是某有限责任公司的工人。2016 年 8 月 2 日，甲因工伤住院治疗，久治未愈，期间的医疗费、护理费等一直由该公司垫付。2017 年 9 月，该公司向甲支付 10 万元赔偿金后便不再垫付其后续的医疗费。甲认为公司支付的赔偿金额过低，于 2017 年 10 月向法院提起诉讼，要求该公司支付医疗费、护理费、伤残补助金等共计 20 万元。2017 年 11 月，该公司经营不善，法院裁定受理其破产申请。对此，下列说法正确的是：（2018-回忆版-单）

A. 管理人可以要求甲返还医疗费
B. 对于该公司向甲支付的赔偿金，管理人可向法院申请予以撤销
C. 甲经过申报债权后，有权参加债权人会议
D. 法院裁定受理该公司的破产申请后，甲提起的诉讼应当中止审理

本题考点 撤销权；破产案件的受理

选项分析 A 选项，依据《社会保险法》的规定，"医疗费"属于工伤保险待遇的一项，该笔费用基于社会保险行政法律关系而产生，并非基于"甲-某公司"之间的民事法律关系产

生，所以管理人不可要求甲返还医疗费。A 选项错误。

B 选项，依题意，该笔赔偿金是在该公司破产前半年内清偿的，但由于其性质是"人身损害赔偿金"，故管理人不得请求撤销。（《破产法解释（二）》第 16 条第 2 项）（还就还了，是有效清偿）B 选项错误。

C 选项，依题意，甲的诉讼请求包括"医疗费、护理费、伤残补助金"，这三项在性质上均属于劳动债权，<u>不必申报</u>，由管理人调查后列出清单并予以公示。（《企业破产法》第 48 条第 2 款）C 选项错误。

D 选项，根据《企业破产法》第 20 条的规定，人民法院受理破产申请后，已经开始而尚未终结的有关债务人的民事诉讼或者仲裁应当中止。本题中，甲于 2017 年 10 月提起诉讼，随后公司于同年 11 月被法院受理破产，则原诉讼中止是正确的。D 选项正确。

参考答案 D

87

甲公司破产，法院指定李某担任破产管理人，李某决定甲公司继续营业。李某在核对甲公司财产时发现，甲公司曾经将一块价值 500 万元的和田玉质押给债权人乙公司，用以担保甲公司和乙公司之间的一笔 500 万元的债权。现李某决定取回和田玉用于继续加工经营，但此时该和田玉贬值到 300 万元。对此，下列哪一选项是正确的？（2022-回忆版-单）

A. 李某可以直接取回该和田玉
B. 李某再支付 200 万元，即可免除 500 万元的债务
C. 因为该和田玉贬值，李某需继续提供价值 200 万元的担保物
D. 乙公司未获清偿的部分只能作为普通债权获偿

本题考点 管理人的取回权；破产清偿规则（担保物权的清偿）

选项分析 A 选项，法院受理破产申请后，管理人可以通过清偿债务或者提供为债权人接受的担保，取回质物、留置物。（《企业破产法》第 37 条第 1 款）可知，管理人需要"清偿或重新设定担保"。A 选项错误，错在"直接取回"担保物。

B 选项，本案中，管理人决定取回担保物（和田玉），其前提是需要清偿债权人乙公司的 500 万元债务。如果仅支付 200 万元即免除对乙公司的 500 万元的债务，对乙公司显然不公平。B 选项错误，错在"免除债务"。

C 选项错误，错在"李某需继续提供价值 200 万元的担保物"。

D 选项，乙公司是别除权人（对破产人的特定财产享有担保权的债权人），其享有对该特定财产优先受偿的权利。该类债权人行使优先受偿权利未能完全受偿的，其未受偿的债权作为普通债权。（《企业破产法》第 109、110 条）本案中，担保物和田玉的现有价值是 300 万元，因此，乙公司只能就 300 万元优先受偿，剩余的 200 万元应作为普通破产债权进行申报。D 选项正确。

参考答案 D

专题 17
破产法分论——重整、和解、破产清算程序

88

舜泰公司因资产不足以清偿全部到期债务，法院裁定其重整。管理人为维持公司运行，向齐某借款 20 万元支付水电费和保安费，约定如 1 年内还清就不计利息。1 年后舜泰公司未还款，还因不能执行重整计划被法院宣告破产。关于齐某的债权，下列哪些选项是正确的？（2017/3/73-多）

A．与舜泰公司的其他债权同等受偿
B．应从舜泰公司的财产中随时清偿
C．齐某只能主张返还借款本金 20 万元
D．齐某可主张返还本金 20 万元和逾期还款的利息

本题考点 破产费用、共益债务（受理后新借款的处理）；重整执行不能的后果

选项分析 A、B 选项，齐某的债权是在舜泰公司被法院裁定重整后，管理人为维持公司运行而产生的，公司需要清偿齐某这笔被定性为"共益债务"的 20 万元债务。而共益债务由债务人财产随时清偿。（《企业破产法》第 43 条第 1 款）所以，齐某的债权应从舜泰公司的财产中随时清偿，并不参与到集体清偿程序。A 选项错误，B 选项正确。

C、D 选项，这两个选项的区别在于是否支付"逾期还款的利息"。附利息的债权自破产申请受理时起停止计息。（《企业破产法》第 46 条第 2 款）据此，齐某向破产的舜泰公司主张借款利息，缺乏法律依据。C 选项正确，D 选项错误。

参考答案 BC

总结 本题改编自真实案例"金卧牛公司申请重整案"[（2014）粤高法民二破终字第 2 号]。
（1）重整期间的借款债务属于共益债务；
（2）重整失败，债权人附利息的债权自破产申请受理时起停止计息。

89

A 公司欠 B 公司 200 万元，A 公司将自有的厂房抵押给 B 公司，但是未办理抵押登记。2024 年，A 公司被法院受理破产重整。管理人经法院同意，向 C 银行借款 100 万元，

并将上述厂房抵押，办理了抵押登记。关于A公司的债务清偿，下列说法正确的有：（2024-回忆版-多）

A. C银行的债务属于共益债务，其有权主张随时清偿
B. C银行的债权优先于B公司的债权受偿
C. B公司对该厂房有权优先受偿
D. 破产重整后，C银行的该笔借款按照重整计划清偿

本题考点 重整期间对营业的特殊规定；共益债务

选项分析 根据《企业破产法》第75条第2款和《破产法解释（三）》第2条的规定，在重整期间，债务人或者管理人为继续营业而借款的，可以为该借款设定担保。就新发生的借款而言，其性质为<u>共益债务</u>，提供借款的债权人有权主张<u>优先于普通破产债权清偿</u>；就担保而言，为前述借款设定抵押担保，抵押物在破产申请受理前已为其他债权人设定抵押的，债权人有权主张按照《民法典》第414条规定的顺序清偿。和本题相关的，即同一财产向2个以上债权人抵押的，抵押权<u>已经登记的先于未登记的受偿</u>。

A、D选项，破产申请受理后，为债务人继续营业而借款的，属于<u>共益债务</u>，其清偿规则为"<u>随时发生随时清偿</u>"，无需等到重整计划通过后依据重整计划清偿。A选项正确，D选项错误。

B选项，C银行的抵押权已经登记，应<u>优先于未登记的B公司的债权受偿</u>。B选项正确。

C选项，以建筑物抵押的，应当办理抵押登记。抵押权自登记时设立。（《民法典》第402条）本题B公司因未就该厂房办理抵押登记，故不享有优先受偿权。C选项错误。

参考答案 AB

90

铭豪公司申请重整，管理人引进重整投资人佳田公司。现提交的重整计划要求持股比例5%以上的股东无偿转让股权至佳田公司，确保最终佳田公司持股比例达到67%，对公司持股占4.99%以下股东的股权暂不调整，但需无条件接受重整计划。李某为持有3%股权的股东。对此重整计划草案表决，下列哪一项说法是正确的？（2020-回忆版-单）

A. 应经持股比例超5%的股东表决同意
B. 李某应当参加重整计划表决
C. 需经过铭豪公司全体股东同意
D. 若佳田公司和其他债权人同意，无需铭豪公司股东再作表决

本题考点 重整计划草案的表决（出资人权益调整）

选项分析 重整计划草案涉及出资人权益调整事项的，应当设出资人组，对该事项进行表决。（《企业破产法》第85条第2款）对重整计划草案进行分组表决时，权益<u>因重整计划草案受到调整或者影响的</u>债权人或者股东，<u>有权参加表决</u>；权益<u>未受到调整或者影响</u>的债权人或者股东，<u>不参加重整计划草案的表决</u>。（《破产法解释（三）》第11条第2款）

据此可知：

A选项，重整计划要求持有5%以上股权的股东无偿转让股权，该类出资人权益受到调整，所以该类股东有权参加表决。A选项正确。

B选项，李某持有3%的股权，不受该重整计划影响，不参加表决。B选项错误。

C选项，根据前述分析可知，股东权益因重整计划是否受到调整或影响不同，是否参加表决的规则也不同。C选项错在"全体"股东同意。

D选项，各表决组均通过重整计划草案时，重整计划即为通过。（《企业破产法》第86条第1款）D选项没有考虑到出资人组的表决，错误。

参考答案 A

91

甲公司经营一家游乐场，现因经营困难濒临停业，被债权人申请破产重整。法院受理后指定了管理人，甲公司的重整计划经过了债权人会议同意并得到了法院认可。在重整计划执行过程中，管理人和甲公司董事会关于一项娱乐设施资产的处理发生分歧，管理人主张卖掉，甲公司董事会认为应该继续经营。对此，下列说法正确的是：（2021-回忆版-单）

A. 由管理人决定
B. 由债权人会议决定
C. 由管理人和债务人共同执行重整计划并协商决定
D. 由甲公司董事会负责执行并单独决定

本题考点 重整计划的执行

选项分析 人民法院裁定批准重整计划后，由于执行环节是由债务人企业组织生产经营以满足重整计划的条件，而生产经营并非管理人或债权人可为，所以《企业破产法》第89条第1款、第90条第1款规定，<u>重整计划由债务人负责执行</u>。在重整计划规定的监督期内，由管理人监督重整计划的执行。D选项正确，其余选项均错误。

参考答案 D

总结
重整计划由债务人执行+管理人监督。

92

2017年3月2日，甲公司因资不抵债进入破产重整程序。乙公司因向甲公司提供商品，对甲公司享有100万元到期债权，但乙公司因业务繁忙在债权申报期间并未申报债权。2018年1月，甲公司重整计划执行完毕，全体普通债权人的清偿比例为45%。下列说法正确的有：（2018-回忆版-多）

A. 对乙公司的债权，甲公司无须承担偿还义务
B. 对乙公司的债权，参考甲公司重整方案，按同性质债权等比例清偿
C. 乙公司的债权由甲公司全额清偿
D. 针对乙公司的债权，重整方案对乙公司也具有法律效力

本题考点 重整计划的执行（未申报债权人）

选项分析 A、B选项，《企业破产法》第59条第1款规定，依法申报债权的债权人为债权人会议的成员，有权参加债权人会议，享有表决权。同法第92条第2款规定，债权人未依照本法规定申报债权的，在重整计划执行期间不得行使权利；在重整计划执行完毕后，可以按照重整计划规定的同类债权的清偿条件行使权利。因此，本题中，乙公司虽未申报债权，但这仅会对其表决权产生影响，由于乙公司并非丧失债权，债务人企业（甲公司）不得拒绝清偿。A选项错误，B选项正确。

C选项，对未申报债权人的处理是，"按照重整计划规定的同类债权的清偿条件行使权利"，即按照45%的清偿比例受偿。C选项错误，错在"全额清偿"。

D选项，经人民法院裁定批准的重整计划，对债务人和<u>全体债权人</u>均有约束力。（《企业破产法》第92条第1款）可知，该方案对没有申报债权的乙公司也具有法律效力。D选项正确。

参考答案 BD

第五讲 票据法

05

专题 18 票据原理

一、票据的特征、票据法律关系

93

甲公司为支付从乙公司采购商品的款项，向乙公司开具一张金额为100万元的银行承兑汇票，并向丙银行办理了承兑。2018年6月，乙公司又将该票据背书给丁公司。2018年7月，丁公司办公楼失火，该张票据被烧毁灭失，仅剩其留档复印件。甲公司、乙公司均在该复印件上签章，以证明彼此间的交易情况。对此，下列说法正确的是：（2018-回忆版-单）

A. 丙银行无须承担票据责任
B. 丁公司向丙银行出具票据复印件提示付款时，丙银行应当无条件付款
C. 丁公司可凭票据复印件向乙公司主张票据权利
D. 丁公司可凭票据复印件向甲公司主张票据权利

本题考点 票据的特征（设权性）

选项分析 在票据法理论上，票据是"设权证券"，也即，票据权利的产生前提是，必须先要做成"票据"（合法出票；有效票据→票据权利）。但"票据≠票据复印件"，票据有法定形式要件，"票据复印件"并不具有票据权利，不能作为权利凭证。本题中，因为票据已经被烧毁灭失，所以A选项"丙银行无须承担票据责任"正确；B、C、D三个选项均错误，错在以"票据复印件"主张行使票据权利。

参考答案 A

总结

票据的设权性的经典表述："无票据则无权利"。

二、票据权利

94

赵某向李某出具了一张汇票，已由甲银行承兑。李某将该汇票背书给了丙公司。后丙公司不慎丢失该汇票，并向法院申请公示催告。在公示催告期间，王某捡到该汇票，伪造了丙公司的签章并背书给了陈某。现陈某向甲银行承兑被拒。对此，下列说法正确的有：（2024-回忆版-多）

A. 陈某可以向赵某追偿
B. 陈某可以向丙公司追偿
C. 陈某可以向王某追偿
D. 陈某可以享有票据权利

本题考点 票据权利瑕疵

选项分析 根据《票据法》第 14 条第 1、2 款的规定，票据上的记载事项应当真实，不得伪造、变造。伪造、变造票据上的签章和其他记载事项的，应当承担法律责任。票据上有伪造、变造的签章的，不影响票据上其他真实签章的效力。另根据《最高人民法院关于审理票据纠纷案件若干问题的规定》第 66 条的规定，伪造、变造票据者除应当依法承担刑事、行政责任外，给他人造成损失的，还应当承担民事赔偿责任。<u>被伪造签章者不承担票据责任</u>。

可知：

A 选项，票据上有伪造的签章的，不影响票据上其他真实签章的效力，故出票人赵某仍然需要承担票据责任。A 选项正确。

B 选项，该汇票上的"丙公司"是王某伪造的，并非丙公司的真实签章，故丙公司不承担票据责任。B 选项错误。

C 选项，王某伪造了丙公司的签章，该汇票上显现的签章是"丙公司"，并未出现"王某"字样，故王某不承担票据责任。C 选项错误。

D 选项，该汇票合法有效，并且陈某合法、善意取得该汇票，故陈某享有票据权利。D 选

项正确。

参考答案 AD

95

甲公司为履行与乙公司的箱包买卖合同，签发一张以乙公司为收款人、某银行为付款人的汇票，银行也予以了承兑。后乙公司将该汇票背书赠与丙。此时，甲公司发现乙公司的箱包为假冒伪劣产品。关于本案，下列哪一选项是正确的？（改编自 2016/3/32-单）

A. 该票据无效
B. 甲公司不能拒绝乙公司的票据权利请求
C. 甲公司不能拒绝丙的票据权利请求
D. 银行应承担票据责任

本题考点 票据抗辩（对人抗辩）

选项分析 A 选项，基于票据的无因性原理，即使甲公司和乙公司的买卖合同有瑕疵，只要该票据是根据规定签发、记载事项合法，且无法律规定的票据无效之情形，该票据就是有效票据。A 选项错误。

B 选项，票据债务人可以对<u>不履行约定义务的与自己有直接债权债务关系的持票人</u>，进行抗辩。（《票据法》第 13 条第 2 款）本题中，因买卖合同是在甲公司和乙公司之间签订的，在票据关系中，持票人乙公司又是向甲公司主张票据权利，二者构成上述"直接债权债务关系，可对违约的持票人抗辩"情形。所以甲公司可以向乙公司抗辩，拒绝支付票面金额。B 选项错误。

C 选项：

（1）因税收、继承、赠与可以依法无偿取得票据的，不受给付对价的限制。但是，所享有的票据权利不得优于其前手的权利。（《票据法》第 11 条第 1 款）

（2）具体而言：①根据 B 选项的分析可知，甲公司可对乙公司进行抗辩；②丙因受赠并未支付对价；③丙的票据权利不得优于乙公司。因此，甲公司可对乙公司拒付，同样，甲

公司也可以对丙拒付。

C 选项错误。

D 选项，付款人承兑汇票后，应当承担到期付款的责任。(《票据法》第 44 条) 因该票据有效且银行已予以承兑，故银行应当承担票据责任。D 选项正确。

参考答案 D

总结

A 可抗辩 B，且后手 C 无偿取得票据，则 A 可抗 C。

96

亿凡公司与五悦公司签订了一份买卖合同，由亿凡公司向五悦公司供货；五悦公司经连续背书，交付给亿凡公司一张已由银行承兑的汇票。亿凡公司持该汇票请求银行付款时，得知该汇票已被五悦公司申请公示催告，但法院尚未作出除权判决。关于本案，下列哪一选项是正确的？(2017/3/32-单)

A. 银行对该汇票不再承担付款责任
B. 五悦公司因公示催告可行使票据权利
C. 亿凡公司仍享有该汇票的票据权利
D. 法院应作出判决宣告票据无效

本题考点 票据丧失的补救（对恶意申请公示催告的救济）

选项分析 公示催告程序本为对合法持票人进行失票救济所设，但本题却成为五悦公司通过伪报票据丧失申请公示催告、阻止合法持票人（亿凡公司）行使票据权利的工具，五悦公司构成恶意申请公示催告。

A 选项：

（1）本题中，法院尚未作出票据除权判决，利害关系人（亿凡公司）有权在公示催告期间向法院申报。法院收到利害关系人的申报后，应当裁定终结公示催告程序，并通知申请人和付款人。申请人或者申报人可以向法院起诉。

（2）在恶意申请公示催告情形中，即使在除权判决作出后，付款人尚未付款的情况下，最后合法持票人仍然可以在法定期限内请求撤销除权判决，待票据恢复效力后再依法行使票据权利。

（3）综合上述规定可知，该票据权利是否丧失还处于不确定的状态中，银行只是"在一段时间内停止支付"。

A 选项错误，错在"银行不再承担付款责任"。

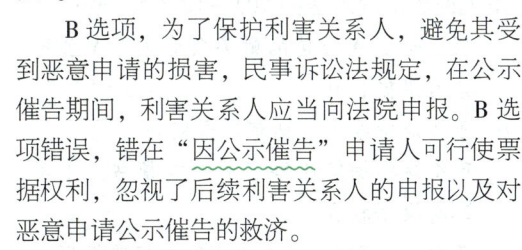

B 选项，为了保护利害关系人，避免其受到恶意申请的损害，民事诉讼法规定，在公示催告期间，利害关系人应当向法院申报。B 选项错误，错在"因公示催告"申请人可行使票据权利，忽视了后续利害关系人的申报以及对恶意申请公示催告的救济。

C 选项，亿凡公司是合法持票人，本案尚未作出除权判决，亿凡公司有权在公示催告期间向法院申报，其票据权利不因前手（五悦公司）恶意公示催告而消灭。C 选项正确。

D 选项，在公示催告程序中，法院收到利害关系人的申报后，应当裁定终结公示催告程序，并通知申请人和付款人。本题中存在利害关系人亿凡公司，正确的处理方式是"裁定终结"公示催告程序。D 选项错误。

参考答案 C

专题 19 票据行为（汇票）

一、出票、背书

97

2021年6月20日，甲向乙出具了一张汇票。2021年7月1日，乙将该张汇票背书给了丙，并注明"2021年7月30日前不得转让给他人"。2021年7月15日，丙将该张汇票背书给了丁。丁为了偿还对A公司的债务，于2021年7月28日直接将该张汇票交给了A公司的财务负责人王某。据此，下列说法正确的是：（2022-回忆版-单）

A. 因王某是A公司的财务负责人，A公司享有票据权利
B. 王某是持票人，享有票据权利
C. 丙将该票据转让给丁是无效背书，丁不享有票据权利
D. 丁向乙追索时，乙有权拒绝承担票据责任

本题考点 背书行为（禁转背书）

选项分析 A、B选项，《票据法》第31条第1款规定："以背书转让的汇票，背书应当连续。持票人以背书的连续，证明其汇票权利；非经背书转让，而以其他合法方式取得汇票的，依法举证，证明其汇票权利。"这说明，我国《票据法》并未规定可采取单纯交付票据的方式转让票据权利。所以A公司及其财务负责人王某均不享有票据权利。A、B选项错误。

C、D选项，背书人（乙）在汇票上记载"不得转让"字样，处理规则为：其后手的再次背书为"有效背书"，具有普通背书的效力。但是，其后手再背书转让的，原背书人对后手的被背书人不承担保证责任。（《票据法》第34条）C选项错误，错在"无效背书"；D选项正确。

参考答案 D

总结 直接交付票据的，持票人不应享有票据权利。

98

甲公司向乙公司背书转让一张金额为100万元的由丁银行承兑的汇票，该汇票的出票人为丙公司，付款人为丁银行。乙公司因急需用钱，在汇票到期前去丁银行贴现。丁银行查询后发现，因甲公司的其他债权人向法院申请了保全，甲公司的账户已被冻结，故拒绝贴现。关于该汇票，下列哪一选项是正确的？（2021-回忆版-单）

A. 甲公司的账户已被冻结，乙公司不可以再将该汇票背书转让给他人
B. 乙公司无需等到该汇票到期，即可向丙公司行使追索权
C. 乙公司无需等到该汇票到期，即可向甲公司行使追索权
D. 丁银行无权拒绝该票据贴现

本题考点 票据权利（追索权）；银行承兑汇票转贴现

选项分析 A选项，"背书"是一项票据行为，背书人在票据背面或者粘单上记载有关事项并签章，即可完成汇票权利的转让。基于票据行为的独立性，即使甲公司的账户被冻结，也不影响其后手（乙公司）和后手的被背书人（乙公司的后手）之间的票据转让关系。A选项错误。

B、C选项，追索权，是指在付款请求权未

能实现时，持票人向其前手请求支付票据金额的权利。原则上，汇票到期被拒绝付款的，持票人可行使该权利。若是在汇票到期日前，则行使追索权要符合法定情形，具体包括：①汇票被拒绝承兑的；②承兑人或者付款人死亡、逃匿；③承兑人或者付款人被依法宣告破产的或者因违法被责令终止业务活动的。(《票据法》第61条)本题中，持票人被拒绝贴现，而非拒绝承兑，因此需要等到该汇票到期才可追索。B、C选项错误。

D选项：

（1）票据贴现，是指商业汇票的持票人在汇票到期日前，为了取得资金而贴付一定利息将票据权利转让给金融机构的票据行为，是金融机构向持票人融通资金的一种方式。票据贴现业务主要针对"未到期的承兑汇票"，被视为票据权利转让的方式之一，也是持票人提前将票据变现的方式。

（2）票据贴现中，要审查票据的形式要件（如背书是否连续、是否为承兑汇票、签章是否正确），但不得以甲公司账户被冻结为由拒绝。(《票据法》第13条第1款规定："票据债务人不得以自己与出票人或者与持票人的前手之间的抗辩事由，对抗持票人。但是，持票人明知存在抗辩事由而取得票据的除外。")

D选项"无权拒绝贴现"是正确的。

参考答案 D

总结

可将票据贴现等同理解为"票据权利转让"，适用背书的规则。

99 ▶▶▶

甲公司向乙公司交付了一张面额为100万元的商业承兑汇票，付款日期为2022年12月31日，付款银行为甲公司的开户行戊银行。乙公司因为急需用钱将该汇票贴现给丙贸易公司，丙公司付给乙公司贴现资金85万元。后丙公司因采购货物又将该汇票背书转让给丁公司。汇票到期后，丁公司去戊银行要求兑付，被拒绝。丁公司因管理混乱，2023年7月2日之后才行使追索权。对此，下列哪些说法是正确的？（2023-回忆版-多）

A. 乙公司和丙公司之间的票据贴现行为无效
B. 丙公司和丁公司之间的票据转让行为无效
C. 戊银行有权以票据贴现无效为由拒绝向丁公司支付票据金额
D. 丁公司行使追索权时，丙公司有权拒绝丁公司的付款请求

本题考点 票据贴现（民间贴现的效力）

选项分析 A选项：

（1）票据贴现属于国家特许经营业务，只有金融机构可以从事该业务。[商业汇票贴现，是指持票人在商业汇票到期日前，贴付一定利息将票据转让至具有贷款业务资质机构的行为。(《商业汇票承兑、贴现与再贴现管理办法》第5条)]

（2）本题中，乙公司（持票人）向不具有法定贴现资质的丙公司进行"贴现"的行为（民间贴现），应当认定无效。如果仅考虑乙公司-丙公司之间的关系，其处理为双方相互返还贴现款和票据。

A选项正确。

B、C选项，虽然民间贴现行为无效，但是根据票据行为无因性原理，在合法持票人（乙公司）向不具有贴现资质的主体（丙公司）进行"贴现"，该"贴现"人（丙公司）给付贴现款后直接将票据交付其后手（丁公司），其后手（丁公司）支付对价并记载自己为被背书人后，又基于真实的交易关系和债权债务关系将票据进行背书转让的情形下，应当认定最后持票人为合法持票人。所以，本题中，丁公司是合法持票人，戊银行以其前手贴现无效为由拒绝付款是错误的。B、C选项错误。

D选项，持票人对前手的追索权，自被拒

绝承兑或者被拒绝付款之日起6个月内不行使则消灭。(《票据法》第17条第1款第3项)本题中,丁公司行使追索权时超过时效,已经丧失了票据权利,所以其前手(丙公司)拒绝支付票据金额是正确的。D选项正确。

参考答案 AD

二、票据保证

100

甲公司为支付货款向乙公司签发了一张金额为80万元的汇票。丙公司作为保证人,并在汇票上签章。下列说法正确的是:(2018-回忆版-单)

A. 若甲公司未在汇票上记载被保证人的名称,则丙公司无需承担保证责任
B. 甲公司未在汇票上记载保证日期的,保证无效
C. 甲公司可以进行附条件保证
D. 丙公司与甲公司对持票人乙公司承担连带责任

本题考点 票据行为(汇票保证)

选项分析 A、B、C选项均考查汇票保证的记载事项。(《票据法》第47、48条)

A选项,未记载被保证人的名称并不会导致票据保证无效,可推定承兑人或出票人为被保证人,所以丙公司仍要承担票据保证责任。A选项错误。

B选项,未记载保证日期的,出票日期为保证日期。可知票据保证"有效"。B选项错误。

C选项,采取附条件保证方式,违反了《票据法》第48条的规定:"保证不得附有条件;附有条件的,不影响对汇票的保证责任。"C选项错误。

D选项,被保证的汇票,保证人应当与保证人对持票人承担连带责任。(《票据法》第50条)本题中,甲公司是被保证人,丙公司是保证人,二者承担连带责任。D选项正确。

参考答案 D

101

甲公司为支付货款,将一张已经银行承兑的汇票交付给乙,但是没写背书人乙的名字。后乙用该张汇票支付丙的货款。丙觉得汇票上没有乙的签章,不放心,于是乙请来丁为汇票进行担保,但是未记载被保证人的名称。后丙要求承兑人付款时,承兑人拒绝付款。下列说法正确的是:(2020-回忆版-单)

A. 丙应先向甲公司行使票据追索权,后向丁行使
B. 乙对丙不需负担任何法律责任
C. 因未记载被保证人名称,保证无效
D. 汇票的被保证人是承兑人

本题考点 背书规则(连续性);票据保证

选项分析 A选项,本题丁的票据保证有效。根据《票据法》第50条的规定,被保证的汇票,保证人应当与被保证人对持票人承担连带责任。所以票据保证人丁没有"先诉抗辩权"。A选项错误。

B选项,持票人以背书的连续,证明其汇票权利。票据债务人依照"以背书方式取得但背书不连续的"理由,对持票人提出抗辩的,人民法院应予支持。(《票据法》第31条第1款、《最高人民法院关于审理票据纠纷案件若干问题的规定》第15条第4项)本题中,因乙未在票据上签章导致该票据背书不连续,乙无需承担票据责任,但仍要承担不当得利等民事责任。B选项错误。

C、D选项,未记载被保证人的名称的,可推定相关主体为被保证人:已承兑的汇票,承兑人为被保证人;未承兑的汇票,出票人为被保证人。(《票据法》第47条第1款)本题中,汇票已经承兑,可知承兑人为被保证人。C选项"保证无效"是错误的;D选项正确。

参考答案 D

专题 20 本票与支票

102

东霖公司向忠谙公司购买一个元器件，应付价款960元。东霖公司为付款开出一张支票，因金额较小，财务人员不小心将票据金额仅填写了数码的"￥960元"，没有记载票据金额的中文大写。忠谙公司业务员也没细看，拿到支票后就放入文件袋。关于该支票，下列哪些选项是正确的？（2017/3/74-多）

A. 该支票出票行为无效
B. 忠谙公司不享有票据权利
C. 东霖公司应承担票据责任
D. 该支票在使用前应补记票据金额的中文大写

本题考点 支票的出票行为（票面金额）

选项分析 A、D选项，《票据法》第85条规定，支票上的金额可以由出票人授权补记，未补记前的支票，不得使用。本题中，支票上仅记载了金额小写，缺乏"金额大写"事项，性质为"未完成金额记载"。由于支票金额可补记，金额记载事项不完备不会导致支票无效，但需要授权补记才可使用。A选项错误，D选项正确。

[易混] 如果是金额大小写不一致，则票据无效。

B、C选项，根据上述分析可知，该支票有效，故持票人（忠谙公司）享有票据权利，相应地，出票人（东霖公司）应承担票据责任。B选项错误，C选项正确。

参考答案 CD

总结
支票金额、收款人名称可授权补记，这是支票的特有规则。

103

陆某是甲公司的法定代表人，在一次展销会上遇到乙公司的业务员杜某。陆某代表甲公司和杜某签订了50万元的订单，并以甲公司的名义开具支票，但未加盖公司公章。后杜某将支票背书转让给丙。对此，下列说法正确的是：（2022-回忆版-单）

A. 因未加盖甲公司公章，故丙只能向陆某行使追索权
B. 因未加盖甲公司公章，故该支票无效
C. 虽然未盖章，但该张支票仍然可以背书转让，丙享有票据权利
D. 该张支票有甲公司的法定代表人签名，故该支票有效

本题考点 支票的出票行为

选项分析 本题首先要明确何为"票据签章"。《票据法》第7条第2款规定："法人和其他使用票据的单位在票据上的签章，为该法人或者该单位的盖章加其法定代表人或者其授权的代理人的签章。"可知，本题中，支票出票人未完成票据签章。

其次，要掌握支票出票的绝对必要记载事项。根据《票据法》第84条的规定，支票上未记载"出票人签章"事项的，支票无效。

综上可知，本题该张支票上未记载出票人签章，故支票无效，持票人不享有票据权利。B选项正确。

参考答案 B

104

甲公司派员工张某到乙公司购买农用车，并由甲公司开具支票用于支付价款。该支

票未填写金额和收款人，但注明"此支票用于张某购买农用车，见票1月内可付款"。张某到乙公司进货时发现电动车利润大，遂自行填写金额和收款人名称后，用该支票支付购买电动车的款项。现该支票被银行拒付。关于该支票的效力，下列哪一选项是正确的？（2021-回忆版-单）

A. 该支票因未填具体金额而无效
B. 该支票因未填收款人名称而无效
C. 该支票因记载"见票1月内可付款"而无效
D. 该支票因记载"用于张某购买农用车"而无效

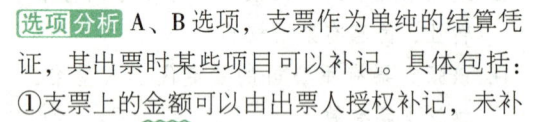

本题考点 支票记载事项

选项分析 A、B选项，支票作为单纯的结算凭证，其出票时某些项目可以补记。具体包括：①支票上的金额可以由出票人授权补记，未补记前的支票，不得使用（《票据法》第85条）；②支票上未记载收款人名称的，经出票人授权，可以补记（《票据法》第86条第1款）。所以，支票出票时未记载金额和收款人名称（空白支票），并不会导致支票无效。A、B选项错误。

C选项，支票限于见票即付，不得另行记载付款日期。另行记载付款日期的，该记载无效。（《票据法》第90条）可知，即使另行记载付款日期（本题中的"见票1月内"），法律后果也是"该记载无效"，而非"支票无效"。C选项错误。

D选项，《票据法》第84条规定："支票必须记载下列事项：……②无条件支付的委托；……支票上未记载前款规定事项之一的，支票无效。"本题中，该支票在出票时记载了"用于张某购买农用车"，属于支付附条件，是票据无效事由之一。D选项正确。

参考答案 D

第六讲 保险法

06

专题 21 保险法概述

105

张三为自己投保人身意外伤害险，受益人标明"法定"。几个月后，张三在下班途中，所骑电动车和一辆货车碰撞，张三死亡，事故鉴定报告显示张三的死因为心脏骤停。保险公司以张三并非死于车祸，而是因病死亡为由拒赔。经查，张三是弃婴，自小被张甲夫妇收养，登记在张家的户口本上，备注为养女，但因为没有出生证，一直没有办理收养手续。张三无其他亲人。关于本案，下列哪些选项是正确的？（2024-回忆版-多）

A. 保险公司有权拒赔
B. 张甲夫妇是受益人
C. 保险公司应当给付保险金
D. 保险公司可以和货车司机协商赔付的比例

本题考点 人身保险的理赔；保险法的基本原则

选项分析 A、C选项，保险赔偿采"近因原则"，即在某一保险事故中，主要的、起决定性作用的原因（近因）在保险责任范围内的，保险人就应承担保险责任。本题被保险人张三因车祸引发心脏病，车祸在该保险事故中起决定性作用，因此，保险公司应当给付保险金。A选项错误，C选项正确。

B选项：

（1）本题收养关系成立。根据《民法典》第1105条第2款、第1106条的规定，收养查找不到生父母的未成年人的，办理登记的民政部门应当在登记前予以公告。收养关系成立后，公安机关应当按照国家有关规定为被收养人办理户口登记。

（2）受益人约定为"法定"或者"法定继承人"的，以《民法典》规定的法定继承人为受益人。本题张三的养父母张甲夫妇为法定受益人。

B 选项正确。

D 选项，《保险法》第 46 条规定，被保险人因第三者的行为而发生死亡、伤残或者疾病等保险事故的，保险人向被保险人或者受益人给付保险金后，不享有向第三者追偿的权利，但被保险人或者受益人仍有权向第三者请求赔偿。可知，保险公司赔付保险金后，张甲夫妇仍然可以向货车司机请求赔偿，保险公司和货车司机协商赔付是错的。D 选项错误。

参考答案 BC

106

保险公司推销员甲向白某推销一份保险，在填写投保单时，白某委托甲代为填写并签字。在填写投保人职业时，甲依稀记得白某是司机，实际上白某是货车司机，而该份保险合同的保险范围不包括货车驾驶员。保险合同订立后，白某缴纳了保费。据此，下列哪些说法是正确的？（2022-回忆版-多）

A. 甲不是白某的代理人
B. 甲是白某的代理人
C. 保险公司可以解除保险合同
D. 保险公司应当承担保险责任

本题考点 保险合同条款纠纷（代填单的处理）

选项分析 A、B 选项，保险代理人是根据保险人的委托，向保险人收取佣金，并在保险人授权的范围内代为办理保险业务的机构或者个人。（《保险法》第 117 条第 1 款）据此可知，甲的身份为保险人的代理人，而非投保人（白某）的代理人。A 选项正确，B 选项错误。

C、D 选项，该份保险合同是由保险代理人代为填写并签字的，但保险代理人在订立合同时出现重大失误，根据《保险法》第 127 条第 1 款的规定，保险代理人根据保险人的授权代为办理保险业务的行为，由保险人承担责任。C 选项错误，D 选项正确。

参考答案 AD

专题 22 人身保险合同

一、人身保险合同的特征、保险利益

107

甲在工地承接工程，雇用自己的表弟乙干活，并为其购买了人身意外险，指定受益人为乙妻。乙对此知情但未提出异议。后乙离职，离职当天遭遇车祸死亡。甲和乙妻均向保险公司申请理赔。据此，下列说法正确的是：（2022-回忆版-单）

A. 甲是乙的表哥，故对乙具有保险利益
B. 乙已经离职，故保险公司无需赔付保险金
C. 乙未提出异议，故乙妻可以申请理赔
D. 该保险合同无效，故甲和乙妻均不能申请理赔

本题考点 人身保险合同的保险利益

选项分析 A 选项：

（1）根据《保险法》第 31 条第 1、2 款的规定，人身保险合同中，投保人对下列人员具有保险利益：①本人；②配偶、子女、父母；③前项以外与投保人有抚养、赡养或者扶养关

系的家庭其他成员、近亲属；④与投保人有劳动关系的劳动者。除上述人员外，被保险人同意投保人为其订立合同的，视为投保人对被保险人具有保险利益。

（2）本题中，"表兄弟"关系不符合"有抚养、赡养、扶养关系"的条件。（注意：甲对乙具有保险利益，但理由是乙为"与投保人有劳动关系的劳动者"，而非近亲属）

A选项错误。

B、D选项，人身保险要求订立合同时，投保人对被保险人具有保险利益。同时，《保险法解释（三）》第4条规定："保险合同订立后，因投保人丧失对被保险人的保险利益，当事人主张保险合同无效的，人民法院不予支持。"本题中，虽然被保险人乙已经离职，但订立合同时投保人与被保险人是符合保险利益要求的，所以该保险合同有效。B、D选项错误。

C选项，人身保险中，投保人指定受益人时须经被保险人同意。投保人为与其有劳动关系的劳动者投保人身保险，不得指定被保险人及其近亲属以外的人为受益人。（《保险法》第39条第2款）可知，本题中，受益人指定为乙妻完全合法。C选项正确。

参考答案 C

总结

人身保险的保险利益时间要求：订立合同时。

二、保险合同订立时的如实告知义务

108

2019年6月，甲陪丈夫乙去做常规体检，体检报告单上写有"整体未见明显异常，疑似甲状腺有结节状，建议进一步检查"。2020年3月，甲为乙购买医疗健康险，投保单询问表上明确写有"被保险人是否有肿瘤、甲状腺或甲状旁腺等疾病？若有，则不予提供保险"。甲填了"否"。后乙患甲状腺癌去世，甲申请保险理赔。据此，下列哪一选项是正确的？（2022－回忆版－单）

A. 因保险公司未明确询问被保险人是否患有甲状腺疾病，故应当承担赔付责任
B. 保险公司有权以存在重大误解为由撤销合同，并退还保险费
C. 保险公司有权解除保险合同，并退还保险费
D. 保险公司有权解除保险合同，无需退还保险费

本题考点 投保人的健康告知义务

选项分析 A选项，所述内容与题目所给信息不符，保险公司已经明确询问。A选项错误。

B选项，投保人未如实告知，足以影响保险人决定是否同意承保或者提高保险费率的，保险人有权解除合同。B选项错误，错在"撤销"合同。

C、D选项：

（1）根据《保险法》第16条第1款的规定，订立保险合同时，投保人有如实告知义务，"如实告知"的范围包括"保险标的或者被保险人的有关情况"。

（2）本题中，体检报告单上写有"疑似甲状腺有结节状"，但投保单询问表上写的是"是否有甲状腺疾病"，二者不能完全等同，不宜认定投保人甲"故意不如实告知"。但是，因体检报告单已经有提示，而甲直接填写"否"，宜认定为"因重大过失未如实告知有关情况"。

（3）同时，根据《保险法》第16条第2、4、5款的规定：①投保人故意不履行如实告知义务，足以影响保险人决定是否同意承保或者提高保险费率的，保险人有权解除合同，且对于合同解除前发生的保险事故，不承担赔偿或者给付保险金的责任，并不退还保险费；②投保人因重大过失未履行如实告知义务，对保险事故的发生有严重影响的，保险人有权解除合

同，且对于合同解除前发生的保险事故，不承担赔偿或者给付保险金的责任，但应当退还保险费。根据前述分析，甲为"因重大过失未如实告知"。

C选项"解除合同+退还保险费"是正确的，D选项错误。

参考答案 C

总 结

关键要区分是"故意"还是"因重大过失"未如实告知。（"故意未如实告知"的情形，如隐瞒某确定疾病的事实）

109

2016年3月，张某向甲保险公司投保重大疾病险，但投保时隐瞒了其患有乙肝的事实。在保险合同订立前，甲保险公司曾要求张某到安康医院体检，并提交体检报告。因安康医院工作人员的失误，未能诊断出张某患有乙肝。2017年4月，张某因乙肝住院治疗，花去医疗费等6.3万元。2017年9月，甲保险公司得知张某隐瞒病情投保的事实。下列哪些说法是正确的？（2018-回忆版-多）

A. 若张某投保时，体检报告显示其患有乙肝，则甲保险公司不能拒赔
B. 甲保险公司发现隐瞒事实30日后无权解除保险合同
C. 甲保险公司可以在继续履行保险合同的情况下，拒绝赔付
D. 若甲保险公司解除保险合同，应当向张某退还保险费

本题考点 投保人的健康告知义务；保险人的合同解除权

选项分析 A选项，保险合同订立时，被保险人根据保险人的要求在指定医疗服务机构进行体检，保险人知道被保险人的体检结果的，不得要求解除合同，当然也不能拒赔。（《保险法解

释（三）》第5条第2款）A选项正确。

B选项，投保人未履行如实告知义务的，保险人有权解除合同。但是保险人的合同解除权是受限制的，具体到B选项，即自保险人知道有解除事由之日起超过30日不行使而消灭。B选项正确。

C选项，投保人故意或因重大过失未履行如实告知义务时，保险人未行使合同解除权的，不得直接拒绝赔偿。（《保险法解释（二）》第8条）C选项错误。

D选项，"隐瞒"患乙肝的事实，很明显是投保人张某故意不履行如实告知义务。其处理规则为：甲保险公司有权解除保险合同，不承担给付保险金的责任，也不退还保险费。D选项错误。

参考答案 AB

三、人身保险合同的中止、解除

110

2005年，甲和保险公司约定为其妻子乙投保重疾险，保险合同约定，交费期间为20年，保险金为30万元。甲依据保险合同按期交纳了10年保费。因经济困难，2015年8月以后甲不再交纳保费，保险公司催缴无果。2016年2月，乙检查出肝癌，住院期间花费医疗费共计60万元。甲向保险公司提出补交保费并申请赔偿。下列哪一选项是正确的？（2021-回忆版-单）

A. 保险公司应当按约定支付保险金30万元
B. 保险公司应当按实际医疗费支付赔偿金60万元
C. 保险公司在收到甲提出的恢复保险合同效力申请后，30日内未明确拒绝的，应认定为同意恢复合同效力
D. 因甲未支付当期保险费，保险公司有权解除保险合同

本题考点 人身保险合同的中止、解除（欠交保费的处理）

第6讲 保险法

选项分析 A选项，根据《保险法》第36条第1款的规定，合同约定分期支付保险费，投保人支付首期保险费后，除合同另有约定外，投保人自保险人催告之日起超过30日未支付当期保险费的，合同效力中止。因此，既然合同效力中止，则在合同恢复效力之前，保险公司不予赔偿。A选项错误。

B选项，人身保险采取"定额支付"规则，即在发生约定的人身保险事故时，保险人向被保险人或者受益人，依照保险条款给付保险金。所以本题中，即使是正常的保险合同，保险公司也是依据保险合同支付30万元，而非支付实际医疗费60万元（何况本题中保险合同效力已经中止，保险公司可以拒绝支付）。B选项错误。

C选项，在合同中止期内，由于投保人欠交当期保费的时间还不太长（未超过2年），此时保险合同能否恢复效力，决定权由投保人掌握。具体而言，保险人在收到恢复效力申请后，30日内未明确拒绝的，应认定为同意恢复效力。（《保险法解释（三）》第8条第2款）C选项正确。

D选项，《保险法》第37条第1款规定，自合同效力中止之日起满2年双方未达成协议的，保险人有权解除合同。可知，并非欠交当期保费就会导致合同解除的后果。保险合同解除的具体过程为"欠交保费→效力中止→合同解除"。D选项错误。

参考答案 C

111

张某和甲公司签订劳动合同，负责清洁工作。2023年9月1日，甲公司为张某投保意外伤害险，保险期间为1年，保险费按月支付。张某口头同意，并指定其妻为受益人。2024年1月1日，甲公司停止支付保险费。2024年3月1日，张某在进行高空清洁工作中发生意外不幸身亡。2024年3月10日，张某的妻子向保险公司主张理赔。对此，下列说法正确的是：（2024-回

忆版-单）

A. 保险公司有权按照合同约定的条件减少保险金额
B. 保险公司应当向张某的妻子给付保险金，但可以扣减欠交的保险费
C. 甲公司未经张某书面同意，无权解除保险合同
D. 甲公司欠交保险费，保险公司有权解除保险合同

本题考点 人身保险合同的中止、解除（欠交保费的处理）

选项分析 A、B选项：

（1）《保险法》第36条规定，合同约定分期支付保险费，投保人支付首期保险费后，除合同另有约定外，投保人自保险人催告之日起超过30日未支付当期保险费，或者超过约定的期限60日未支付当期保险费的，合同效力中止，或者由保险人按照合同约定的条件减少保险金额。被保险人在前款规定期限内发生保险事故的，保险人应当按照合同约定给付保险金，但可以扣减欠交的保险费。

（2）本题停止支付保险费的时间为2024年1月1日到3月1日，正好60日，未"超过约定的期限60日"，尚在宽限期内，其处理方式为保险公司应当给付保险金，但可以扣减欠交的保险费。

A选项错误，B选项正确。

C选项，投保人（甲公司）享有自愿解除权，其解除保险合同无需被保险人（张某）、受益人同意。《保险法解释（三）》第17条规定，投保人解除保险合同，当事人以其解除合同未经被保险人或者受益人同意为由主张解除行为无效的，人民法院不予支持。C选项错误。

D选项，合同约定分期支付保险费，但投保人欠交当期保险费，符合自保险合同效力中止之日起满2年双方未达成协议的，保险公司可解除合同。（《保险法》第37条第1款）可

知，并非只要欠交保费立即导致保险人解除合同的后果。D 选项错误。

参考答案 B

112

甲为其妻乙投保人身保险，受益人是其子丙。保险合同成立后，因为甲所任职公司裁员，甲不想再缴纳保费，于是提出解除该保险合同。据此，下列哪一选项是正确的？（2021-回忆版-单）

A. 甲可以解除保险合同，但需要经被保险人乙同意
B. 甲可以解除保险合同，但需要经受益人丙同意
C. 保险合同解除后，甲可以领取保险单的现金价值
D. 保险合同解除后，丙可以领取保险单的现金价值

本题考点 人身保险合同的解除

选项分析 A、B 选项，人身保险合同的当事人为投保人和保险人，所以原则上投保人解除保险合同采自愿原则，无需经被保险人或者受益人同意。（《保险法解释（三）》第 17 条）A、B 选项错误。

D 选项，保险单的现金价值，在理论上可理解为投保人所交保费的投资收益。由于投保人是订立保险合同的一方当事人，所以投保人解除合同的，保险人应当按照合同约定，向投保人退还保险单的现金价值。（《保险法》第 47 条）C 选项正确；D 选项错误，错在由受益人（丙）领取保险单的现金价值。

[易混] 如果发生保险事故，保险金应当支付给受益人。

参考答案 C

总结
人身保险合同解除时，保险单的现金价值退给投保人。

四、受益人制度

113

甲为他的妻子投保以死亡为给付条件的人身保险，受益人是甲。在保险责任存续期间，甲欲毒害妻子，但妻子被救活。后甲妻因精神受到刺激，某日精神恍惚，不慎掉进河里溺水身亡。随后，甲通知保险公司变更受益人为甲母。对此，下列哪一表述是正确的？（2020-回忆版-单）

A. 甲变更甲母为受益人，保险人不可拒绝
B. 甲订立该份保险合同的保险金额要经甲妻同意
C. 甲是受益人，有权主张保险金
D. 甲母是受益人，有权主张保险金

本题考点 死亡险；受益人变更

选项分析 投保人变更受益人未经被保险人同意，人民法院应认定变更行为无效。（《保险法解释（三）》第 10 条第 3 款）

A、D 选项，在保险事故发生后（甲妻死亡），投保人（甲）变更受益人，因无法得到被保险人（甲妻）同意，所以该变更行为无效。变更后的受益人（甲母）请求保险人给付保险金的，人民法院不予支持。（《保险法解释（三）》第 11 条）A、D 选项错误。

B 选项，该份保险是以死亡为给付保险金条件的合同，需要被保险人（甲妻）同意并认可保险金额。（《保险法》第 34 条第 1 款）B 选项正确。

C 选项，甲因为故意杀害被保险人（甲妻）未遂，丧失受益权。（《保险法》第 43 条第 2 款）C 选项错误。

参考答案 B

114

2020 年初，高某为妻子方某投保了人身保险，保险合同约定，如果方某 60 岁前意外

死亡，则保险公司需赔偿100万元，指定方某的母亲作为唯一受益人。2020年4月，高某与方某的孩子小高出生，2021年1月，方某的母亲去世。不久后，高某未告知方某便将受益人改为小高。2021年4月，方某因车祸死亡（方某无其他亲属）。关于本案，下列哪些说法是正确的？（2023-回忆版-多）

A. 受益人更改无效，因为小高是无民事行为能力人
B. 受益人更改无效，因为未经方某同意
C. 保险金应当由高某和小高均分
D. 保险金应当支付给方某母亲的继承人

本题考点 受益人变更

选项分析 A选项，虽然高某变更受益人的行为无效，但A选项理由错误。受益人是指人身保险合同中享有保险金请求权的人。作为获得利益的一方，法律对受益人没有行为能力的要求。A选项错误。

B选项，当被保险人发生保险事故时，受益人可取得保险金，所以，投保人指定或者变更受益人时须经被保险人同意。（《保险法》第39条第2款、第41条第2款）本题中，高某（投保人）若变更受益人，需要取得被保险人（方某）的同意，未经被保险人（方某）同意的，该变更无效。B选项正确。

C、D选项，本题中，受益人（方某的母亲，唯一受益人）先于被保险人（方某）死亡，保险金应当作为被保险人（方某）的遗产，由保险人依照《民法典》的规定履行给付保险金的义务。（《保险法》第42条第1款第2项）C选项正确，D选项错误。

参考答案 BC

五、人身保险事故的处理

115

李某于2000年为自己投保，约定如其意外身故则由妻子王某获得保险金20万元，保险期间为10年。2009年9月1日起李某下落不明，2014年4月法院宣告李某死亡。王某起诉保险公司主张该保险金。关于本案，下列哪些选项是正确的？（2017/3/76-多）

A. 保险合同应无效
B. 王某有权主张保险金
C. 李某死亡日期已超保险期间，故保险公司不承担保险责任
D. 如李某确系2009年9月1日下落不明，则保险公司应承担保险责任

本题考点 死亡险

选项分析 A选项，就死亡险，法律要求：①"不得为无民事行为能力人投保"（《保险法》第33条第1款）；②"未经被保险人同意并认可保险金额的，合同无效"（《保险法》第34条第1款）。此两种情形会导致保险合同无效。可知，本题不符合无效情形。A选项错误。

B、C、D选项：

（1）被保险人被宣告死亡之日在保险责任期间之外，但有证据证明下落不明之日在保险责任期间之内，当事人要求保险人按照保险合同约定给付保险金的，人民法院应予支持；（《保险法解释（三）》第24条第2款）

（2）本题中，李某2009年9月1日起下落不明，尚在保险责任期间内，虽然其被宣告死亡之日在2014年4月，已经超出保险期间（保险期间至2010年），但依据上述规则，不能免除保险人的给付保险金责任。

B、D选项正确，C选项错误。

参考答案 BD

116

杨某为其妻王某购买了某款人身保险，该保险除可获得分红外，还约定若王某意外死亡，则保险公司应当支付保险金20万元。

关于该保险合同，下列哪一说法是正确的？（2016/3/34-单）

A. 若合同成立2年后王某自杀，则保险公司不支付保险金
B. 王某可让杨某代其在被保险人同意处签字
C. 经王某口头同意，杨某即可将该保险单质押
D. 若王某现为无民事行为能力人，则无需经其同意该保险合同即有效

本题考点 保险人的除外责任（自杀）；死亡险

选项分析 A选项，以被保险人死亡为给付保险金条件的合同，自合同成立2年后，被保险人自杀的，保险公司应当承担给付保险金的责任。（《保险法》第44条第1款）A选项错误。

[易混] 自合同成立或者合同效力恢复之日起2年内，被保险人自杀的，保险人原则上不承担给付保险金的责任。

B选项：

（1）订立以死亡为给付保险金条件的人身保险合同时，要经被保险人同意并认可保险金额。此处的"同意"不限于书面，可以采用多种形式：（《保险法解释（三）》第1条）

❶被保险人可以书面、口头或者其他形式同意；可以在合同订立时作出，也可以在合同订立后追认。

❷被保险人明知他人代其签名同意而未表示异议的，视为其同意订立保险合同并认可保险金额。

❸被保险人同意投保人指定的受益人的，视为其同意订立保险合同并认可保险金额。

（2）B选项中，被保险人（王某）让投保人（杨某）代其签字，可推定为其同意。

B选项正确。

C选项，《保险法》第34条第2款规定，按照以死亡为给付保险金条件的合同所签发的保险单，未经被保险人书面同意，不得转让或者质押。C选项错误，错在"口头同意"。

[易错] 和B选项中"投保死亡险时"可采取多种形式征得被保险人"同意"不同，处分该类保险单时，必须经过被保险人书面同意。

D选项，杨某和王某为夫妻关系，杨某为王某投保的人身保险属于一般死亡险（非父母子女关系）。根据《保险法》第33条第1款的规定，投保人不得为无民事行为能力人投保以死亡为给付保险金条件的人身保险，保险人也不得承保。所以，若王某现为无民事行为能力人，则杨某不得为其投保死亡险。D选项错误。

参考答案 B

总结

死亡险：①保险合同能否订立，取决于被保险人是否同意并认可保险金额。此处的"同意"可书面可口头，无限制。②死亡险保险单能否转让或者质押，取决于是否经被保险人书面同意。

专题 23 财产保险合同

117

2023年7月，王某为自己的私家车向甲保险公司投保机动车综合商业险（非营运）。2024年1月6日，王某将该车出售给乙汽车租赁公司，同日签订买卖合同，并约定于1月8日办理过户登记。当日，乙公司将该车租赁给周某。1月7日，周某在驾驶该车游玩时发生交通事故，周某承担全部责任，车辆损失5万元。1月30日，王某

通知甲保险公司该车转让事宜，并主张赔偿车辆损失。针对该次事故，下列说法正确的有：（2024-回忆版-多）

A. 甲保险公司不可拒绝赔偿，但有权要求增加保险费
B. 甲保险公司有权拒绝赔偿
C. 因该车已经交付给乙公司，乙公司可以行使被保险人的权利
D. 因该车尚未办理过户登记，乙公司无权行使被保险人的权利

本题考点 保险标的转让；保险标的危险程度变化

选项分析 A、B选项：

《保险法》第49条第2~4款规定："保险标的转让的，被保险人或者受让人应当及时通知保险人……因保险标的转让导致危险程度显著增加的，保险人自收到前款规定的通知之日起30日内，可以按照合同约定增加保险费或者解除合同。保险人解除合同的，应当将已收取的保险费，按照合同约定扣除自保险责任开始之日起至合同解除之日止应收的部分后，退还投保人。被保险人、受让人未履行本条第2款规定的通知义务的，因转让导致保险标的的危险程度显著增加而发生的保险事故，保险人不承担赔偿保险金的责任。"

可知：

A选项，"增加保险费"对应的是"及时通知"的情形，而本题是在保险事故发生之后才通知甲保险公司（保险人），难以认定为"及时通知"。A选项错误。

B选项，王某和乙公司均未及时通知甲保险公司，因此，因转让导致该车危险程度显著增加而发生的保险事故，甲保险公司不承担赔偿保险金的责任。B选项正确。

C、D选项，根据《保险法解释（四）》第1条的规定，保险标的已交付受让人，但尚未依法办理所有权变更登记，承担保险标的的毁损、灭失风险的受让人有权主张行使被保险人的权利。本题中，该车于2024年1月6日交

付，因此，1月7日发生交通事故时虽未办理过户登记，但根据上述司法解释的规定，受让人（乙公司）可主张行使被保险人的权利。C选项正确，D选项错误。

参考答案 BC

118

甲花50万元买了一辆高档摩托车并投保了财产损失险，后甲花2万元对摩托车进行改装升级，改装后速度比之前大大提升，但甲未将改装事宜告知保险公司。在保险责任期间，甲驾驶该摩托车发生车祸，导致车辆损坏。现甲向保险公司主张赔偿。下列哪一说法是正确的？（2023-回忆版-单）

A. 就该次保险事故，保险公司可以拒绝赔付
B. 就该次保险事故，保险公司必须先解除保险合同，然后才能拒绝赔付
C. 就该次保险事故，保险公司应当赔偿50万元的损失
D. 就该次保险事故，保险公司有权解除保险合同并不退还保险费

本题考点 保险标的危险程度变化（显著增加）

选项分析 根据《保险法解释（四）》第4条第1款的规定，认定保险标的是否构成"危险程度显著增加"时，应当综合考虑保险标的的用途的改变、使用范围的改变、因改装等原因引起的变化等多种因素。显然，本题中改装摩托车的行为构成"危险程度显著增加"。

A、C选项，根据《保险法》第52条的规定，在合同有效期内，被保险人未履行通知义务的，因保险标的的危险程度显著增加而发生的保险事故，保险人不承担赔偿保险金的责任。A选项正确，C选项错误。

B选项，《保险法》第58条第1款规定，保险标的发生部分损失的，自保险人赔偿之日起30日内，投保人可以解除合同；除合同另有约定外，保险人也可以解除合同，但应当提前15日通知投保人。本题中，因保险标的的危险程度显著增加且被保险人未通知，故保险人不承

担赔偿保险金的责任。在拒绝赔偿之后，保险人原则上可以解除保险合同。B选项错误。

[易错] 本题情形并非"订立保险合同时投保人未如实告知"，故不应适用《保险法解释（二）》第8条"保险人未行使合同解除权，直接以存在保险法第16条第4款、第5款规定的情形为由拒绝赔偿的，人民法院不予支持"的规定。本题属于"保险标的危险程度显著增加"的情形，无需"先解除保险合同，然后才能拒绝赔付"。

D选项，《保险法》第58条第2款规定，合同解除的，保险人应当将保险标的未受损失部分的保险费，按照合同约定扣除自保险责任开始之日起至合同解除之日止应收的部分后，退还投保人。D选项错误。

参考答案 A

总 结

有权解除保险合同并不退还保险费的，仅限于下列三种特殊情况：

（1）订立保险合同时未如实告知：投保人故意不履行如实告知义务的，保险人对于合同解除前发生的保险事故，不承担赔偿或者给付保险金的责任，并不退还保险费。（《保险法》第16条第4款）

（2）保险欺诈：未发生保险事故，被保险人或者受益人谎称发生了保险事故，向保险人提出赔偿或者给付保险金请求的，保险人有权解除合同，并不退还保险费。（《保险法》第27条第1款）

（3）故意制造保险事故：投保人、被保险人故意制造保险事故的，保险人有权解除合同，不承担赔偿或者给付保险金的责任；除本法第43条规定外，不退还保险费。（《保险法》第27条第2款）

119 甲为自己的私家车投保商业车辆财产险。后甲把车借给了乙用于开网约车，甲对此知情。乙在开车的时候不小心掉进了河里，造成车损10万元。甲向保险公司索赔，保险公司调查后拒赔。关于本案，下列哪一选项是正确的？（2022-回忆版-单）

A. 保险合同无效
B. 保险公司不承担赔偿保险金的责任
C. 保险公司有权解除保险合同并不退还保险费
D. 甲有权主张约定的保险金

本题考点 保险标的危险程度变化（显著增加）

选项分析 在合同有效期内，保险标的的危险程度显著增加的，被保险人应当按照合同约定及时通知保险人，保险人可以按照合同约定增加保险费或者解除合同。保险人解除合同的，应当将已收取的保险费，按照合同约定扣除自保险责任开始之日起至合同解除之日止应收的部分后，退还投保人。被保险人未履行前款规定的通知义务的，因保险标的的危险程度显著增加而发生的保险事故，保险人不承担赔偿保险金的责任。（《保险法》第52条）

A选项，保险合同系诺成合同，双方协商一致，合同即成立并生效，保险标的的危险程度增加会导致保险公司拒绝理赔的后果，但其并非保险合同无效的事由。A选项错误。

B、D选项，私家车用于商业活动（网约车），会导致保险标的的危险程度显著增加。处理时要区分两种情况：①被保险人及时通知保险人的，保险人可以按照合同约定增加保险费或者解除合同。解除合同的，应当将已收取的保险费（扣除应收部分后）退还投保人。②被保险人未履行前述通知义务的，因保险标的的危险程度显著增加而发生的保险事故，保险人不承担赔偿保险金的责任。本题中未体现甲履行了通知义务，所以就增加风险而引发的损失，保险公司有权拒绝赔偿。B选项正确，D选项错误。

C选项，解除保险合同，除特殊情况外，均会涉及保险费的退还。（参见第118题D选项的解析）C选项错误。

参考答案 B

总 结

不要和"通知了保险人"的处理混淆。被保险人通知了保险人的,其处理规则为:
①保险人可以增加保险费或者解除合同;
②保险人解除合同的,应当退还保险费。

120

甲运输公司购买了一辆客车用于跨城镇运输,并为其投保了车辆财产险。后因运输行情不佳,甲运输公司将车卖给了蔚蓝公司,该车已经交付但未办理过户登记。蔚蓝公司将该车作为通勤班车,接送市内员工上下班。现在上下班途中发生车祸。经查,该车尚在保险责任期间,但双方均未将车辆转让情况通知保险公司。对此,下列哪些说法是正确的?(2021-回忆版-多)

A. 该车辆转让没有经过保险公司同意,保险公司可以解除合同
B. 蔚蓝公司可以以改变用途为由要求降低保费
C. 保险公司应当承担给付保险金的责任
D. 保险公司可以以车辆没有办理过户手续为由拒绝向蔚蓝公司赔偿

本题考点 保险标的危险程度变化(明显减少)

选项分析 保险标的转让的,被保险人或者受让人应当及时通知保险人。情形一:因保险标的转让导致危险程度显著增加(与本题不符);情形二:因保险标的转让导致危险程度明显减少的,保险人应当降低保险费,并按日计算退还相应的保险费。(《保险法》第53条第1项)

A选项,客车由转让前的跨城镇运输转变为公司上下班班车,属于转让导致危险程度明显减少。此种情形,保险公司无权解除合同。A选项错误。

B、C选项,因为保险标的的危险程度明显减少,保险人需降低保费,这也说明保险人不能拒绝赔偿,应当承担给付保险金的责任。B、C选项正确。

D选项,本题保险标的(客车)已经交付受让人,故受让人(蔚蓝公司)承担保险标的毁损、灭失的风险。保险标的已交付受让人,但尚未依法办理所有权变更登记,承担保险标的的毁损、灭失风险的受让人,可主张行使被保险人的权利。(《保险法解释(四)》第1条)此时保险公司不能以"未过户"为由拒绝赔偿。D选项错误。

参考答案 BC

第七讲

证券业法律制度与信托法律制度

07

专题 24 证券业法律制度

一、证券法律规则

121

甲公司欲收购、重整乙上市公司，聘请某会计师事务所对乙公司进行调查，王某是此次调查的首席会计师，掌握了乙公司的详细信息。在正式收购协议签订前，该会计师事务所暗箱操作，王某联系几个机构投资者大量购买乙公司的股票，待并购信息公告后又将股票卖出。此行为引起乙公司股价大幅度震荡，造成众多投资者的损失。对此，下列哪些说法是正确的？（2021-回忆版-多）

A. 甲公司应当赔偿投资者的损失
B. 王某应当赔偿投资者的损失
C. 该会计师事务所应当赔偿投资者的损失
D. 证券监督管理部门可以对王某没收违法所得并处以罚款

本题考点 证券交易的禁止和限制行为（内幕交易）

选项分析 收购、重整上市公司，会使公司股权结构或者生产经营状况发生重大变化，属于证券交易的内幕信息。在内幕信息公开前，知情人不得买卖该公司的证券，或者泄露该信息，或者建议他人买卖该证券。内幕交易行为给投资者造成损失的，应当依法承担赔偿责任。（《证券法》第53条第1、3款）

A选项，甲公司是乙公司的收购人，虽然属于内幕信息的知情人员，但根据题意，其并未利用内幕信息从事证券交易活动，因此无需对投资者承担赔偿责任。A选项错误。

B、C选项，该会计师事务所暗箱操作，属于单位从事内幕交易，王某是直接负责的主管人员，二者均应当对投资者承担赔偿责任。B、C选项均正确。

D选项，《证券法》第191条第1款规定了证券交易内幕信息的知情人从事内幕交易的法律责任：单位从事内幕交易的，还应当对直接负责的主管人员和其他直接责任人员给予警告，并处以20万元以上200万元以下的罚款。D选项正确。

参考答案 BCD

122

甲公司持有乙股份公司（上市公司）6.4%的股份，为乙公司第四大股东。2016年11月15日，甲公司减持套现2.9%的乙公司股份。3个月后，乙公司股价上扬，甲公司又增持1.9%的乙公司股份。据此，下列说法正确的有：（2018－回忆版－多）

A. 就减持事项，甲公司应当在3日内向证券监管机构和证券交易所作出书面报告，通知乙公司，并予公告

B. 就减持事项，乙公司应当立即向证券监管机构和证券交易所报送临时报告，并予公告

C. 就增持事项，甲公司应当在3日内向证券监管机构和证券交易所作出书面报告，通知乙公司，并予公告

D. 就增持事项，甲公司在持股达到5%的事实发生之日起3日内不得买卖乙公司的股票

本题考点 上市公司股份收购的程序和规则

选项分析 A选项，对于持有一个上市公司5%股份的股东，之后增持或减持该上市公司股份的，要区分每次变动的股份比例。具体而言：

（1）投资者持有一个上市公司已发行的有表决权股份达到5%后，其所持该上市公司已发行的有表决权股份比例每增加或者减少1%，应当在该事实发生的次日通知该上市公司，并予公告。（《证券法》第63条第3款）

（2）投资者持有一个上市公司已发行的有表决权股份达到5%后，其所持该上市公司已发行的有表决权股份比例每增加或者减少5%，

应当在该事实发生之日起3日内，向国务院证券监督管理机构、证券交易所作出书面报告，通知该上市公司，并予公告。在该事实发生之日起至公告后3日内，不得再行买卖该上市公司的股票。（《证券法》第63条第2款）

A选项错误，错在"3日内"，甲公司减持股份未达5%，所以应在"该事实发生的次日"进行通知、公告。

B选项，根据《证券法》第80条第1、2款的规定，发生可能对上市公司的股票交易价格产生较大影响的重大事件，投资者尚未得知时，上市公司应当立即报送临时报告，并予公告，说明事件的起因、目前的状态和可能产生的法律后果。所谓"重大事件"，包括"持有公司5%以上股份的股东或者实际控制人持有股份或者控制公司的情况发生较大变化"。本题甲公司减持时持股比例超过5%，符合报送临时报告的条件。B选项正确。

C、D选项，甲公司在减持后持股比例低于5%，但当其增持1.9%的股份后，持股比例为5.4%，又达到了5%这一需要报告、公告的红线。根据《证券法》第63条第1款的规定，通过证券交易所的证券交易，投资者持有或者通过协议、其他安排与他人共同持有一个上市公司已发行的有表决权股份达到5%时，应当在该事实发生之日起3日内，向国务院证券监督管理机构、证券交易所作出书面报告，通知该上市公司，并予公告，在上述期限内不得再行买卖该上市公司的股票，但国务院证券监督管理机构规定的情形除外。C、D选项正确。

参考答案 BCD

123

甲在证券市场上陆续买入力扬股份公司的股票，持股达6%时才公告，被证券监督管理机构以信息披露违法为由处罚。之后甲欲继续购入力扬公司股票，力扬公司的股东乙、丙反对，持股4%的股东丁同意。对此，下列哪些说法是正确的？（2017/3/75－多）

A. 甲的行为已违法，故无权再买入力扬公司股票
B. 乙可邀请其他公司对力扬公司展开要约收购
C. 丙可主张甲已违法，故应撤销其先前购买股票的行为
D. 丁可与甲签订股权转让协议，将自己所持全部股份卖给甲

本题考点 上市公司股份收购的法律后果

选项分析 A选项，通过证券交易所的证券交易，投资者持有一个上市公司已发行的有表决权股份达到5%时，应当履行报告、通知和公告义务。违反上述规定买入上市公司有表决权的股份的，在买入后的36个月内，对该超过规定比例部分的股份不得行使表决权。（《证券法》第63条第1、4款）可知，违反收购时的信息披露要求的，其后果是表决权受限。所以"禁止买入""撤销交易"均错误。A选项错误。

B选项，《证券法》对要约收购人的资格没有限制，该选项中"乙可邀请……"的说法并无不妥。B选项正确。

C选项，证券交易采用"交易结果恒定"的交易规则，即使出现欺诈，未履行报告、公告义务的情形，后果也是对投资者承担赔偿责任或表决权受到限制，但该证券交易结果不可更改。C选项错误。

D选项，持有一个上市公司已发行的有表决权股份达到30%时，继续进行收购的，应当依法向该上市公司所有股东发出收购上市公司全部或者部分股份的要约。（《证券法》第65条第1款）本题中仅达到6%，此时该股票可自由交易，丁与甲签订股权转让协议并无不妥。D选项正确。

参考答案 BD

总结
要约收购时，未公告或未发出收购要约→表决权受限，警告、罚款。

124

甲上市公司为房地产行业龙头公司，其于2018年发行的公司债券在证券交易所上市交易，当时甲公司的信用等级被评为AAAA。2020年，甲公司因经营危机，在评级中被调低至AAA。甲公司实际控制人刘某认为，如果现在公布评级状况，则会导致公司债券价格走低，对甲公司融资业务产生影响，遂向律师咨询。关于律师的说法，下列哪些选项是正确的？（2021-回忆版-多）

A. 甲公司应向证券交易所提交临时报告
B. 甲公司应向国务院证券监督管理机构提交临时报告
C. 若刘某要求甲公司不报送上述报告，可以对其处以罚款
D. 若刘某仅要求甲公司不公告评级降级结果对公司的预期影响，不可对其处以罚款

本题考点 信息披露（重大事件的临时报告）；披露不实的法律后果

选项分析《证券法》第81条第1款规定："发生可能对上市交易公司债券的交易价格产生较大影响的重大事件，投资者尚未得知时，公司应当立即将有关该重大事件的情况向国务院证券监督管理机构和证券交易场所报送临时报告，并予公告，说明事件的起因、目前的状态和可能产生的法律后果。"

A、B选项，甲公司信用降级，属于发生可能对债券交易价格产生较大影响的重大事件，应当提交临时报告。根据上述法条可知，应当同时向国务院证券监督管理机构、证券交易场所报送。A、B选项正确。

C选项：

(1)信息披露义务人未按照规定报送有关报告或者履行信息披露义务的，发行人的控股股东、实际控制人组织、指使从事上述违法行为，或者隐瞒相关事项导致发生上述情形的，

处以 50 万元以上 500 万元以下的罚款；

（2）可知，C 选项中"刘某要求"，即实际控制人组织违反信息披露义务的行为，应受到处罚。

C 选项正确。

D 选项，由上述分析可知，就重大事件的临时报告，需要说明事件的起因、目前的状态和可能产生的法律后果。所以，即使甲公司公告了评级降级情况，但未说明可能产生的法律后果，仍属于"未按照规定履行信息披露义务"，应受到处罚。D 选项错误。

参考答案 ABC

总结

对重大事件：①应同时向证监会、证交所报告；②公告内容：事件的起因、目前的状态、可能产生的法律后果；③本题中涉及的是公司债券，如果对股票价格产生重大影响，临时报告的规定是相同的。

二、证券投资基金法律规则

125

某基金管理公司在 2003 年曾公开发售一只名为"基金利达"的封闭式基金。该基金原定封闭期 15 年，现即将到期，拟转换为开放式基金继续运行。关于该基金的转换，下列哪一选项是正确的？（2017/3/33-单）

A. 须经国务院证券监督管理机构核准
B. 转换后该基金应保持一定比例的现金或政府债券
C. 基金份额持有人大会就该转换事宜的决定应经有效表决权的 1/2 以上通过
D. 转换后基金份额持有人有权查阅或复制该基金的相关会计账簿等财务资料

本题考点 封闭式基金；开放式基金；基金份额持有人的权利

选项分析 "封闭式基金"，是指基金份额总额在基金合同期限内固定不变，基金份额持有人不得申请赎回的基金；"开放式基金"，是指基金份额总额不固定，基金份额可以在基金合同约定的时间和场所申购或者赎回的基金。

A 选项，基金份额持有人大会决定的事项，应当依法报国务院证券监督管理机构备案，并予以公告。（《证券投资基金法》第 86 条第 4 款）A 选项错误，错在"核准"，应当是"备案"。

B 选项，开放式基金应当保持足够的现金或者政府债券，以备支付基金份额持有人的赎回款项。（《证券投资基金法》第 68 条）B 选项正确。

C 选项，转换基金的运作方式、更换基金管理人或者基金托管人、提前终止基金合同、与其他基金合并，应当经参加大会的基金份额持有人所持表决权的 2/3 以上通过。（《证券投资基金法》第 86 条第 3 款）C 选项错误，错在"有效表决权的 1/2 以上"。

D 选项，公募基金的基金份额持有人有权查阅或者复制公开披露的基金信息资料，而非该基金的财务会计账簿。（《证券投资基金法》第 46 条第 2 款）D 选项错误。

参考答案 B

126

赢鑫投资公司业绩骄人。公司拟开展非公开募集基金业务，首期募集 1000 万元。李某等老客户知悉后纷纷表示支持，愿意将自己的资金继续交其运作。关于此事，下列哪一选项是正确的？（2016/3/33-单）

A. 李某等合格投资者的人数可以超过 200 人
B. 赢鑫公司可在全国性报纸上推介其业绩及拟募集的基金
C. 赢鑫公司可用所募集的基金购买其他的基金份额
D. 赢鑫公司就其非公开募集基金业务应向中国证监会备案

本题考点 非公开募集基金

选项分析 A、B 选项，非公开募集基金应当向

合格投资者募集，合格投资者累计不得超过200人。非公开募集基金，不得通过报刊、电台、电视台、互联网等公众传播媒体或者讲座、报告会、分析会等方式向不特定对象宣传推介。（《证券投资基金法》第87条第1款、第91条）A、B选项错误。

C选项，非公开募集基金财产的证券投资，包括买卖公开发行的股份有限公司股票、债券、基金份额，以及国务院证券监督管理机构规定的其他证券及其衍生品种。（《证券投资基金法》第94条第2款）C选项正确。

D选项，该选项错在向"证监会"备案。非公开募集基金募集完毕，基金管理人应当向基金行业协会备案。（《证券投资基金法》第94条第1款）D选项错误。

参考答案 C

127

某基金公司欲采用公开募集的方式发行封闭式基金，基金合同期限为15年。据此，下列说法正确的是：（2024-回忆版-单）

A. 投资人交纳认购的基金份额的款项时，基金合同生效

B. 延长基金合同期限，要经证监会审批

C. 公开募集基金份额要在经证监会备案后才能发售

D. 公开募集基金份额要在经证监会注册后才能发售

本题考点 基金的类型（封闭式基金、公开募集基金）

选项分析 A选项，投资人交纳认购的基金份额的款项时，基金合同成立；基金管理人向国务院证券监督管理机构办理基金备案手续，基金合同生效。（《证券投资基金法》第60条第1款）可知，基金备案手续是基金合同生效的必要条件。A选项错误。

B选项，封闭式基金延长基金合同期限的，需要报国务院证券监督管理机构备案，而非"审批"。（《证券投资基金法》第79条）B选项错误。

C、D选项，公开募集基金，应当经国务院证券监督管理机构注册。未经注册，不得公开或者变相公开募集基金。（《证券投资基金法》第50条第1款）C选项错误，D选项正确。

参考答案 D

专题 25 信托法律制度

128

A和B是有长期生意往来的合作伙伴，有经常性的债权债务关系。2023年6月，A以自有的800万元财产设立信托，信托受益人是自己现有的及将来的子女。2023年12月，A经济状况恶化，无法偿还所欠B的1000万元到期债务，B向法院提起诉讼。关于本案，下列说法正确的有：（2024-回忆版-多）

A. A的信托目的合法，该信托合法有效

B. A以确定财产设立信托，该信托合法有效

C. 债权人B有权申请法院强制执行该信托财产

D. 因信托受益人不确定，该信托无效

本题考点 信托的设立；信托无效；信托财产的

独立性

选项分析 A、B 选项：

（1）设立信托，必须有合法的信托目的。信托目的违反法律、行政法规或者损害社会公共利益的，信托无效。（《信托法》第 6 条、第 11 条第 1 项）

（2）设立信托，必须有确定的信托财产，并且该信托财产必须是委托人合法所有的财产。信托财产不能确定的，信托无效。（《信托法》第 7 条第 1 款、第 11 条第 2 项）

（3）本题系为子女设立信托，信托目的合法；且 A 设立信托的财产确定，属于有效信托。

A、B 选项正确。

C 选项，本题未告知在 A 设立信托前，债权人 B 是否已对该 800 万元信托财产享有优先受偿的权利，所以在诉讼中，B 无权主张对信托财产的强制执行。（《信托法》第 17 条规定："除因下列情形之一外，对信托财产不得强制执行：①设立信托前债权人已对该信托财产享有优先受偿的权利，并依法行使该权利的；②受托人处理信托事务所产生债务，债权人要求清偿该债务的；③信托财产本身应担负的税款；④法律规定的其他情形。对于违反前款规定而强制执行信托财产，委托人、受托人或者受益人有权向人民法院提出异议。"）C 选项错误。

D 选项，根据《信托法》第 11 条第 5 项的规定，受益人或者受益人范围不能确定的，信托无效。但本题信托受益人的范围可以确定，为委托人的子女，该信托合法有效。D 选项错误。

参考答案 AB

129

方某作为委托人与甲信托公司（以下简称"甲公司"）签订了《单一信托合同》，双方未事先约定报酬。甲公司在方某的指示下分三笔向乙公司发放了信托贷款。据此，下列说法正确的有：（2022-回忆版-多）

A. 虽然未约定报酬，但甲公司有权请求支付报酬

B. 因双方未约定报酬，故甲公司无权请求支付报酬

C. 甲公司应对方某承担信托义务

D. 未约定报酬不影响信托合同的成立

本题考点 信托的设立；受托人的报酬

选项分析 A、B 选项，《信托法》第 35 条第 1 款规定："受托人有权依照信托文件的约定取得报酬。信托文件未作事先约定的，经信托当事人协商同意，可以作出补充约定；未作事先约定和补充约定的，不得收取报酬。"本题中未约定报酬，也未作出补充约定，因此受托人（甲公司）无权请求支付报酬。A 选项错误，B 选项正确。

C、D 选项，《信托法》第 8 条规定："设立信托，应当采取书面形式。书面形式包括信托合同、遗嘱或者法律、行政法规规定的其他书面文件等。采取信托合同形式设立信托的，信托合同签订时，信托成立。采取其他书面形式设立信托的，受托人承诺信托时，信托成立。"本题中，方某与甲公司采用的是信托合同形式，自合同签订时起信托即成立，所以甲公司要承担信托义务。至于"受托人的报酬"是可以选择载明的事项，并非合同必要条款，未约定受托人的报酬不会影响信托合同的成立。C、D 选项正确。

参考答案 BCD

130

2018 年 8 月 1 日，甲和乙信托公司（以下简称"乙公司"）签订了信托合同，约定购买"盈力一号"信托产品，甲为唯一受益人。2018 年 8 月 5 日，甲如约将 300 万元打入了乙公司信托资金专用账户。2018 年 8 月 10 日，"盈力一号"开售后，乙公司仅购买了 200 万元的信托产品。2020 年 8 月，"盈力一号"到期清算，双方发生争议。据此，下列说法正确的是：（2022-回忆版-单）

A. 因甲转入了 300 万元，故甲有权主张 300 万元的本金和信托收益
B. 因乙公司只购买了 200 万元的信托产品，故甲只能主张 200 万元的本金和信托收益
C. 甲无权主张 300 万元的本金和信托收益
D. 甲有权主张返还 100 万元的本金和预期收益

本题考点 信托财产；受托人

选项分析 受托人以信托财产为限向受益人承担支付信托利益的义务。(《信托法》第 34 条) 据此可知，本题中的乙公司作为受托人，应当以信托财产 300 万元为限向受益人甲承担支付信托利益的义务。仅 A 选项正确。

参考答案 A

第八讲 著作权法

08

专题 26 著作权概述

一、适用范围、著作权的客体

131

甲无国籍，经常居住地为乙国，其创作的小说《黑客》在丙国首次出版。我国公民丁在丙国购买了该小说，未经甲同意将其翻译并在我国境内某网站传播。《黑客》要受我国著作权法保护，应当具备下列哪一条件？（改编自 2010/3/15-单）

A. 《黑客》不应当属于我国禁止出版或传播的作品
B. 甲对丁翻译《黑客》并在我国境内网站传播的行为予以追认
C. 乙国和丙国均加入了《保护文学艺术作品伯尔尼公约》
D. 乙国或丙国加入了《保护文学艺术作品伯尔尼公约》

本题考点 对著作权的保护原则（无国籍人作品）

选项分析 A 选项，《著作权法》第 4 条规定，著作权人和与著作权有关的权利人行使权利，不得违反《宪法》和法律，不得损害公共利益。国家对作品的出版、传播依法进行监督管理。因此，即使《黑客》属于我国禁止出版或传播的作品，也受到《著作权法》的保护，只是我国可以限制其出版、传播。A 选项不当选。

B 选项，影响外国人、无国籍人的作品是否受我国《著作权法》保护的因素，仅和作者国籍、作品出版地、是否有协议或者条约有关。（《著作权法》第 2 条第 2~4 款，具体法条见 C、D 选项分析）因此本题作者甲是否追认丁的翻译行为，不影响《黑客》是否受我国《著作权法》的保护。B 选项不当选。

C、D 选项：
（1）外国人和无国籍人的作品适用《著作

权法》之情形，具体包括：

❶看协议：作者国籍国或经常居住地国与我国有协议或共同参加的国际条约。

❷看出版：首先在中国境内出版的外国人、无国籍人的作品，其著作权自首次出版之日起受保护。

"出版"又区分下列情形：①作品首次在我国参加的国际条约的成员国出版。②作品首次在我国参加的国际条约的成员国和非成员国同时出版。③作品首先在我国境内出版；在境外首先出版后，30日内在我国境内出版的，视为该作品同时在我国境内出版。(《著作权法》第2条第2～4款；《著作权法实施条例》第8条)

(2) 本题中，甲是无国籍人，其经常居住地为乙国，《黑客》首次在丙国出版。因此，只要乙、丙两国中的一个国家属于《保护文学艺术作品伯尔尼公约》成员国，《黑客》就可以受到我国《著作权法》的保护。

C选项不当选，错在"均"；D选项当选。

参考答案 D

132

牛博朗研习书法绘画30年，研究出汉字的独特写法牛氏"润金体"。"润金体"借鉴了"瘦金体"，但在布局、线条、勾画、落笔以及比例上自成体系，多出三分圆润，审美价值很高。牛博朗将其成果在网络上发布，并注明"版权所有，未经许可，不得使用"。羊阳洋公司从该网站下载了九个"润金体"字，组成广告词"小绵羊、照太阳、过海洋"，为其从国外进口的羔羊肉做广告。关于"润金体"及羊阳洋公司的行为，下列哪些选项是正确的？(2017/3/63-多)

A. 字体不属于著作权保护的范围，故羊阳洋公司不构成侵权

B. "润金体"具有一定的独创性，可认定为美术作品而受著作权法保护

C. 羊阳洋公司只是选取了有限的数个汉字，不构成对"润金体"整体著作权的侵犯

D. 羊阳洋公司未经牛博朗同意，擅自使用"润金体"汉字，构成对牛博朗著作权的侵犯

本题考点 作品的概念和特征；著作权的侵权认定

选项分析 A、B选项：

(1) "美术作品"，是指绘画、书法、雕塑等以线条、色彩或者其他方式构成的有审美意义的平面或者立体的造型艺术作品。

(2) "美术字"是否构成"作品"，关键是看美术字整体的线条(笔画)和间架结构是否具有独创性，特别是其与公知领域美术字相比具有的不同特点，即表达的新颖性或表达的创新性。其受保护的要素体现为构成"表达"的符号和结构本身。

(3) 本题中，"润金体"是汉字的独特写法，具有独创性和审美性，能够被复制，符合美术作品的认定标准。

A选项错误，B选项正确。

C、D选项：

(1) 9个单字，如此小的数量是否构成侵权？2011年8月，南京市中院判决昆山笑巴喜公司和上海笑巴喜公司立即停止在其商标和包装装潢中使用汉仪公司字体库"秀英"体中的"笑""喜"二字。从上述判决可知，不以单个字的数量多寡作为认定是否侵权的依据。

(2) 在牛氏"润金体"属于"作品"的大前提下，羊阳洋公司未经作者同意，擅自使用，即构成侵犯著作权，和选取字体的个数没有关系。

C选项错误，D选项正确。

参考答案 BD

总结 单字满足独创性要求的，构成美术作品。

二、著作权的主体（作者）

133

朱某为某法学院退休教授，陈某经朱某同意将其退休之前的讲座、演讲的录音资料汇编为文字出版。在汇编时，陈某还邀请许某就该书的典故、渊源、专业术语等作了注释，形成完整的体系。就该书，陈某与甲出版社签订专有出版合同。在图书出版后，乙网络平台未经许可发布该书的电子版。乙网络平台侵犯了下列哪些主体的权利？（2020-回忆版-多）

A. 侵犯了朱某的著作权
B. 侵犯了陈某的著作权
C. 侵犯了许某的著作权
D. 侵犯了甲出版社的专有出版权

本题考点 演绎作品；汇编作品；专有出版权

选项分析《著作权法》第 16 条规定，使用改编、翻译、注释、整理、汇编已有作品而产生的作品进行出版、演出和制作录音录像制品，应当取得该作品的著作权人和原作品的著作权人许可，并支付报酬。本题朱某为口述作品（录音资料）的著作权人；陈某为汇编作品的著作权人；许某的注释形成了完整的体系，构成独立的演绎作品，其是演绎作品的著作权人。

A 选项，信息网络传播权，即以有线或者无线方式向公众提供，使公众可以在其选定的时间和地点获得作品的权利。（《著作权法》第 10 条第 1 款第 12 项）这是著作权中的财产权之一。既然朱某为口述作品（录音资料）的著作权人，乙网络平台未经许可通过信息网络传播该作品，侵犯了朱某的著作权。A 选项当选。

B 选项，陈某经许可将录音资料汇编为文字，该文字作品为汇编作品，其著作权由汇编人（陈某）享有。（《著作权法》第 15 条）所以，乙网络平台侵犯了陈某的著作权。B 选项当选。

C 选项，许某经许可注释该图书，其注释形成完整体系，属于"演绎作品"，注释人（许某）享有独立的著作权。（《著作权法》第 13 条）所以，乙网络平台侵犯了许某的著作权。C 选项当选。

D 选项，专有出版权，是指图书出版者（甲出版社）对著作权人交付出版的作品，按照合同约定享有的专有出版权受法律保护，他人不得出版该作品。（《著作权法》第 33 条）这是出版者的权利，属于邻接权。本题中，乙网络平台未经许可发布该书的电子版，并非"复制+发行"，虽然该行为是侵权，但侵犯的是作者的信息网络传播权，没有侵犯甲出版社的专有出版权。D 选项不当选。

[易混]《著作权法》所称的"出版"，指作品的复制、发行。（《著作权法》第 63 条）这是作者的权利，属于著作权。

参考答案 ABC

134

甲、乙、丙共同完成一幅绘画作品《独钓寒江雪》，市书法协会会长高某提供了创作上的建议并提出署上自己的名字，以提高该画的知名度，甲、乙、丙三人一致同意。乙提议将该画送去参加本市美术展，但甲明确反对，丙对此不置可否。该画被乙送至展览后，当场被收藏家张某高价购买。张某购买后随即将该画拍照发在微博上。对此，下列说法正确的是：（2018-回忆版-单）

A. 高某对作品的完成提出了建议，应是作者
B. 甲、乙、丙三人同意高某在作品上署名，则高某是该画的作者
C. 乙不顾甲的反对把该画送去参加展览的做法合法
D. 张某购买后将所购该画拍照在微博上发布的行为合法

本题考点 作者的认定；合作作品；原件所有权转移的作品

选项 分析 A 选项：

（1）对作者的理解：①创作作品的公民是作者；②创作，是指直接产生文学、艺术和科学作品的智力活动；③为他人的创作进行组织工作，提供咨询意见、物质条件，或者进行其他辅助工作，均不视为创作。

（2）本题中，"高某提供建议"，这说明高某并未进行"直接……智力活动"，其不得以"建议"行为取得作者身份。

A 选项错误。

B 选项：

（1）"署名者+在该作品上存在相应权利=作者"，因为"著作权人"是"创作作品的人"，不能采用单一标准（是否"署名"）来辨别。（《著作权法》第 14 条第 1 款规定："……没有参加创作的人，不能成为合作作者。"）

（2）本题中，由于高某并未参与创作，其在该幅绘画上不存在相应的著作权，所以即使"署名"也不能认定其为"著作权人"。

B 选项错误。

C 选项，《著作权法》第 14 条第 2 款规定，合作作品的著作权由合作作者通过协商一致行使；不能协商一致，又无正当理由的，任何一方不得阻止他方行使除转让、许可他人专有使用、出质以外的其他权利，但是所得收益应当合理分配给所有合作作者。本题中，甲、乙、丙三人是合作作者，并且"一幅绘画作品"是不可分割使用的合作作品。所以，乙独自行使展览权是合法的。C 选项正确。

D 选项，作品原件所有权的转移，不改变作品著作权的归属，但美术、摄影作品原件的展览权由原所有人享有。（《著作权法》第 20 条第 1 款）本题张某购买该绘画作品，虽然原件所有权（占有、使用、收益、处分等）转移，但不改变作品著作权的归属。"在微博上发布"涉及"信息网络传播权"，该项著作权并没有转移。D 选项错误。

[易错]"在微博上发布"不涉及"展览权"。展览权，是指公开陈列美术作品、摄影作品的原件或者复制件的权利。

参考 答案 C

135

某电影公司委托王某创作电影剧本，但未约定该剧本著作权的归属，并据此拍摄电影。下列哪一未经该电影公司和王某许可的行为，同时侵犯二者的著作权？（2017/3/14-单）

A. 某音像出版社制作并出版该电影的 DVD
B. 某动漫公司根据该电影的情节和画面绘制一整套漫画，并在网络上传播
C. 某学生将该电影中的对话用方言配音，产生滑稽效果，并将配音后的电影上传网络
D. 某电视台在"电影经典对话"专题片中播放 30 分钟该部电影中带有经典对话的画面

本题考点 委托作品；视听作品；著作权的侵权认定

选项 分析 题干中涉及两个作品：①王某是"剧本（文字作品）"的著作权人；②"电影"属于"视听作品"，著作权由制作者享有。本题问"同时侵犯"，因此每个选项都要考虑两方面：是否侵犯电影公司的权利？是否侵犯王某的权利？

A 选项：

（1）电影（视听作品）属于独立的作品类型。未经著作权人许可，复制、发行……其作品的，除《著作权法》另有规定外，应当承担法律责任。（《著作权法》第 53 条第 1 项）可知，音像出版社未经许可制作并出版该电影的 DVD，侵害了制作者电影公司的权利。

（2）视听作品作为一个整体，其著作权涵盖了剧本的著作权。如果音像出版社并未直接复制、发行剧本，则没有侵犯编剧王某的权利。

A 选项不当选。

B 选项：

（1）动漫公司未经编剧许可利用原电影的情节，而情节是由剧本设定的，所以是对剧本（文字作品）的改编（演绎），侵犯了编剧王某的权利；

（2）动漫公司根据该电影画面绘制漫画，

是对该视听作品的演绎，未经许可则侵害了制作者电影公司的著作权。

B 选项当选。

C 选项：

（1）学生将电影中的对话用方言配音并上传网络，该行为侵犯了电影作品作为整体的著作权；

（2）但是，该学生并未演绎电影中的对话，没有改编剧本，也未歪曲、篡改剧本，未侵犯编剧王某的权利。

C 选项不当选。

D 选项：

（1）电视台未经许可的播放行为侵害了电影公司（著作权人）的权利。电视台播放他人的视听作品、录像制品，应当取得视听作品著作权人或者录像制作者许可，并支付报酬；播放他人的录像制品，还应当取得著作权人许可，并支付报酬。（《著作权法》第48条）

（2）但是，该电视台播放的是作为整体的"电影作品"片段，并未侵犯文字作品"电影剧本"的权利，所以未侵犯编剧王某的权利。

D 选项不当选。

参考答案 B

总结

视听作品（如电影）是独立的作品类型，作为一个整体，其著作权涵盖了其中的剧本、音乐的著作权；但其中的剧本、音乐也是独立作品，其著作权人可以单独使用。

136

萱草公司经作家刘某许可，将其创作的小说改编并拍摄成电影，还聘请著名词曲作者王某为电影创作插曲。下列哪些说法是正确的？（2020-回忆版-多）

A. 若甲剧团将该电影改编成舞台剧上演，只需经萱草公司许可并付费

B. 若乙出版社出版该电影的连环画，需经萱草公司和刘某的许可并付费

C. 若丙网站未经许可提供该电影的超前点播服务，同时侵犯了萱草公司、刘某和王某的著作权

D. 若丁唱片公司希望自聘歌手演唱该电影插曲并制成唱片，只需经王某许可并付费

本题考点 演绎作品；视听作品；著作权的侵权认定

选项分析 A、B 选项：

（1）本题中的电影自小说改编而来，属于演绎作品。A 选项将该电影改编为舞台剧、B 选项出版该电影的连环画，均属于"对演绎作品的再次使用"又形成新的作品类型：舞蹈作品、文字作品。

（2）使用"改编已有作品而产生的作品"进行出版、演出和制作录音录像制品，应当取得该作品（电影）的著作权人和原作品（小说）的著作权人许可，并支付报酬。（《著作权法》第16条）所以，A、B 选项均需要制片者（萱草公司）和原小说作者（刘某）的许可，并向二者付费。

A 选项错误，B 选项正确。

C 选项，作为一类独立的作品类型，电影作品的著作权归属于制作者（萱草公司），而丙网站提供超前点播的对象仅限于电影，故只需要制片者（萱草公司）同意。C 选项错误。

D 选项，视听作品中的剧本、音乐等可以单独使用的作品的作者，有权单独行使其著作权。对于电影插曲，王某享有单独的著作权，所以丁唱片公司利用电影歌曲制作录音制品只需要词曲作者王某许可并付费。D 选项正确。

参考答案 BD

137

萱草中学委托甲美术学院设计学校标志，双方约定该标志的著作权由萱草中学享有。甲美术学院在接受委托后组织实施中，因自己的设计人员设计稿不尽如人意，又委托乙美术馆设计。乙美术馆将该设计工作

交给王某，王某没有时间，找李某设计了该标志。但后续过程中对该标志的著作权的归属均未再约定。后甲美术学院将李某的作品交给萱草中学，萱草中学十分满意。现各方对该标志的著作权归属发生了争议。本案中，著作权应归属于何人？（2020-回忆版-单）

A. 萱草中学 B. 乙美术馆
C. 王某   D. 李某

本题考点 委托作品

选项分析 受委托创作的作品，著作权的归属由委托人和受托人通过合同约定。合同未作明确约定或者没有订立合同的，著作权属于受托人。（《著作权法》第 19 条）本题中有多次委托，第一次委托合同明确约定著作权归"萱草中学"；但第二次委托给乙美术馆，以及乙美术馆委托给王某、王某委托李某时，对著作权归属均没有约定，所以该美术作品（学校标志）的著作权应当由"受托人（创造人）"享有。另外，"标志"不属于"职务作品"（职务作品是指"二台三社四图一软件"），其著作权不能归属于乙美术馆。（《著作权法》第 18 条）D 选项当选。

参考答案 D

138

甲公司是出租车营运公司，委托乙软件公司（以下简称"乙公司"）开发一款打车软件，约定著作权归属于甲公司。乙公司安排员工陈某负责该软件的开发编程工作，未约定著作权归属。陈某在编写该程序的过程中，因不满薪酬待遇而离职。离职后，陈某继续将该软件编写完成，然后将该软件转让给了不知情的丙汽车公司（以下简称"丙公司"），丙公司将该软件安装在了自己生产的汽车上，并大量生产销售。据此，下列哪些说法是错误的？（2022-回忆版-多）

A. 该软件的著作权由甲公司享有
B. 该软件是职务作品，著作权由乙公司享有
C. 该软件的著作权由陈某享有
D. 因丙公司不知情，故其不构成侵权

本题考点 委托作品；职务作品

选项分析 A、B、C 选项，在乙公司和员工陈某的法律关系中，该软件属于乙公司的职务作品，陈某不享有除署名权外的其他著作权利。（《著作权法》第 18 条第 2 款）在乙公司和甲公司的法律关系中，该软件属于委托作品，接受他人委托开发的软件，其著作权的归属由委托人与受托人签订书面合同约定，所以该软件的著作权由甲公司享有。A 选项正确，不当选；B、C 选项错误，当选。

D 选项，计算机软件用户未经许可或者超过许可范围商业使用计算机软件的，依据《著作权法》第 48 条（现为第 53 条）第 1 项、《计算机软件保护条例》第 24 条第 1 项的规定承担民事责任。（《最高人民法院关于审理著作权民事纠纷案件适用法律若干问题的解释》第 21 条）所以丙公司即使不知情，也不能免责。D 选项错误，当选。

参考答案 BCD（本题为"选错题"）

139

A 大学委托 B 文化公司拍摄招生短片，双方对著作权的归属没有约定。B 公司安排员工 C 和 D 到 A 大学完成拍摄剪辑任务，双方对著作权的归属也没有约定。关于招生短片的归属，下列选项正确的是：（2024-回忆版-单）

A. 归 A 大学所有
B. 归 B 公司所有
C. 归 C、D 共有
D. 归 A 大学和 B 公司共有

本题考点 委托作品；视听作品；职务作品的认定

选项分析 招生短片属于委托作品。受委托创作

的作品，合同未作明确约定或者没有订立合同的，著作权属于受托人。(《著作权法》第19条）本题 A 大学是委托人，B 公司是受托人，双方对著作权的归属没有约定，所以著作权归受托人 B 公司所有。B 选项正确，A、D 选项错误。

招生短片属于视听作品。《著作权法》第17条第2款规定："前款规定以外的视听作品的著作权归属由当事人约定；没有约定或者约定不明确的，由制作者享有，但作者享有署名权和获得报酬的权利。"本题 B 公司是"制作者"，享有著作权。另外需注意，本题不应依据一般职务作品来确定著作权的归属，因为视听作品作为一个独立的作品类型，法律明确规定其著作权由制作者享有。C 选项错误。

参考答案 B

140

知名画家赵某将其未发表的一幅画作《秋收》赠与某公司老总郑某。郑某将该幅画作挂在办公室，让员工拍照并用于公司网站首页产品宣传的背景图。对此，下列说法正确的是：（2022-回忆版-单）

A. 侵犯了赵某的展览权
B. 侵犯了赵某的发表权
C. 侵犯了赵某的复制权
D. 侵犯了赵某的信息网络传播权

本题考点 原件所有权转移的作品

选项分析 画作《秋收》属于美术作品，"赠与"表明该作品原件所有权转移。

A 选项，展览权，即公开陈列美术作品、摄影作品的原件或者复制件的权利。另根据《著作权法》第20条第1款的规定，作品原件所有权的转移，不改变作品著作权的归属，但美术、摄影作品原件的展览权由原件所有人享有。本题中，该画作的持有人是郑某，其公开陈列（展览权）该原件，不构成侵权。A 选项错误。

B 选项，发表权是作者决定作品是否公之于众的权利。展览权的行为方式为"公开陈列"，必然包含"公之于众"，因为如果不公之于众，则无法公开陈列。作者将未发表的美术、摄影作品的原件所有权转让给他人，受让人展览该原件不构成对作者发表权的侵犯。（《著作权法》第20条第2款）B 选项错误。

C 选项，复制权，是以印刷、复印、翻录、翻拍等方式将作品制作一份或者多份的权利。此处的"翻录、翻拍"行为主要针对视听作品或音乐作品（如盗版光盘）。本题中，郑某并未将该画作再另行制作成一份或多份，故没有侵犯赵某的复制权。C 选项错误。

D 选项，信息网络传播权，是以有线或者无线方式向公众提供作品，使公众可以在其个人选定的时间和地点获得作品的权利。本题郑某未经赵某同意，将其画作用于公司网站宣传，侵犯了赵某的信息网络传播权。D 选项正确。

参考答案 D

141

国画大师李某欲将自己的传奇人生记录下来，遂由李某口述并聘请作家王某执笔，王某以李某的人生经历为素材完成了20万字的小说《我的一生》，二人未约定著作权的归属。后李某和王某均在一次旅游途中因车祸去世，王某的儿子王丙在整理遗物时发现了原著手稿。王丙欲将其出版，李某的儿子李丁反对。下列哪些表述是正确的？（2021-回忆版-多）

A. 王丙有权向李丁主张支付报酬
B. 因手稿在王丙手中，该自传的著作权由王丙享有
C. 原著手稿的所有权归王丙所有
D. 李丁主张其享有自传出版著作权，能够得到法院支持

本题考点 自传体作品；遗著

选项分析 首先，《我的一生》的作品属性为"自传体作品"。该类作品著作权的归属规则

是：有约定的，从其约定；无约定的，著作权归该特定人物享有，执笔人或者整理人可以要求获得适当报酬。

其次，要考虑自然人死亡后著作权的归属。著作权属于自然人的，著作权中的人身权由作者的继承人或者受遗赠人享有；著作权中的财产权在《著作权法》规定的保护期内依法转移。

A选项，因作家王某是执笔人，其有权要求获得适当报酬，王某去世后，其子（王丙）仍可主张该项权利。A选项正确。

B、D选项，由于该书是以李某口述的人生经历为素材创作的自传体小说，李某是"该特定人物"，享有著作权。另外，出版属于著作权中的财产权，李某死亡后，该权利在保护期内依法转移至其合法继承人李丁。B选项错误，D选项正确。

C选项，本题需要区分"著作权"和"所有权"。原著手稿系动产，王丙实际占有该手稿，在无相反证据证明王丙为非法持有人的情况下，应认定王丙为涉案手稿的合法所有人。C选项正确。

参考答案 ACD

专题 27 著作权的内容与侵权行为

142

黄某常年学习和模仿苏某的绘画风格，临摹了一幅几乎和苏某原画一模一样的作品，并在署上知名画家刘某的名字后拍照上传到网上，网友均能查看和下载。据此，下列说法正确的有：（2024-回忆版-多）

A. 侵犯了苏某的展览权
B. 侵犯了苏某的署名权
C. 侵犯了刘某的姓名权
D. 侵犯了苏某的改编权

本题考点 著作权的内容（署名权）

选项分析 临摹，是指按照原作仿制书法和绘画作品的过程。虽然不能一概否认临摹作品享有著作权，但它是建立在被临摹作品的基础之上的，权利人在行使著作权时，不能损害原著作权人的权利。若没有标明被临摹作品的原著作权人，会侵犯其署名权；若将临摹作品用于商业用途，则会侵犯原著作权人的著作财产权。

A选项，展览权，是指著作权人享有公开陈列美术作品、摄影作品的原件或复制件的权利。黄某将苏某原画的临摹品上传到网上，侵犯了苏某的信息网络传播权而非展览权。A选项错误。

B、C选项，黄某临摹之后，擅自用了知名画家刘某的名字，侵犯了刘某的姓名权，同时也侵犯了苏某的署名权。B、C选项正确。

D选项，改编权，即改变作品，创作出具有独创性的新作品的权利。（《著作权法》第10条第1款第14项）一种观点认为，"临摹"属于"演绎"中的"改编"，但本题告知"几乎和苏某原画一模一样"，难以认定改变了原作品，不宜认定为该临摹的画作属于"演绎作品"。D选项错误。

参考答案 BC

143

王某在某网络平台发布的自己拍摄的美食系列视频"王氏香辣小龙虾"，在该平台十分火爆。李某利用AI换脸技术对王某的视频进行修改，把原视频中王某的脸换成了自己的脸，并将视频标题改成"李氏香辣小龙虾"发布在平台上。其行为侵犯了王某

的什么权利？（2023-回忆版-多）
A. 名誉权　　　　B. 姓名权
C. 肖像权　　　　D. 著作权

本题考点 著作权的内容（保护作品完整权）

选项分析 A 选项，任何组织或者个人不得以侮辱、诽谤等方式侵害他人的名誉权。（《民法典》第1024条第1款）本题中，李某利用王某的视频，该行为并未降低公众对王某产品或者服务的社会评价，不符合侵犯名誉权的行为方式。A 选项不当选。

B 选项，侵犯姓名权，是指以干涉、盗用、假冒等方式侵害他人的姓名权。（《民法典》第1014条）本题中，李某 AI 换脸后的视频所标的是李某的名字，未利用王某的姓名，这和侵犯姓名权的行为方式不符。B 选项不当选。

C 选项，李某制作"AI 换脸"视频，破坏了王某肖像的完整性，应承担相应的侵权责任。C 选项当选。

D 选项，视频属于"视听作品"，制作者王某对视频享有著作权。（《著作权法》第17条第1款）李某未经许可修改王某的视频，既侵犯了王某的修改权，也侵犯了王某的保护作品完整权。（《著作权法》第10条第1款第3、4项）D 选项当选。

参考答案 CD

144

暴雪公司是网络游戏《仙侠》的开发运营商（著作权人）。张某私自拷贝了该游戏的服务器程序，并架设服务器吸引玩家。李某是一名程序员，制作了一款针对《仙侠》的外挂（与游戏程序挂接，让用户迅速提高游戏水平）。对此，下列说法正确的有：（2019-回忆版-多）
A. 张某侵犯了暴雪公司的发行权
B. 张某侵犯了暴雪公司的复制权
C. 张某侵犯了暴雪公司的信息网络传播权
D. 李某侵犯了暴雪公司的保护作品完整权

本题考点 著作权的内容（复制权、发行权、保护作品完整权、信息网络传播权）

选项分析 A 选项，发行权，是指"以出售或者赠与方式向公众提供作品的原件或者复制件的权利"。（《著作权法》第10条第1款第6项）侵犯该项权利要求他人有未经许可的"出售或赠与"行为。本题中，张某的行为方式为"私自搭建游戏私人服务器，即无需通过官方服务器"，并未通过"出售或赠与的方式"提供该计算机软件作品，其行为方式和侵犯发行权不符。A 选项错误。

B 选项，"拷贝"是通过数字化等方式将作品制作一份或者多份，属于"复制"行为。（《著作权法》第10条第1款第5项）可知，张某侵犯了游戏著作权人的复制权。B 选项正确。

C 选项：
（1）信息网络传播权，是指"以有线或者无线方式向公众提供，使公众可以在其选定的时间和地点获得作品的权利"。（《著作权法》第10条第1款第12项）该项权利是一种交互式权利，行为方式为"上传、下载"。

（2）本题中，张某私自搭建游戏服务器，本地游戏不再和官方服务器进行数据交换，这种行为方式是组织他人在自己搭建的服务器内运行游戏，绕开官方服务器的管理和限制（通俗地说，是张某私搭了一个舞台），该行为方式和"信息网络传播权"的要素不符。

C 选项错误。

D 选项，游戏外挂软件（第三方辅助软件、游戏修改器），通过修改游戏服务器与玩家的数据包等内容，可大幅增强游戏角色的技能，篡改了游戏原本正常的设定和规则。这些软件破坏了原游戏软件（计算机软件）的完整性。D 选项正确。

参考答案 BD

145

甲、乙合作创作了一部小说，后甲希望出版小说，乙无故拒绝。甲把小说上传至自己博客并保留了乙的署名。丙未经甲、乙许可，在自己博客中设置链接，用户点击链接可进入甲的博客阅读小说。丁未经甲、乙许可，在自己博客中转载了小说。戊出版社只经过甲的许可就出版了小说（非专有许可）。下列哪一选项是正确的？（改编自 2015/3/16-单）

A. 甲侵害了乙的发表权和信息网络传播权
B. 丙侵害了甲、乙的信息网络传播权
C. 丁向甲、乙寄送了高额报酬，但其行为仍然构成侵权
D. 戊出版社侵害了乙的复制权和发行权

本题考点 著作权的侵权行为

选项分析 A 选项：

（1）发表权，是决定作品是否公之于众的权利。该权利是一次性权利，作品一旦发表，发表权即行消灭。本题中，小说已经出版，也即已经发表，所以不可能再侵害作者的发表权。

（2）另外，由于甲、乙是合作作者，二者均享有著作权，所以甲可以单独行使其著作权，包括信息网络传播权（上传至博客）。所以，甲既没有侵害乙的发表权，也没有侵害乙的信息网络传播权。

A 选项错误。

B 选项，在提供搜索或者链接服务时，明知或者应知所链接的作品、表演、录音录像制品侵权的，应当承担共同侵权责任。但本题中，丙提供链接到作者甲的博客（博客是微博的前身），丙所链接的作品不是侵权作品，因此丙的行为合法。B 选项错误。

[易错] 将丙的行为定性为"转载"是错误的。如果网站未经许可转载，则构成侵权。但本题中，用户在点击链接后会离开设链网站，而进入被链接的网站，在丙的博客上不能直接阅读甲、乙的作品，不构成转载。

C 选项，网站在转载时不享有"法定许可"的权利，即网站转载他人作品，需要经过作者同意并支付报酬。所以，丁的行为构成侵权。C 选项正确。

[易混] 只有报刊转载时享有法定许可的权利，即可以不经原作者许可，但是要付费。

D 选项，合作作品的著作权由合作作者通过协商一致行使；不能协商一致，又无正当理由的，任何一方不得阻止他方行使除转让、许可他人专有使用、出质以外的其他权利，但是所得收益应当合理分配给所有合作作者。（《著作权法》第 14 条第 2 款）本题中，甲是合作作者，有权许可他人出版作品。（强调：只能是"非专有许可"）所以戊出版社没有侵害乙的复制权和发行权。D 选项错误。

参考答案 C

总结

在互联网上使用他人的作品："设置链接"，原则上不构成侵权；"网络转载"，需经许可并付费，否则构成侵权。

146

甲是某音乐作品的著作权人，乙直播平台未经甲的授权，将该音乐作品放入自己的音乐库中，任何人注册乙直播平台都可以使用该音乐库中的音乐作品。丙主播利用乙直播平台进行直播带货时，使用该音乐作品作为背景音乐。据此，下列说法正确的是：（2024-回忆版-单）

A. 乙直播平台侵犯了甲的信息网络传播权，丙主播侵犯了甲的表演权
B. 乙直播平台和丙主播都侵犯了甲的信息网络传播权
C. 乙直播平台侵犯了甲的信息网络传播权，丙主播侵犯了甲的广播权
D. 乙直播平台侵犯了甲的表演权，丙主播侵犯了甲的信息网络传播权

本题考点 著作权的内容（信息网络传播权、广播权）

选项分析 B、C、D 选项：

（1）广播权，即以有线或者无线方式公开

传播或者转播作品,以及通过扩音器或者其他传送符号、声音、图像的类似工具向公众传播广播的作品的权利,但不包括信息网络传播权。(《著作权法》第10条第1款第11项)可知,广播权只包括一个环节:以有线或者无线方式公开传播或者转播,如本题的在直播间直播带货。

(2)信息网络传播权,即以有线或者无线方式向公众提供,使公众可以在其选定的时间和地点获得作品的权利。(《著作权法》第10条第1款第12项)可知,信息网络传播权强调"交互性",包括两个环节:①以有线或者无线方式公开传播(网站上传);②用户自主下载。本题中,因为公众只要进入丙主播的直播间即可观看直播内容,无需公众另行下载,所以"直播"行为不侵犯信息网络传播权。

C选项正确,B、D选项错误。

A选项,表演权,即公开表演作品,以及用各种手段公开播送作品的表演的权利。(《著作权法》第10条第1款第9项)目前通说认为,网络直播间为相对封闭的空间,直播间播放背景音乐,不属于该项规定的"公开表演、公开播送"的手段,不宜认定为侵犯作者的表演权。A选项错误,错在对权利的定性。

参考答案 C

147

郑某创作了歌曲《晨光》。甲科技公司只需利用AI软件"学习""提取"音频素材中歌手的音色和唱腔,便可模仿特定歌手的声音,达到以假乱真的效果。现甲科技公司利用AI软件生成高度类似歌星金某演唱《晨光》的声音,并将该模仿声音上传至网络,其他人可付费下载。乙航空公司向甲科技公司付费购买后,安装在飞机上的娱乐系统中,供乘客付费点歌。两公司均未获得作者郑某和歌星金某的同意。关于本案,下列选项正确的有:(2024-回忆版-多)

A. 甲科技公司侵犯了郑某的著作权
B. 乙航空公司侵犯了郑某的著作权
C. 甲科技公司侵犯了金某的表演者权
D. 乙航空公司侵犯了金某的表演者权

本题考点 著作权的内容(表演权、信息网络传播权);表演者权

选项分析 A、B选项,表演权,即公开表演作品,以及用各种手段公开播送作品的表演的权利;信息网络传播权,即以有线或者无线方式向公众提供,使公众可以在其选定的时间和地点获得作品的权利。从概念可知,甲科技公司侵犯了郑某的表演权、信息网络传播权;乙航空公司未经许可"上传作品,并需用户下载使用",侵犯了作者郑某的信息网络传播权。A、B选项正确。

C、D选项,根据《著作权法》第39条第1款的规定,表演者对其表演享有下列权利:①表明表演者身份;②保护表演形象不受歪曲;③许可他人从现场直播和公开传送其现场表演,并获得报酬;……但本题系利用AI软件"学习""提取"歌手的音频素材,生成高度类似的声音,该种行为不符合上述表演者(歌手)享有的权利范围。C、D选项错误。

参考答案 AB

148

知名作家甲的小说《爱在深秋》于1969年1月1日完成。1969年3月1日,甲去世。2019年12月31日,乙网站上传小说《爱在深秋》供网友阅读,署名为张三。2020年1月1日,丙网站上传小说《爱在深秋》供网友阅读,未署名。下列哪些选项是正确的?(2020-回忆版-多)

A. 乙网站侵犯了甲的信息网络传播权
B. 丙网站侵犯了甲的信息网络传播权
C. 乙网站侵犯了甲的署名权
D. 丙网站侵犯了甲的署名权

本题考点 著作权的保护期

选项分析 A、B选项,"信息网络传播权"属于著作权中的财产权内容,其保护期为作者终

生及其死亡后 50 年，截止于作者死亡后第 50 年的 12 月 31 日。(《著作权法》第 23 条第 1 款)本题甲于 1969 年 3 月 1 日去世，其作品的保护期届至 2019 年 12 月 31 日。A 选项正确，B 选项错误。

　　C、D 选项，本题小说是自然人的作品，作者的署名权、修改权、保护作品完整权的保护期不受限制，受到永久性保护。(《著作权法》第 22 条) C、D 选项正确。

参考答案 ACD

149

1970 年 1 月，张三在期刊上发表了一幅摄影作品。李四是一名影评作者，同月在期刊上发表了一篇对该摄影作品的评论。2020 年，张三和李四均死亡。2023 年，网络自媒体人王五未经张三、李四继承人的同意使用该照片和评论文章，将其发布在网上供读者有偿阅读。对此，下列哪一选项是正确的？(2023-回忆版-单)

A. 只侵犯了张三的著作权
B. 只侵犯了李四的著作权
C. 既没有侵犯张三的著作权，也没有侵犯李四的著作权
D. 既侵犯了张三的著作权，也侵犯了李四的著作权

本题考点 著作权的保护期

选项分析 张三是摄影作品的著作权人。现行《著作权法》于 2021 年 6 月 1 日正式实施，新旧法对摄影作品著作权的保护期限有不同规定。简而言之，新法扩大了对摄影作品著作权的保护期限，但对新法实施前已到期的摄影作品不溯及保护。

（1）2020 年修正前的《著作权法》：摄影作品单独规定，其发表权和著作权中的财产权的保护期为 50 年，截止于作品首次发表后第 50 年的 12 月 31 日。

（2）现行《著作权法》：将摄影作品和文字作品、美术作品同等对待。自然人的作品，其发表权和著作权中的财产权的保护期为作者终生及其死亡后 50 年，截止于作者死亡后第 50 年的 12 月 31 日。(《著作权法》第 23 条第 1 款)

（3）现行《著作权法》规定了"不溯及条款"：摄影作品，其发表权、著作权中的财产权的保护期在 2021 年 6 月 1 日前已经届满的，不再保护。(《著作权法》第 65 条)

　　具体到本题，张三摄影作品的著作权，按照原《著作权法》的规定，保护期限截止于"作品首次发表后第 50 年的 12 月 31 日"，即 2020 年 12 月 31 日。现行《著作权法》对其不再提供溯及保护。故王五使用张三的摄影作品，不构成侵权。A、D 选项错误。

　　李四是文字作品（影评文章）的著作权人。其著作权中的财产权的保护期限为作者终生及其死亡后 50 年。本题中，李四的著作权尚在保护期限内，故王五未经许可使用李四影评文章的行为，侵犯了李四的著作权。B 选项正确，C 选项错误。

参考答案 B

专题 28 邻接权

150

红旗杂志社出版的《红旗》是国内知名的时事类期刊，其每期内容均是精心挑选编排的，投稿入选率仅为 10%。甲网站未经许可转载了该期刊每期所有的文章，并且

未标明出处和不得转载。后大量网民从甲网站下载了《红旗》里收录的文章。下列说法正确的是：(2019-回忆版-单)

A. 甲网站既侵犯了红旗杂志社的权利，也侵犯了作者的权利
B. 甲网站只侵犯作者的著作权
C. 如果甲网站给作者付费就不侵犯其著作权
D. 如果红旗杂志社收录文章时未经作者同意，则甲网站转载不侵犯红旗杂志社的权利

本题考点 报刊出版者的权利和义务

选项分析 A、B选项，作品刊登后，除著作权人声明不得转载、摘编的外，其他报刊享有"法定许可权"，即其他报刊转载或者作为文摘、资料刊登，可以不经作者许可，但要支付报酬。（《著作权法》第35条第2款）可知，对文字作品转载，仅限于"报刊"可不经作者许可。

（1）网站不适用上述法定许可。甲网站未经许可的转载行为侵犯了作者的著作权。

（2）《红旗》期刊构成汇编作品，汇编者（红旗杂志社）独立享有著作权。所以，甲网站的行为也侵犯了汇编者（红旗杂志社）的著作权。

A选项正确，B选项错误。

C选项，根据前述分析可知，甲网站不享有转载权的法定许可，所以既要付费还要经过作者许可。C选项错误。

D选项，《红旗》期刊属于汇编作品，该类作品需要对汇编内容的选择或者编排体现独创性。虽然红旗杂志社未经作者同意收录其文章，侵犯了原作品的著作权，需要对原作者承担赔偿责任，但《红旗》期刊作为独立的作品类型，汇编者享有完整的著作权。所以甲网站未经许可的转载，仍侵犯了红旗杂志社的汇编者权。D选项错误。

参考答案 A

151

甲创作舞蹈"冬之恋"，乙舞蹈团组织本团的舞蹈者丙表演，未约定舞蹈的著作权归属。该舞蹈由丁影像公司录制并在戊电视台播出。张某未经许可用手机将戊电视台的录像上传网络供用户付费点播。对此，下列哪些说法是正确的？（2023-回忆版-多）

A. 丙对该舞蹈享有表演者权
B. 张某的行为侵犯了甲的广播权
C. 张某的行为侵犯了丁公司的录制者权
D. 张某的行为侵犯了戊电视台的权利

本题考点 表演者权；录制者权；播放者权

选项分析 丙对该舞蹈的表演属于职务表演，丁公司是录音录像制作者，戊电视台是播放者。

A选项，演员（丙）为完成本演出单位的演出任务进行的表演为职务表演。当事人没有约定或者约定不明确的，职务表演的权利由演出单位享有。（《著作权法》第40条第1款）因此，该舞蹈的表演者权归乙舞蹈团。A选项错误。

B选项，甲是该舞蹈作品的著作权人，张某的行为侵犯了甲的信息网络传播权，但没有侵犯其广播权。

（1）广播权只包括一个环节：以有线或者无线方式公开传播或者转播。如电视台晚上8点播放电视剧。

（2）信息网络传播权强调"交互性"，其包括两个环节：以有线或者无线方式公开传播（网站上传）；用户自主下载。例如，本题中，张某上传后，再由用户点播下载。

B选项错误。

C选项，通过信息网络向公众传播录音录像制品，应当取得著作权人、表演者、录音录像制作者的许可，并支付报酬。（《著作权法》第44条第2款）本题中，丁公司是录音录像制作者，所以张某未经许可将录像上传的行为，侵犯了丁公司的信息网络传播权。C选项正确。

D选项，广播电台、电视台享有"广播组

织者权"，该项权利包括有权禁止未经其许可将其播放的广播、电视通过信息网络向公众传播。该项权利属于邻接权，是对广播组织播放的节目信号进行保护。D选项正确。

参考答案 CD

152

某舞蹈团为了某公司的庆典晚会，高薪聘请了舞蹈家李某来编舞，并让舞蹈团的赵某领舞。演出当天，观众丁在观看节目的同时拍摄了赵某跳舞的高光时刻，并上传到了朋友圈。丁的行为侵犯了下列何种权利？（2022-回忆版-单）

A. 侵犯了舞蹈团的著作权
B. 侵犯了舞蹈团的表演者权
C. 侵权了赵某的表演者权
D. 侵犯了李某的发表权

本题考点 表演者权

选项分析 本题要区分"著作权""邻接权"，以及掌握"职务作品"的概念。

A、B选项：

（1）表演者，是指演员、演出单位或者其他表演文学、艺术作品的人。本题中的舞蹈团属于表演者，其享有"表演者权"，但这属于邻接权，而非著作权。

（2）该舞蹈的著作权人是李某。李某为编舞提供了艺术领域内具有独创性并能以一定形式表现的智力成果，其对该舞蹈作品享有著作权。

A选项不当选，B选项当选。

C选项，职务表演中，演员享有表明身份和保护表演形象不受歪曲的权利，其他权利归属由当事人约定。当事人没有约定或者约定不明确的，职务表演的权利由演出单位享有。（《著作权法》第40条第1款）本题中，赵某为完成晚会的演出任务表演了该舞蹈，属于职务表演，因此舞蹈的表演者权归属于舞蹈团，不属于赵某。C选项不当选。

D选项，发表权，是指决定作品是否公之于众的权利。该项权利是一次性权利，作品一旦发表，发表权即行消灭。本题中，该舞蹈一经演出，该舞蹈作品的发表权就已经用尽，丁未经许可拍摄并上传至朋友圈的行为，侵犯了李某的信息网络传播权，而非发表权。D选项不当选。

参考答案 B

153

作曲家李某编写了一首歌曲，A公司经过授权许可，录制了该歌曲的钢琴版并制作成在线数字专辑进行售卖。据此，下列哪些情况下，播放该钢琴曲需要取得李某的许可并支付报酬，但不需要取得A公司的许可只需要支付报酬？（2022-回忆版-多）

A. 某电影将该钢琴曲作为电影的片尾曲
B. 某网络电台按照预定节目单播放该钢琴曲
C. 某餐饮店播放该钢琴曲作为背景音乐
D. 某在线音乐平台将该钢琴曲用于用户点播

本题考点 著作权中的权利（表演权）；邻接权（录制者的权利）

选项分析 A选项：

（1）首先，著作权人享有用各种手段公开播送作品的表演的权利（机械表演权）。（《著作权法》第10条第1款第9项）A选项中，将该钢琴曲作为电影的片尾曲，属于"公开播送"，要经过作者（李某）许可并向其支付报酬。

（2）其次，该钢琴曲被制作成在线数字专辑，属于录音制品。将录音制品用于有线或者无线公开传播，或者通过传送声音的技术设备向公众公开播送的，应当向录音制作者支付报酬。（《著作权法》第45条）可知，公开播送录音制品，无需录音制作者（A公司）许可，但要向录音制作者（A公司）支付报酬。

A选项当选。

B选项：

（1）广播电台、电视台播放他人已发表的作品，可以不经著作权人许可，但应当按照规定支付报酬。（《著作权法》第46条第2款）

（2）将录音制品用于有线或者无线公开传播……应当向录音制作者支付报酬。（《著作权法》第45条）

（3）B选项中的网络电台播放，也就是常说的"网播"，属于"将录音制品用于有线或者无线公开传播"。其处理规则为：无需任何人许可，但要向著作权人（李某）+录音制作者（A公司）支付报酬。

B选项不当选。

C选项，餐饮店将该钢琴曲作为背景音乐播放，属于"通过传送声音的技术设备向公众公开播送"，此时：①需要著作权人（李某）许可，并要向其支付报酬，否则侵犯著作权人（李某）的"机械表演权"；②公开播送，无需录音制作者（A公司）许可，但要向录音制作者（A公司）支付报酬。C选项当选。

D选项，在线音乐平台播放，属于"信息网络传播"。此时：

（1）需要经过作者（李某）许可并支付报酬，这是作者享有的信息网络传播权；（《著作权法》第10条第1款第12项）

（2）通过信息网络向公众传播，需要取得录音制作者（A公司）许可并支付报酬。（《著作权法》第44条第1款）

D选项不当选。

参考答案 AC

总结

（1）录音制品的再次使用（包括出租、作为背景音乐播放、网络电台播放、网站点播）是近年的修改点和热点，要高度关注。

（2）要区分"网络电台播放"和"网站点播"。前者仅有一个环节，即"以有线或者无线方式向公众提供"，这属于"广播权"；后者包括两个环节，即"上传+下载"，这属于"信息网络传播权"。

154

A创作了一首歌曲并请B用吉他演奏。A未经B同意将该歌曲授权给甲公司，甲公司将B演奏的该歌曲放在自己推出的音乐APP上，要求用户付费收听。D公司付费在甲公司的音乐APP上下载了该歌曲用于自己制造的儿童唱歌玩具。李某购买了一个该儿童唱歌玩具播放该歌曲给儿子听。据此，下列说法正确的有：（2021-回忆版-多）

A. 甲公司侵犯了B的表演者权
B. D公司侵犯了A的著作权
C. D公司侵犯了B的表演者权
D. 李某侵犯了B的表演者权

本题考点 邻接权

选项分析 本题中，A是歌曲的著作权人，B是表演者，甲公司是信息网络传播者，D公司是使用者。

A选项，表演者对其表演享有许可他人通过信息网络向公众传播其表演，并获得报酬的权利。（《著作权法》第39条第1款第6项）本题中，甲公司未经B许可将其演奏的歌曲放在自己推出的音乐APP上，明显侵犯了B的表演者权。A选项正确。

B选项，《著作权法》中的"合理使用"制度，规定了"为个人学习、研究或者欣赏，使用他人已经发表的作品"的，可以不经著作权人许可，不向其支付报酬。（《著作权法》第24条第1款第1项）本题中，D公司虽然是付费下载的该歌曲，但其并不享有该歌曲的著作权，若仅是自己研究、欣赏，不构成侵权；未经许可传播的，仍构成侵权。B选项正确。

C选项，表演者权，包括许可他人从现场直播和公开传送其现场表演，并获得报酬的权利。（《著作权法》第39条第1款第3项）本题中，D公司下载该歌曲并传播，并非"现场直播""公开传送"，故无需经过表演者许可，也无需向其支付报酬。D公司的行为可定性为"通过传送声音的技术设备向公众公开播送"。根据《著作权法》第45条的规定，此种情况

"应当向录音制作者支付报酬"（还包括经著作权人许可并支付报酬），无需经过表演者许可。C选项错误。

D选项，李某播放该歌曲用于个人欣赏，符合"合理使用"的情形，不构成侵权。D选项错误。

参考答案 AB

155

甲电视台组织录制"奔跑吧姐姐"歌手选秀比赛并进行直播。乙酒店未经许可，在酒店大堂使用超大屏幕、高级音响进行同步播放，顾客购买一杯咖啡即可进场观看。乙酒店的行为侵犯了哪些权利？（2020-回忆版-多）

A. 甲电视台的广播权
B. 歌手的表演者权
C. 选秀节目主办方的广播组织者权
D. 音乐作品作者的著作权

本题考点 邻接权（广播组织者、表演者的权利）；著作权的侵权认定

选项分析 A选项，未经许可，播放、复制或通过信息网络向公众传播广播、电视的，构成侵权，《著作权法》另有规定的除外。（《著作权法》第53条第5项）本题中，乙酒店就该电视节目可以自己欣赏观看，但无权在公共场所播放，该行为侵犯了甲电视台的广播组织者权。A选项当选。

B选项，未经表演者许可，从现场直播或者公开传送其现场表演，或者录制其表演的，构成侵权。（《著作权法》第52条第10项）本题的歌唱选秀节目中，歌手享有表演者权，酒店未经许可向公众传送其现场表演，构成侵权。B选项当选。

C选项，"广播组织者权"是播放者（甲电视台）的权利，属于邻接权。《著作权法》保护四类传播者的邻接权：出版者、表演者、录制者、播放者。至于该选秀节目主办方，并非受《著作权法》保护的主体。C选项不当选。

D选项，广播权，即以有线或者无线方式公开传播或者转播作品，以及通过扩音器或者其他传送符号、声音、图像的类似工具向公众传播广播的作品的权利，但不包括信息网络传播权。（《著作权法》第10条第1款第11项）本题中，乙酒店同步播放的行为符合上述侵权方式。D选项当选。

参考答案 ABD

第九讲 专利法

专题 29 专利法概述

一、专利权的保护范围

156 下列哪些成果可以获得实用新型专利权？（2024-回忆版-多）

A. 甲用新材料制作成的晾衣架，可以增强承重
B. 乙设计的新型医用心脏起搏器，能迅速使心脏重新跳动
C. 丙发明了一种能提高奶牛挤奶率的方法
D. 丁设计的水杯，鲜艳的色彩和图案富有美感

本题考点 实用新型专利的概念；实用新型专利的授权条件

选项分析 A、B选项，实用新型，是指对产品的形状、构造或者其结合所提出的适于实用的新的技术方案。可知，授予实用新型专利权的对象只能是"产品"，不包括"方法"。本题中，晾衣架、医用心脏起搏器均属于"产品"，可被授予"实用新型"专利权。A、B选项当选。

C选项，发明，是指对产品、方法或者其改进所提出的新的技术方案。可知，"方法"仅可被授予"发明"专利权；但"产品"既可以被授予"发明"专利权，也可以被授予"实用新型"专利权。C选项发明了一种能提高奶牛挤奶率的"方法"，该方法可以获得"发明"专利权，而非"实用新型"专利权。C选项不当选。

D选项，外观设计，是指对产品的整体或者局部的形状、图案或者其结合以及色彩与形状、图案的结合所作出的富有美感并适于工业应用的新设计。D选项的设计"鲜艳的色彩和图案富有美感"，可被授予"外观设计"专利权，而非"实用新型"专利权。D选项不当选。

参考答案 AB

157

关于下列成果可否获得专利权的判断，哪一选项是正确的？（2017/3/15-单）

A. 甲设计的新交通规则，能缓解道路拥堵，可获得方法发明专利权
B. 乙设计的新型医用心脏起搏器，能迅速使心脏重新跳动，该起搏器不能被授予专利权
C. 丙通过转基因方法合成一种新细菌，可过滤汽油的杂质，该细菌属动物新品种，不能被授予专利权
D. 丁设计的儿童水杯，其新颖而独特的造型既富美感，又能防止杯子滑落，该水杯既可申请实用新型专利权，也可申请外观设计专利权

本题考点 不授予专利权的对象

选项分析《专利法》第25条规定："对下列各项，不授予专利权：①科学发现；②智力活动的规则和方法；③疾病的诊断和治疗方法；④动物和植物品种；⑤原子核变换方法以及用原子核变换方法获得的物质；⑥对平面印刷品的图案、色彩或者二者的结合作出的主要起标识作用的设计。对前款第4项所列产品的生产方法，可以依照本法规定授予专利权。"

由此可知：

A选项，交通规则属于上述第2项"智力活动的规则和方法"，不授予专利权。A选项错误。

B选项，心脏起搏器是医用治疗设备，并非"疾病的诊断和治疗方法"，可以被授予专利权。B选项错误。

C选项，细菌难以被归为"动物"，并且"转基因方法"可以被授予专利权。C选项错误。

D选项：

（1）实用新型，是指对产品的形状、构造或者其结合所提出的适于实用的新的技术方案。（《专利法》第2条第3款）丁的设计可以防止杯子滑落，具有"实用性"，可申请实用新型专利。

（2）外观设计，是指对产品的整体或者局部的形状、图案或者其结合以及色彩与形状、图案的结合所作出的富有美感并适于工业应用的新设计。（《专利法》第2条第4款）丁设计的儿童水杯"造型新颖而独特，富美感"，符合外观设计专利的授权条件。

D选项正确。

参考答案 D

总结

不授予专利权的情形：①违法的；②无创造性的；③两种方法；④两种物质。

158

甲、乙两家公司在互不知情的情况下各自研发了一件技术完全相同的产品。2022年7月1日，甲公司在行业内举办的展览会上展出了该项技术；同一天，乙公司在中国政府承认的世界博览会上也展出了该项技术。2022年9月1日，甲公司提交了发明专利申请；2022年9月2日，乙公司也提交了发明专利申请。对此，下列哪一选项是正确的？（2022-回忆版-单）

A. 甲公司已经展出该项技术，即丧失了新颖性，所以甲公司不能申请专利
B. 乙公司已经展出该项技术，即丧失了新颖性，所以乙公司不能申请专利
C. 因为甲公司先于乙公司提交申请，所以应授予甲公司专利权
D. 专利局应当通知甲、乙两公司协商确定申请人

本题考点 专利授权的条件；不丧失新颖性的公开

选项分析《专利法》第24条规定："申请专利的发明创造在申请日以前6个月内，有下列情形之一的，不丧失新颖性：①在国家出现紧急状态或者非常情况时，为公共利益目的首次公开的；②在中国政府主办或者承认的国际展览

会上首次展出的；③在规定的学术会议或者技术会议上首次发表的；④他人未经申请人同意而泄露其内容的。"

可知：

A 选项，甲公司在行业内举办的展览会上展出该项技术，不符合"中国政府主办""规定的学术会议或者技术会议"等条件，因此该项技术已经丧失了新颖性，甲公司不能申请专利。A 选项正确。

B 选项，乙公司在中国政府承认的世界博览会上展出该项技术，该项技术未丧失新颖性，乙公司可以申请专利。B 选项错误。

C 选项，虽然我国专利制度采取的是先申请原则，专利权授予最先申请的人，但根据前述分析，甲公司因该项技术丧失新颖性，不能申请专利。C 选项错误。

D 选项，2 个以上的申请人同日分别就同样的发明创造申请专利的，应当在收到国务院专利行政部门的通知后自行协商确定申请人。(《专利法实施细则》第 47 条第 1 款) 本题中，甲、乙两公司并非同一天提出申请，因此无需协商确定。D 选项错误。

参考答案 A

二、专利权的申请、专利权无效、专利实施的特别许可

159

甲公司于 2024 年 2 月 1 日向 A 国申请实用新型专利，同年 7 月 1 日又在我国就相同主题提出实用新型专利申请，并主张优先权。乙公司于同年 7 月 1 日在我国就相同技术方案申请实用新型专利。现查明，甲公司在我国没有营业场所，A 国和我国均为《巴黎公约》成员国。对此，下列说法正确的有：（2024-回忆版-多）

A. 甲公司在我国提出的申请日为 2024 年 2 月 1 日
B. 甲公司必须委托我国专利代理人代为申请专利
C. 若甲公司在 A 国的专利申请被驳回，则无法在我国获得专利权
D. 甲、乙公司为同日申请，应由两公司自行协商确定申请人；协商不成的，由专利行政部门驳回双方的申请

本题考点 专利申请的原则（国际优先权）

选项分析 A、D 选项，根据《专利法》第 29 条第 1 款的规定，申请人自发明或者实用新型在外国第一次提出专利申请之日起 12 个月内，又在中国就相同主题提出专利申请的，依照该外国同中国签订的协议或者共同参加的国际条约，或者依照相互承认优先权的原则，可以享有优先权。本题中，A 国和我国都是《巴黎公约》成员国，甲公司在 A 国提出实用新型专利申请后 12 个月内，又在我国就相同主题提出实用新型专利申请，可以享有优先权，即在我国提出的申请日，依照在 A 国提出申请的时间（2024 年 2 月 1 日）计算。A 选项正确，D 选项错误。

B 选项，《专利法》第 18 条第 1 款规定，在中国没有经常居所或者营业所的外国人、外国企业或者外国其他组织在中国申请专利和办理其他专利事务的，应当委托依法设立的专利代理机构办理。B 选项正确。

C 选项，专利具有地域性，在 A 国的专利申请被驳回的，并不影响在我国享有的专利权。C 选项错误。

参考答案 AB

160

甲、乙两公司各自独立发明了相同的节水型洗衣机。甲公司于 2013 年 6 月申请发明专利权，专利局于 2014 年 12 月公布其申请文件，并于 2015 年 12 月授予发明专利权。乙公司于 2013 年 5 月开始销售该种洗衣机。另查，本领域技术人员通过拆解分析该洗衣机，即可了解其节水的全部技术

特征。丙公司于 2014 年 12 月看到甲公司的申请文件后，立即开始制造并销售相同的洗衣机。2016 年 1 月，甲公司起诉乙、丙两公司侵犯其发明专利权。关于甲公司的诉请，下列哪些说法是正确的？（2017/3/64-多）

A. 如甲公司的专利有效，则丙公司于 2014 年 12 月至 2015 年 11 月使用甲公司的发明构成侵权

B. 如乙公司在答辩期内请求专利复审机构宣告甲公司的专利权无效，则法院应中止诉讼

C. 乙公司如能证明自己在甲公司的专利申请日之前就已制造相同的洗衣机且仅在原有制造能力范围内继续制造，则不构成侵权

D. 丙公司如能证明自己制造销售的洗衣机在技术上与乙公司于 2013 年 5 月开始销售的洗衣机完全相同，法院应认定丙公司的行为不侵权

本题考点 发明的临时保护制度；专利侵权行为

选项分析 本题涉及下列时间点：

2013.5	2013.6	2014.12	2015.12	2016.1
乙公司销售	甲公司申请	①公布甲公司的申请文件 ②丙公司制造并销售	甲公司被授权	甲公司起诉

（1）发明的临时保护制度，是指发明申请公布后至专利权授予前使用该发明的，应支付适当的使用费。本题中，对甲公司发明的临时保护期为"2014 年 12 月至 2015 年 12 月"。

（2）临时保护期内，他人实施制造、销售、进口行为，并向权利人支付适当费用的，临时保护期内已制造、销售、进口的产品不视为侵权产品，其后续的使用、销售、许诺销售不构成侵权。

A 选项，2014 年 12 月至 2015 年 11 月，甲公司的专利尚处于临时保护期内（2015 年 12 月甲公司才被授予专利权），所以丙公司在此期间使用甲公司的发明，不构成侵权。A 选项错误。

B 选项，错在"应中止诉讼"。正确处理是"可以中止诉讼"，说明法院也可以"不中止诉讼"。[人民法院受理的侵犯发明专利权纠纷案件或者经国务院专利行政部门审查维持专利权的侵犯实用新型、外观设计专利权纠纷案件，被告在答辩期间内请求宣告该项专利权无效的，人民法院可以不中止诉讼。（《最高人民法院关于审理专利纠纷案件适用法律问题的若干规定》第 7 条）]

C 选项，考查专利先用权原则。有下列情形之一的，不视为侵犯专利权：……②在专利申请日前已经制造相同产品、使用相同方法或者已经作好制造、使用的必要准备，并且仅在原有范围内继续制造、使用的；……（《专利法》第 75 条）所以 C 选项中乙公司的做法符合该规定，不构成侵权。C 选项正确。

D 选项，现有技术，是一项在专利申请日前已有的单独的技术方案，或者该领域普通技术人员认为是已有技术的显而易见的简单组合而成的技术方案。本题题干告知：①乙公司于 2013 年 5 月开始销售该种洗衣机，乙公司的该项技术特征经"本领域技术人员通过拆解分析该洗衣机，即可了解"。②甲公司获得发明专利权是在 2015 年 12 月，也就是在甲公司被授权之前，已经存在该节水型洗衣机的技术。所以，甲公司的技术属于"现有技术"。③丙公司采用该项技术不构成侵犯甲公司的专利权，丙公司可用"现有技术"抗辩。（《专利法》第 67 条）D 选项正确。

参考答案 CD

总 结

（1）临时保护期内+已制造、销售、进口的产品=不侵权；后续+制造=侵权；后续+使用、销售、许诺销售=不侵权。

（2）专利先用权→不侵权。

（3）可证明是现有技术→不侵权。

161

甲就一个柜子申请了实用新型专利，并向国务院专利行政部门提交了书面声明，表明其愿意许可任何单位或个人实施其专利，并公布了许可使用费的支付方式和标准。乙看到后想要使用该专利。对此，下列说法正确的有：(2022-回忆版-多)

A. 甲、乙之间签订专利许可合同后，乙才能取得许可
B. 甲可以和乙协商后给予乙普通许可
C. 乙使用该专利2年以后，若甲撤回开放许可声明，则乙不能要求甲返还已经支付的使用费
D. 甲、乙产生纠纷后，应当先经过国务院专利行政部门调解，然后才能起诉

本题考点 专利实施的特别许可（开放许可）

选项分析 开放许可，是指专利权人自愿以书面方式向国务院专利行政部门声明愿意许可任何单位或者个人实施其专利。(《专利法》第50条第1款)

A选项，任何单位或者个人有意愿实施开放许可的专利的，以书面方式通知专利权人，并依照公告的许可使用费支付方式、标准支付许可使用费后，即获得专利实施许可。(《专利法》第51条第1款)据此可知，双方不需要签订专利许可合同。A选项错误。

B选项，实行开放许可的专利权人可以与被许可人就许可使用费进行协商后给予普通许可，但不得就该专利给予独占或者排他许可。(《专利法》第51条第3款) B选项正确。

C选项，专利权人有权撤回开放许可声明。开放许可声明被公告撤回的，不影响在先给予的开放许可的效力。(《专利法》第50条第2款)所以本题中，即使甲撤回该开放许可声明，乙也不能要求甲返还已经支付的使用费。C选项正确。

D选项，当事人就实施开放许可发生纠纷的，由当事人协商解决；不愿协商或者协商不成的，可以请求国务院专利行政部门进行调解，也可以向人民法院起诉。(《专利法》第52条)可知，"调解"并非必经程序。D选项错误。

参考答案 BC

专题30 专利侵权行为

一、专利侵权行为的认定

162

奔驰公司就其生产的一款高档轿车造型和颜色组合获得了外观设计专利权，又将其设计的"飞天神马"造型注册为汽车的立体商标，并将该造型安装在车头。某车行应车主陶某请求，将陶某低价位的旧车改装成该高档轿车的造型和颜色，并从报废的轿车上拆下"飞天神马"标志安装在改装车上。陶某使用该改装车提供专车服务，收费高于普通轿车。关于上述行为，下列哪一说法是错误的？(2016/3/15-单)

A. 陶某的行为侵犯了奔驰公司的专利权
B. 车行的行为侵犯了奔驰公司的专利权
C. 陶某的行为侵犯了奔驰公司的商标权
D. 车行的行为侵犯了奔驰公司的商标权

本题考点 专利侵权行为的认定（使用行为）；注册商标侵权的认定

选项分析 奔驰公司的专利权为"造型和颜色组合的外观设计专利权"。

A、B 选项：

《专利法》第 11 条第 2 款规定："外观设计专利权被授予后，任何单位或者个人未经专利权人许可，都不得实施其专利，即不得为生产经营目的制造、许诺销售、销售、进口其外观设计专利产品。"这说明，外观设计专利的权能包括制造、许诺销售、销售、进口四方面，其不具备"使用"方面的权能。"使用"（即使是以生产经营为目的的使用）他人外观设计专利产品的行为，不构成侵犯外观设计专利权。

陶某将该造型和颜色用于自己的低价位旧车上，"使用"该改装车提供服务，该行为的定性是"为生产经营目的使用奔马公司的外观设计专利产品"，不构成侵犯外观设计专利权。A 选项错误，当选。

但是，车行将旧车改装成该高档轿车的造型和颜色，属于"未经专利权人许可，为生产经营目的制造奔马公司的外观设计专利产品"。根据前述内容可知，该行为构成侵犯外观设计专利权。B 选项正确，不当选。

C、D 选项：

《商标法》第 56 条规定："注册商标的专用权，以核准注册的商标和核定使用的商品为限。"同法第 57 条规定："有下列行为之一的，均属侵犯注册商标专用权：①未经商标注册人的许可，在同一种商品上使用与其注册商标相同的商标的；……③销售侵犯注册商标专用权的商品的；……⑥故意为侵犯他人商标专用权行为提供便利条件，帮助他人实施侵犯商标专用权行为的；……"

所以，陶某的行为属于"商标假冒"，构成侵犯商标权。C 选项正确，不当选。

车行拆下"飞天神马"标志安装在改装车上，属于"销售、帮助行为"，构成侵犯商标权。D 选项正确，不当选。

参考答案 A（本题为"选错题"）

总结

使用他人的外观设计专利产品，不侵犯外观设计专利权。

163

甲公司使用新方法培育出 A 级对虾，并将养殖方法申请了专利，乙公司未经允许私自使用甲公司的专利方法培育出了该品种的对虾。丙公司使用乙公司培育的虾制作成了虾酱。丁超市从丙公司处购买并出售该虾酱。戊研究所使用甲公司的养殖方法培养对虾，研究发现，培育出来的虾成活率不高，后在此基础上研究出了新型培育对虾的养殖方法。据此，下列说法正确的有：（2021-回忆版-多）

A. 乙公司侵犯了甲公司专利
B. 丙公司侵犯了甲公司专利
C. 丁超市侵犯了甲公司专利
D. 戊研究所侵犯了甲公司专利

本题考点 专利侵权行为的认定（侵犯专利方法）

选项分析 发明分为产品发明和方法发明，本题即是对"方法发明"的保护。未经许可"为生产经营目的……使用其专利方法以及使用、许诺销售、销售、进口依照该专利方法直接获得的产品"，构成侵权。（《专利法》第 11 条第 1 款）

A 选项，乙公司未经允许使用甲公司的专利方法培育对虾，根据上述《专利法》第 11 条第 1 款的规定，构成侵权。A 选项正确。

B 选项，乙公司培育的对虾属于"依照该专利方法直接获得的产品"。根据上述《专利法》第 11 条第 1 款的规定，未经许可使用直接产品构成侵权。丙公司使用该种虾制作虾酱，属于使用直接产品（乙公司培育的对虾）获得虾酱，丙公司也构成"侵犯甲公司专利方法"。B 选项正确。

C 选项，丙公司生产的虾酱为"后续产品"。根据上述《专利法》第 11 条第 1 款的规定，对"将依照专利方法直接获得的产品（乙公司培育的对虾）进一步加工、处理而获得的后续产品（丙公司生产的虾酱）"进行再加工、处理的，不属于"使用依照该专利方法直接获得的产品"，不构成侵权。所以，丁超市从丙公司处购买并出售该虾酱，不构成侵犯"甲公司的方法发明"。C选项错误。

D选项，戊研究所进行的科学研究并非以生产经营为目的，根据非商业使用原则，专为科学研究和实验而使用有关专利的，不视为侵犯专利权。（《专利法》第75条第4项）D选项错误。

参考答案 AB

164

甲公司拥有一项口罩轻薄技术的发明专利，其权利要求记载的必要技术特征可以分解为a、b两项。乙公司在此基础上研发出口罩更新、更薄的新技术，其必要技术特征表述为a+b+c三项。下列说法正确的有：（2020-回忆版-多）

A. 乙公司的专利需要经过甲公司同意
B. 丙公司新的专利a+b+c+d，需要经过甲、乙公司同意
C. 丁公司新的专利a+c，只需要乙公司同意
D. 丁公司新的专利a+c，需要经过甲、乙公司同意

本题考点 专利侵权行为的认定（全面覆盖原则）

选项分析 全面覆盖原则，是指被诉侵权技术方案包含与权利要求记载的全部技术特征相同或者等同的技术特征的，人民法院应当认定其落入专利权的保护范围（构成侵权）。也就是要求"专利权利要求书中的全部技术特征一个都不少地出现在被控侵权物之中"，才能被认定为构成侵权。

A选项，乙公司的技术特征a+b+c完全包含了甲公司的技术特征a+b，即乙公司是对甲公司的专利进行的改进。改进专利是需要经过原专利权人同意的，否则根据"全面覆盖原则"，构成侵权。A选项正确。

B选项，丙公司的专利技术方案包含四项技术特征，不仅完全覆盖了甲公司的技术特征a+b，也完全覆盖了乙公司的技术特征a+b+c，尤其是对甲、乙公司的专利加以改进，符合"包含与权利要求记载的全部技术特征相同或者等同的技术特征"，根据"全面覆盖原则"，如果丙公司不经过甲、乙公司同意，则构成侵权。B选项正确。

C、D选项，丁公司的专利技术特征"a+c"既不侵犯甲公司"a+b"的专利权（因为有一项技术特征不同），也不侵犯乙公司"a+b+c"的专利权（因为缺少一项技术特征），丁公司不构成侵权。C、D选项错误。

参考答案 AB

165

W研究所设计了一种高性能发动机，在我国和《巴黎公约》成员国L国均获得了发明专利权，并分别给予甲公司在我国、乙公司在L国的独占实施许可。下列哪一行为在我国构成对该专利的侵权？（2016/3/16-单）

A. 在L国购买由乙公司制造销售的该发动机，进口至我国销售
B. 在我国购买由甲公司制造销售的该发动机，将发动机改进性能后销售
C. 在我国未经甲公司许可制造该发动机，用于各种新型汽车的碰撞实验，以测试车身的防撞性能
D. 在L国未经乙公司许可制造该发动机，安装在L国客运公司汽车上，该客车曾临时通过我国境内

本题考点 专利侵权行为的认定（专利权耗尽、先用权等）

选项分析《专利法》第75条规定："有下列情形之一的，不视为侵犯专利权：①专利产品或者依照专利方法直接获得的产品，由专利权人或者经其许可的单位、个人售出后，使用、许诺销售、销售、进口该产品的；②在专利申请日前已经制造相同产品、使用相同方法或者已经作好制造、使用的必要准备，并且仅在原有范围内继续制造、使用的；③临时通过中国领陆、领水、领空的外国运输工具，依照其所属

国同中国签订的协议或者共同参加的国际条约，或者依照互惠原则，为运输工具自身需要而在其装置和设备中使用有关专利的；④专为科学研究和实验而使用有关专利的；⑤为提供行政审批所需要的信息，制造、使用、进口专利药品或者专利医疗器械的，以及专门为其制造、进口专利药品或者专利医疗器械的。"可知：

A 选项，符合"专利权耗尽原则"（《专利法》第 75 条第 1 项），乙公司在 L 国享有该发动机专利产品的独占实施权，为专利权人许可的单位，故该选项中所述行为属于"进口"，不视为侵犯专利权。A 选项不当选。

B 选项，虽然是"他人改进性能后销售"，但仍然属于"销售行为"。根据"专利权耗尽原则"，甲公司在我国销售该发动机属正当行为，甲公司销售后，该发动机（专利产品）的专利权用尽，他人后续销售的，不构成侵权。B 选项不当选。

C 选项，专为科学研究和实验而使用有关专利的，不视为侵犯专利权。（《专利法》第 75 条第 4 项）该原则仅限于"非商业使用"，不包括"制造"。所以，未经甲公司许可制造该发动机，即使是用于碰撞实验，也构成侵权。C 选项当选。

D 选项，临时过境为运输工具自身需要而在其装置和设备中使用有关专利的，不视为侵犯专利权。（《专利法》第 75 条第 3 项）D 选项不当选。

参考答案 C

总结

（1）不构成侵权→专利权耗尽、非商业使用、临时过境。

（2）专利产品的平行进口，是指一国未经授权的进口商，在某项专利已获进口国法律保护的情况下，仍从国外购得专利权人或其专利授权人生产、制造或销售的此项专利产品，并进口至该进口国销售的行为。根据"专利权耗尽原则"，上述进口行为是合法的。

二、专利侵权纠纷诉讼

166

陈某是一项发明的专利权人。2021 年，陈某和甲公司签订独占许可合同，约定合同期限 3 年，每年年底支付当年度的许可使用费 10 万元。2021 年和 2022 年，甲公司依约支付许可使用费 20 万元。在此期间，陈某起诉乙公司侵犯该项专利权，在答辩期内，乙公司提出该项专利权无效，主张自己不构成侵权。后法院判决乙公司向陈某支付 20 万元赔偿金。该判决刚生效，陈某的该项专利权即被专利行政部门宣告无效。陈某对此不服，遂向法院提出行政诉讼。2023 年 10 月，行政判决最终确认该项专利权无效。对此，下列说法正确的是：（2023-回忆版-单）

A. 陈某和甲公司签订的独占许可合同无效
B. 陈某应当返还甲公司支付的 20 万元许可使用费
C. 乙公司无需向陈某支付 20 万元赔偿金
D. 乙公司有权反诉要求陈某赔偿其支付的律师费和专利无效宣告申请费用

本题考点 专利侵权纠纷诉讼（专利无效抗辩）

选项分析 A、B 选项，陈某和甲公司签订独占许可合同时，该项专利权有效。虽然该项专利权后续被宣告无效，但无效宣告对已经履行的专利实施许可合同和专利权转让合同，不具有追溯力。（《专利法》第 47 条第 2 款）A 选项中的"合同无效"错误；B 选项错误，宣告专利权无效的决定对该合同已经履行的部分不具有追溯力，所以甲公司支付的许可使用费不再返还。

C 选项，宣告专利权无效的决定，对此前人民法院作出并已执行的专利侵权的判决，不具有追溯力。（《专利法》第 47 条第 2 款）但本题中，乙公司和陈某的专利侵权判决"刚生效"，说明"还未执行"，因此，该宣告专利权无效的决定对之前的侵权判决具有追溯力，也即乙公司无需履行该判决。C 选项正确。

D 选项，专利权最终被确认无效，常会发生被控侵权人（乙公司）反诉原告（陈某）要求赔偿损失的情形。由于专利权无效，陈某需要承担败诉的后果（如承担诉讼费用），但若无恶意诉讼等情形，本诉原告无需对被告承担赔偿责任。所以，乙公司应自行承担律师费、专利无效宣告申请费用。D 选项错误。

参考答案 C

167

一江公司获得一项新产品制造方法的发明专利权。2021 年 3 月，其起诉春水自来水公司（以下简称"春水公司"）专利侵权案件被甲法院受理。春水公司在答辩时主张一江公司的该项专利权无效，随后，其向国务院专利行政部门提出专利复审并被受理。就该案的判断或处理，下列哪些选项是正确的？（2023-回忆版-多）

A. 在侵权诉讼中，一江公司应当提供春水公司的专利制造方法与自己的专利方法不同的证明
B. 春水公司在答辩期满后请求宣告该项专利权无效的，甲法院不应当中止诉讼
C. 若该项权利要求被专利复审部门宣告无效，甲法院可以据此认定春水公司不构成侵权
D. 若春水公司构成侵权，甲法院基于公共利益可以不判令其停止被诉行为，而判令其支付相应的合理费用

本题考点 专利侵权纠纷诉讼（专利无效抗辩）

选项分析 A 选项，专利侵权纠纷涉及新产品制造方法的发明专利的，应当由被控侵权人（即制造同样产品的单位或者个人）承担举证责任。（《专利法》第 66 条第 1 款）所以，春水公司应当提供其产品制造方法不同于专利方法的证明。A 选项错误。

B 选项，在一项专利侵权诉讼中，被告在

答辩期间届满后请求宣告该项专利权无效的，法院原则上不应当中止诉讼。本题案情中未出现必要中止诉讼的情形，因此，甲法院不中止侵权诉讼是正确的。B 选项正确。

C 选项，该项权利要求被专利复审部门宣告无效，但该项专利并非最终无效，因为专利权人还可以向法院提出行政诉讼。所以，审理侵犯专利权纠纷案件的法院（甲法院）尚不能作出实体判决认定是否侵权，仅可以裁定驳回权利人基于该无效权利要求的起诉。C 选项错误。

D 选项，符合"基于国家利益、公共利益抗辩"，即：

（1）原则：被告构成对专利权的侵犯，权利人请求判令其停止侵权行为的，法院应予支持；

（2）例外：基于国家利益、公共利益的考量，法院可以不判令被告停止被诉行为，而判令其支付相应的合理费用。

D 选项正确。

参考答案 BD

168

甲拥有一项外观设计专利，乙未经甲许可大量仿制该外观设计专利产品并销售给丙，丁以市场价格自丙处购买该仿制产品并在自己的生产经营中使用。现甲向法院起诉乙、丙、丁侵权。乙在答辩期届满前向国务院专利行政部门申请宣告该外观设计专利权无效。对此，下列哪些说法是正确的？（2022-回忆版-多）

A. 乙侵犯了甲的专利权
B. 丙侵犯了甲的专利权
C. 甲提起的侵权之诉原则上应当中止
D. 丁需要承担赔偿责任

本题考点 专利侵权行为的认定（外观设计）；专利侵权纠纷诉讼

选项分析 A、B 选项，外观设计专利权被授予后，任何单位或者个人未经专利权人许可，都

不得实施其专利。此处的"不得实施",即不得为生产经营目的制造、许诺销售、销售、进口其外观设计专利产品。(《专利法》第11条第2款)本题中,乙侵犯了甲的制造权,丙侵犯了甲的销售权。A、B选项正确。

C选项,在专利侵权诉讼中,被控侵权人可以以"专利权无效"为由进行抗辩。由于应当向国务院专利行政部门请求宣告专利权无效,而不能由受理侵权的法院直接裁判专利权的效力,所以这涉及侵权诉讼程序和专利行政部门的复审程序的衔接。就侵犯实用新型、外观设计专利权的诉讼,被告在<u>答辩期间内请求宣告该项专利权无效的,法院应当中止诉讼。(少许例外情况无需关注)</u>(《最高人民法院关于审理专利纠纷案件适用法律问题的若干规定》第5条)C选项正确。

D选项,为生产经营目的未经许可使用他人获得"外观设计专利权"的产品,<u>不构成侵权</u>。因为外观设计是指"形状、图案、色彩"及其上述要素的结合,形成富有美感的并适于工业应用的新设计。可知,外观设计本身不具备"实用性"。但他人"使用"某一个产品,是要使用该产品的功能(功能性使用),要求该产品具备"实用性",所以使用侵犯外观设计专利权的产品,不构成侵权。(《专利法》第11条第2款)故本题中丁的"使用"行为不构成侵权。D选项错误。

参考答案 ABC

总　结

申请宣告专利权无效对侵权诉讼的影响

	侵犯发明	侵犯实用新型、外观设计
答辩期间内提出	答辩期间内请求宣告该项专利权无效的,法院可以<u>不中止诉讼</u>	答辩期间内请求宣告该项专利权无效的,法院应当中止诉讼
答辩期间届满后提出	答辩期间届满后请求宣告该项专利权无效的,法院<u>不应当中止诉讼</u>,但经审查认为有必要中止诉讼的除外	

169

2020年,甲、乙(夫妻)二人共同设立了A公司,A公司申请了一项发明专利。2021年3月,甲、乙离婚,协议约定A公司归甲,发明专利归乙。2021年4月,乙将该专利权授予丙公司独占许可,丙公司使用该专利生产了一系列产品。2021年7月,丙公司发现市面上的丁公司也在使用同样的专利产品。后查明,丁公司是从A公司获得的该专利产品。据此,下列哪些主体有权提起侵权之诉?(2022-回忆版-多)

A. A公司　　　　　B. 甲
C. 乙　　　　　　D. 丙公司

本题考点 专利独占实施许可

选项分析 A、B选项,本题中,甲、乙在离婚后已协议约定专利权归属于乙,可认定为原专利权人A公司将专利权转让给乙。故A公司、甲不是专利权人,不是适格主体。A、B选项不当选。

C选项:

(1)在专利独占实施许可合同的有效期和有效地域内,<u>专利权人有权要求侵权人承担停止侵权的责任</u>,这一点没有争议。

(2)但专利权人能否主张损害赔偿责任,对此尚有不同判决。最高人民法院在一涉及侵犯外观设计专利权纠纷案[(2011)民申字第116号]中认定,专利权人在将其专利的独占实施许可给他人使用后,其仍是专利权人,对专利的专有权并未丧失,他人未经许可,为生产经营目的实施其专利,必然对其专利权造成损害,专利权人有权对侵权行为人提起诉讼,并要求赔偿经济损失。

综上分析,表述为"专利权人(乙)有权提起诉讼"是正确的。C选项当选。

D选项,乙和丙公司签订独占许可合同,意味着在独占许可合同中约定的时间和地域内,只允许被许可人(丙公司)实施该专利技术,它排除了包括专利权人在内的其他任何人实施其专利的权利。在发生专利侵权时，被许可人（丙公司）享有完整的诉权，故其可以单独起诉侵犯知识产权的行为。D 选项当选。

参考答案 CD

总结

签订了专利独占实施许可协议的，专利权人+被许可人均可提起侵权诉讼。

170

甲工艺品公司生产的花瓶造型独特，色彩鲜艳。2015 年 1 月 1 日，其就该花瓶申请"外观设计"专利，并于当年 2 月 1 日获得专利权。2018 年 2 月，甲工艺品公司发现乙工艺品公司制造并销售与其同款的花瓶。丙商贸公司自 2017 年以来，一直销售乙工艺品公司所产花瓶，但其并不知道甲工艺品公司已获得外观设计专利权的事实。甲工艺品公司向法院起诉，要求乙工艺品公司和丙商贸公司停止侵权并赔偿损失。乙工艺品公司辩称，自己于 2014 年已经开始制造并销售该款花瓶。对此，下列说法正确的有：(2019-回忆版-多)

A. 乙工艺品公司有权请求法院确认该专利申请权归己所有
B. 乙工艺品公司可向国家专利行政部门申请宣告该专利权无效
C. 若乙工艺品公司辩称，甲工艺品公司获得专利权后 3 年未生产该专利产品，则乙工艺品公司不用赔偿
D. 若丙商贸公司能够证明其所售花瓶有合法来源，则无需承担赔偿责任

本题考点 专利侵权行为的认定（现有技术抗辩、合法来源抗辩）；专利权无效

选项分析 若乙工艺品公司于 2014 年（甲工艺品公司申请专利日之前）已经开始制造并销售该款花瓶，则甲公司的外观设计属于"现有设计"，意味着该设计不具有"新颖性"，不能获得专利权。对此，乙工艺品公司有两种处理方式：①请求国家专利行政部门宣告该专利权无效；②以"现有设计"抗辩，主张自己不构成侵犯专利权（《专利法》第 67 条）。

A、B 选项，国务院专利行政部门负责管理全国的专利工作；统一受理和审查专利申请，依法授予专利权。（《专利法》第 3 条第 1 款）A 选项错在"请求法院确权"。专利确权纠纷（包括能否获得专利权、专利权无效纠纷），均不能直接向法院诉讼解决。A 选项错误，B 选项正确。

C 选项，外观设计专利权被授予后，任何单位或者个人未经专利权人许可，都不得实施其专利，即不得为生产经营目的制造、许诺销售、销售、进口其外观设计专利产品。（《专利法》第 11 条第 2 款）并且针对外观设计专利，《专利法》没有规定"强制许可制度"。（《专利法》第 53 条）所以，本题即使甲工艺品公司 3 年未生产该专利产品，乙工艺品公司未经许可制造、销售同款花瓶，仍然构成侵权。C 选项错误。

D 选项，符合"合法来源抗辩"，即"为生产经营目的使用、许诺销售或者销售不知道是未经专利权人许可而制造并售出的专利侵权产品，能证明该产品合法来源的，不承担赔偿责任"。（《专利法》第 77 条）D 选项正确。

参考答案 BD

第十讲 商标法

专题 31 注册商标概述

一、商标构成的条件

171

商标局受理了一批商标注册申请，审查过程中均未发现在先申请。商标局应当依法驳回下列哪些注册申请？（2023-回忆版-多）

A. 甲将按摩仪器上凸起的形状使用于缓解眼疲劳的按摩设备上
B. 乙公司将一种长期使用、具有较高辨识度的特定红色使用在女士高跟鞋鞋底位置
C. 丙将"低糖醇"文字商标使用于饮料商品上
D. 丁将"一日达"文字商标使用于快递商品上

本题考点 注册商标的构成

选项分析 A选项，以三维标志申请注册商标的，仅由商品自身的性质产生的形状、为获得技术效果而需有的商品形状或者使商品具有实质性价值的形状，不得注册。（《商标法》第12条）该选项中的凸起形状属于按摩仪器的构成部分，不得作为商标注册。A选项当选，可驳回申请。

B选项，根据《商标法》第8条的规定，任何能够将自然人、法人或者其他组织的商品与他人的商品区别开的标志，包括文字、图形、字母、数字、三维标志、颜色组合和声音等，以及上述要素的组合，均可以作为商标申请注册。本题虽然红底鞋商标的标志构成要素不属于上述明确列举的内容，但其并未被《商标法》明确排除在可以作为商标注册的标志之外，且"红底鞋"标志经过使用取得显著特征，又便于识别，可以作为商标注册。B选项不当选，不可驳回申请。（B选项即为"红底鞋商标"案）

C选项，仅直接表示商品的质量、主要原

料、功能、用途、重量、数量及其他特点的标志，不得作为商标注册。(《商标法》第11条第1款第2项) 该选项中的"低糖醇"仅标识饮料的主要原料，不得作为商标注册。C选项当选，可驳回申请。

D选项，若是仅直接表示商品或服务的功能、用途等特点的标志，则因缺乏显著特征，原则上不得作为商标注册。D选项中的"一日达"标志仅表示快递服务的行业特征，表明该项服务的功能，符合"缺乏显著特征，不得作为商标注册"的情形。该标志可以作为商标使用，但不宜作为注册商标受到《商标法》的保护。D选项当选，可驳回申请。(《商标法》第11条规定："下列标志不得作为商标注册：①仅有本商品的通用名称、图形、型号的；②仅直接表示商品的质量、主要原料、功能、用途、重量、数量及其他特点的；③其他缺乏显著特征的。前款所列标志经过使用取得显著特征，并便于识别的，可以作为商标注册。")

参考答案 ACD

172

国外的甲公司在中国申请注册"吃饭香"商标用于胃药，获得商标注册许可证后，与中国乙公司签订了独占许可使用权协议，协议有效期为5年。乙公司在使用期间发现中国丙公司使用并制造"吃饭香"牌胃药，向法院提起诉讼。陈某以"吃饭香"反映胃药功能为由申请宣告该注册商标无效。对此，下列哪些说法是正确的？(2021-回忆版-多)

A. 甲公司有权对丙公司侵权提起诉讼
B. 乙公司有权对丙公司侵权提起诉讼
C. 陈某有权申请宣告该注册商标无效
D. 丙公司有权申请宣告该注册商标无效

本题考点 注册商标的构成（禁注册、禁使用标志）；注册商标侵权的认定

选项分析 A选项，商标权人（甲公司）虽然将其商标的使用权独占许可给他人，但不能以此否认其是注册商标权人这一事实。他人未经许可，为生产经营目的使用其商标，必然对其权利造成损害。所以，商标权人（甲公司）有权对侵权行为人（丙公司）提起侵权诉讼。A选项正确。

B选项，独占许可，意味着在约定的时间和地域内，只允许被许可方（乙公司）使用该商标。在发生商标侵权时，被许可人（乙公司）享有完整的诉权，故其可以单独起诉侵犯知识产权的行为。B选项正确。

C、D选项，缺乏显著特征的标志不得作为商标注册。"缺乏显著特征"包括"仅直接表示商品的功能、用途"。(《商标法》第11条第1款第2项) 已经注册的商标被认定为上述"缺乏显著特征"情形的，可由商标局宣告该注册商标无效；其他单位或者个人可以请求商标评审委员会宣告该注册商标无效。本题中，"吃饭香"直接反映胃药功能，属于商标无效的法定事由，陈某和丙公司均有权申请宣告该商标无效。C、D选项均正确。

参考答案 ABCD

二、注册商标的申请、转让、许可

173

A公司对自己拥有专利的一款产品进行改进后，于2022年11月在世界博览会上首次展出。2023年4月，B公司向甲国和我国申请和A公司相同主题的实用新型专利。同年6月，A公司向甲国申请商标注册和实用新型专利。同年7月，B公司向我国申请和A公司类似的商标注册。同年9月，A公司在我国提出专利申请和商标注册申请，并主张优先权。甲国和我国共同参加了有关知识产权的国际条约。对此，下列说法正确的有：(2024-回忆版-多)

A. A公司在我国有可能获得专利权，因其首次展出在先
B. A公司在我国有可能获得商标注册，因其享有优先权

C. B 公司在我国有可能获得专利权，因其申请日在先
D. B 公司在我国有可能获得商标注册，因其申请日在先

本题考点 专利优先权；注册商标优先权；不丧失新颖性的公开

选项分析 A、C 选项，《专利法》第 24 条规定："申请专利的发明创造在申请日以前 6 个月内，有下列情形之一的，不丧失新颖性：……②在中国政府主办或者承认的国际展览会上首次展出的；……"本题 A 公司新型产品的首次展出时间是 2022 年 11 月，申请专利时间是 2023 年 6 月，距首次展出已经超过 6 个月，丧失新颖性。根据申请在先原则，B 公司可以获得专利权。A 选项错误，C 选项正确。

B、D 选项，《商标法》第 25 条第 1 款规定："商标注册申请人自其商标在外国第一次提出商标注册申请之日起 6 个月内，又在中国就相同商品以同一商标提出商标注册申请的，依照该外国同中国签订的协议或者共同参加的国际条约，或者按照相互承认优先权的原则，可以享有优先权。"本题中，就商标注册而言，A 公司于 2023 年 6 月向甲国申请，2023 年 9 月向我国申请，符合商标国际优先权，所以，A 公司在我国申请商标注册的时间为 2023 年 6 月。B 公司于 2023 年 7 月向我国申请。可知，A 公司可能在我国获得商标注册。B 选项正确，D 选项错误。

参考答案 BC

174

营盘市某商标代理机构发现，本市甲公司长期制造销售"实耐"牌汽车轮胎，但一直未注册商标，该机构建议甲公司进行商标注册，甲公司负责人鄢某未置可否。后鄢某辞职新创立了乙公司，并委托该商标代理机构为乙公司进行轮胎类产品的商标注册。关于该商标代理机构的行为，下列哪一选项是正确的？（2016/3/17-单）

A. 乙公司委托注册"实耐"商标，该商标代理机构不得接受委托
B. 乙公司委托注册"营盘轮胎"商标，该商标代理机构不得接受委托
C. 乙公司委托注册普通的汽车轮胎图形作为商标，该商标代理机构不得接受委托
D. 该商标代理机构自行注册"捷驰"商标，用于转让给经营汽车轮胎的企业

本题考点 注册商标的申请（对商标代理的限制）

选项分析《商标法》第 19 条规定："商标代理机构应当遵循诚实信用原则，遵守法律、行政法规，按照被代理人的委托办理商标注册申请或者其他商标事宜；对在代理过程中知悉的被代理人的商业秘密，负有保密义务。委托人申请注册的商标可能存在本法规定不得注册情形的，商标代理机构应当明确告知委托人。商标代理机构知道或者应当知道委托人申请注册的商标属于本法第 4 条、第 15 条和第 32 条规定情形的，不得接受其委托。商标代理机构除对其代理服务申请商标注册外，不得申请注册其他商标。"

可知：

A 选项，根据《商标法》第 15 条第 2 款的规定，就同一种商品或者类似商品申请注册的商标与他人在先使用的未注册商标相同或者近似，申请人与该他人具有相关合同、业务往来关系或者其他关系而明知该他人商标存在，该他人提出异议的，不予注册。本题中，乙公司的创立者鄢某为甲公司前负责人，因此乙公司明知"实耐"为甲公司在轮胎上使用的未注册商标，该商标代理机构对上述情况知情，根据《商标法》第 19 条第 3 款的规定，该商标代理机构不得接受其委托。A 选项正确。

B 选项，"营盘轮胎"中含有县级以上行政区划的地名，属于《商标法》第 10 条第 2 款规定的"不得作为商标"的情形。根据《商标法》第 19 条第 2 款的规定，该商标代理机构应

当明确告知乙公司。B 选项错误，错在"不得接受委托"，如果乙公司在被告知后仍然要以该标志申请注册，该商标代理机构应接受其委托。

C 选项，"普通的汽车轮胎图形"为轮胎的通用图形，属于《商标法》第 11 条第 1 款第 1 项规定的"不得作为商标注册"的情形，该商标代理机构应当告知乙公司，并非不能接受"委托"。C 选项错误。

D 选项，商标代理机构除对其代理服务申请商标注册外，不得申请注册其他商标。(《商标法》第 19 条第 4 款) D 选项错误。

参考答案 A

总结

（1）明确告知但不能拒绝接受委托：申请商标有"不得注册"的情形。

（2）不得接受其委托：不以使用为目的的恶意商标注册申请；商标侵犯他人现有的在先权利。

175

甲公司是从事商标代理业务的机构，其与乙公司签订合同，约定由甲公司代理乙公司在餐饮服务业申请注册"响叮当"商标的业务。甲公司在准备提交注册商标申请时，法院受理了乙公司的破产重整案。甲公司遂将该注册商标申请人更换为自己，提交了申请并被商标局初步审定公告。现乙公司破产重整成功，转型从事移动硬盘的制造业务。对此，下列说法正确的有：(2021-回忆版-多)

A. 在商标公告期内，如乙公司的管理人提出异议，商标局对甲公司申请的商标不予注册并禁止使用

B. 在商标公告期内，任何人均可以向商标局提出异议，驳回甲公司的商标注册申请

C. 乙公司的管理人有权解除与甲公司的商标代理合同

D. 如乙公司获准注册"响叮当"商标，可直接将其使用于移动硬盘

本题考点 注册商标的申请、审查和核准

选项分析 A、B 选项：

（1）未经授权，代理人或者代表人以自己的名义将被代理人或者被代表人的商标进行注册，被代理人或者被代表人提出异议的，不予注册并禁止使用。(《商标法》第 15 条第 1 款)

（2）对初步审定公告的商标，自公告之日起 3 个月内，在先权利人、利害关系人认为违反《商标法》第 15 条规定的，可以向商标局提出异议。(《商标法》第 33 条) 可知，只有乙公司（在先权利人）有权提出异议。

A 选项正确，B 选项错误。B 选项错在"任何人均可以"提出异议。

C 选项，乙公司被受理破产，其管理人有权决定未履行完毕的合同是否继续履行。依据《企业破产法》第 18 条第 1 款的规定，管理人可以主张解除合同，也可以决定继续履行。C 选项正确。

D 选项，注册商标需要在核定使用范围之外的商品上取得商标专用权的，应当另行提出注册申请。(《商标法》第 23 条) 本题中，申请人乙公司原申请注册商标的核定使用范围为"餐饮服务"，现若要将该商标在其他类商品上取得商标专用权，应当另行提出注册申请。D 选项中的"直接将其使用于移动硬盘"错误。

参考答案 AC

176

甲汉服公司（以下简称"甲公司"）于 2016 年注册了"南柯一梦"商标。乙公司作为一家专门经营汉服的公司，认为该商标与其公司完美契合，经协商，双方签订了商标独占使用许可合同，但未报商标局备案。后丙公司提出愿出双倍许可费与甲公司签订商标独占使用许可合同，甲公司欣然接受。丁汉服店以市场价买入丙公司

制造的"南柯一梦"品牌服装后进行销售。戊购物中心为装饰需要，购入一件丙公司制作的"南柯一梦"品牌服装，拆掉商标后将其穿在塑料模特上。根据《商标法》的规定，下列哪些说法是正确的？（2020-回忆版-多）

A. 乙公司有权向法院起诉要求甲公司承担违约责任
B. 乙公司有权向法院起诉要求丙公司停止使用"南柯一梦"商标，并承担赔偿责任
C. 丁汉服店应当对乙公司承担赔偿责任
D. 戊购物中心的行为并未构成对乙公司的侵权

本题考点 商标许可权；注册商标侵权的认定

选项分析 A选项，许可他人使用其注册商标的，许可人应当将其商标使用许可报商标局备案，由商标局公告。商标使用许可未经备案不得对抗善意第三人。（《商标法》第43条第3款）本题中，乙公司和甲公司签订的商标独占使用许可合同合法有效，是否备案并非合同成立的要件。所以甲公司应当向乙公司承担违约责任。A选项正确。

B选项，由于甲公司和乙公司的商标独占使用许可合同未经备案，根据上述《商标法》第43条第3款的规定可知，该商标独占使用许可不得对抗善意第三人丙公司。因此，丙公司已经获得商标权人甲公司的合法授权，乙公司无权要求丙公司承担侵权责任。B选项错误。

C选项，丙公司是经过合法授权的被许可人，所以丁汉服店是合法销售者，不构成对乙公司的侵权，无需对其承担赔偿责任。C选项错误。

D选项：

（1）未经商标注册人同意，更换其注册商标并将该更换商标的商品又投入市场的，属于侵犯注册商标专用权。（《商标法》第57条第5项）该选项中，戊购物中心仅将商标拆掉，并未"更换商标后"再次销售，不构成侵权。

（2）假冒注册商标的商品不得在仅去除假冒注册商标后进入商业渠道。（《商标法》第63条第5款）本题中，戊购物中心是从正规渠道丙公司处购买的服装，该商品并非侵权商品，所有权人戊购物中心再次销售或使用该商品，无需商标权人同意，其不构成对乙公司的侵权。

D选项正确。

参考答案 AD

专题 32 商标权的消灭和商标侵权行为

一、注册商标的无效、撤销

177 甲设计了蛇形图案，用在其制造的口罩上，乙是甲的唯一经销商。乙发现甲没有就该图案申请注册商标，于是就该图案提出了注册申请。经查明，该蛇形图案与世界卫生组织图形高度相似，甲、乙均未取得世界卫生组织的授权。关于本案，下列选项正确的是：（2024-回忆版-单）

A. 任何单位和个人都可以在任何时间申请宣告该商标无效
B. 甲可以申请撤销乙的商标权
C. 该商标自宣告无效公告之日起丧失商标专用权
D. 只有甲可在乙商标注册之日起5年内申请宣告该商标无效

本题考点 商标无效

选项分析 A、D 选项：

（1）《商标法》第 10 条第 1 款规定："下列标志不得作为商标使用：……③同政府间国际组织的名称、旗帜、徽记等相同或者近似的，但经该组织同意或者不易误导公众的除外；……"

（2）《商标法》第 44 条第 1 款规定："已经注册的商标，违反本法第 4 条、第 10 条……由商标局宣告该注册商标无效；其他单位或者个人可以请求商标评审委员会宣告该注册商标无效。"

（3）本题"蛇形图案"和世界卫生组织图形高度相似且未经其同意，因此，任何单位和个人都可以申请宣告该商标无效，且没有期限限制。

A 选项正确，D 选项错误。

B 选项，商标撤销的理由是："商标使用不当"。商标注册人在使用注册商标的过程中，自行改变注册商标、注册人名义、地址或者其他注册事项，期满不改正的，由商标局撤销注册商标。(《商标法》第 49 条第 1 款）本题并非商标使用过程中的不当行为，不属于商标撤销的情形。B 选项错误。

C 选项，宣告无效的注册商标，由商标局予以公告，该注册商标专用权视为自始即不存在。（《商标法》第 47 条第 1 款）C 选项错误，错在"自宣告无效公告之日起"，应当是"自始即不存在商标权"。

参考答案 A

178

2017 年，甲公司在其生产的箱包和皮带上使用了奔兔商标、黄月亮商标，二者都没有注册，但均有一定影响力。其供应商乙公司发现商标没有注册，遂于 2020 年将奔兔商标注册在自己生产的行李箱商品上。丁公司囤积大量商标但均未实际使用，其中包括在皮带上注册的黄月亮商标。对此，下列哪些说法是正确的？（2020-回忆版-多）

A. 丁公司起诉甲公司承担赔偿责任，甲公司可以丁公司注册商标但 3 年未使用为由抗辩
B. 甲公司应当在 5 年内申请宣告丁公司的注册商标无效
C. 乙公司起诉甲公司商标侵权，甲公司可以在先使用为由抗辩
D. 甲公司应当在 5 年内申请宣告乙公司的注册商标无效

本题考点 注册商标的无效；恶意注册商标

选项分析 A 选项：

（1）我国鼓励商标实际使用，反对商标囤积行为。注册商标专用权人请求赔偿，被控侵权人以注册商标专用权人未使用注册商标提出抗辩的，人民法院可以要求注册商标专用权人提供此前 3 年内实际使用该注册商标的证据。注册商标专用权人不能证明此前 3 年内实际使用过该注册商标，也不能证明因侵权行为受到其他损失的，被控侵权人不承担赔偿责任。(《商标法》第 64 条第 1 款）

（2）如果丁公司 3 年未实际使用该商标，被控侵权人（甲公司）无需承担赔偿责任。

A 选项正确。

B 选项，根据《商标法》第 4 条第 1 款、第 44 条第 1 款的规定，不以使用为目的的恶意商标注册申请，应当予以驳回。上述商标已经注册的，由商标局宣告该注册商标无效；其他单位或者个人可以请求商标评审委员会宣告该注册商标无效。本题中，丁公司囤积商标，该行为属于上述"不以使用为目的的恶意商标注册申请"。因为申请人（丁公司）主观恶意较大，他人请求宣告商标无效的，没有"5 年"的时间限制。B 选项错误。

C 选项：

（1）商标注册人申请商标注册前，他人已经在同一种商品或者类似商品上先于商标注册

人使用与注册商标相同或者近似并有一定影响的商标，注册商标专用权人无权禁止该使用人在原使用范围内继续使用该商标，但可以要求其附加适当区别标识。（《商标法》第59条第3款）

（2）本题中，甲公司虽然没有注册商标，但其在同类或似商品上使用奔兔商标并有一定影响，形成了商标的"先用权"。所以乙公司虽然注册了该商标，但无权禁止甲公司在原有使用范围内继续使用。

C选项正确。

D选项：

（1）就同一种商品或者类似商品申请注册的商标与他人在先使用的未注册商标相同或者近似，申请人与该他人具有《商标法》第15条第1款规定以外的合同、业务往来关系或者其他关系而明知该他人商标存在，该他人提出异议的，不予注册。（《商标法》第15条第2款）

（2）上述商标已经注册的，自商标注册之日起5年内，在先权利人或者利害关系人可以请求商标评审委员会宣告该注册商标无效。对恶意注册的，驰名商标所有人不受5年的时间限制。（《商标法》第45条第1款）

（3）本题中，乙公司是甲公司的供应商，可知，乙公司因合同、业务往来关系而明知甲公司的商标存在，该种情形下请求宣告注册商标无效，要受到"商标注册之日起5年内"的限制。

D选项正确。

参考答案 ACD

总结

商标无效的两种情况：

（1）禁注、禁用标识等绝对不可作为商标注册，任何人在任何时候均可申请宣告注册商标无效；

（2）商标侵害他人在先权利的，因有特定的损害对象存在，故只有利害关系人或在先权利人，原则上在5年内有权申请宣告注册商标无效。

179

甲公司在先使用了"祥云萱草"图案，并在当地有一定影响。乙公司和甲公司是竞争关系，发现该图案未被注册，遂于2022年1月注册了"祥云萱草"商标并用于其生产的产品上，使公众误认为其产品是由甲公司生产的。据此，下列哪一说法是正确的？（2022-回忆版-单）

A. 甲公司在外地开设新店时，可以使用"祥云萱草"标识

B. 若乙公司注册该商标后立即起诉甲公司，则甲公司不需要承担赔偿责任

C. 乙公司的商标注册恶意侵犯甲公司的在先权利，甲公司可随时请求宣告该注册商标无效

D. 乙公司侵犯了甲公司的商标权

本题考点 注册商标的无效（申请理由）

选项分析 A选项，根据《商标法》第59条第3款的规定，商标注册人申请商标注册前，他人已经在同一种商品或者类似商品上先于商标注册人使用与注册商标相同或者近似并有一定影响的商标的，注册商标专用权人无权禁止该使用人在原使用范围内继续使用该商标，但可以要求其附加适当区别标识。本题中，乙公司已经注册商标，甲公司虽然享有先用权，但在外地开设新店，超出"原使用范围"，使用"祥云萱草"标识构成侵权。A选项错误。

B选项，注册商标专用权人（乙公司）无权禁止享有先用权的使用人（甲公司）在原使用范围内继续使用该商标，但可以要求其附加适当区别标识。（《商标法》第59条第3款）B选项中的"立即起诉甲公司"，说明在如此短的期限，甲公司还没来得及扩大规模，尚在"原使用范围内"，甲公司不构成侵权。B选项正确。

C选项：

（1）本题中，乙公司虽然明知该标志存在，但并非"不以使用为目的的恶意商标注

册"，所以，自商标注册之日起 5 年内，在先权利人（甲公司）或者利害关系人可以请求商标评审机构宣告该注册商标无效。对恶意注册的，驰名商标所有人不受 5 年的时间限制。

（2）驰名商标认定严格。认定驰名商标应当考虑下列因素：①相关公众对该商标的知晓程度；②该商标使用的持续时间；③该商标的任何宣传工作的持续时间、程度和地理范围；④该商标作为驰名商标受保护的记录；⑤该商标驰名的其他因素。（《商标法》第 14 条第 1 款）本题中，"祥云萱草"图案在当地有一定影响，但难以判定其是"驰名商标"，所以应当受 5 年的时间限制。

C 选项错误，错在"随时"。

D 选项，甲公司并未申请注册商标，且无法认定甲公司的商标为驰名商标。有侵犯注册商标专用权行为，引起纠纷的，商标注册人或者利害关系人可以向人民法院起诉。（《商标法》第 60 条第 1 款）可知，对在先使用的未注册商标，在先权利人可以采取请求宣告商标无效等复审手段，而不能采取侵权之诉的手段。D 选项错误。

参考答案 B

180

甲公司申请注册了 A 商标，使用一段时间后觉得 A 商标有瑕疵，不那么美观，于是，甲公司将其稍加修改之后做成了 B 图案，并将 B 图案印在了商品上且标有"注册商标"字样。乙公司发现 B 图案并未进行商标注册，于是将 B 图案作为商标印在了自己的同类产品上，并邀请了网红陈某在直播间带货宣传。此后，A 商标 3 年未再使用。据此，下列哪些说法是正确的？（2022-回忆版-多）

A. 乙公司侵犯了甲公司的商标专用权
B. 陈某侵犯了甲公司的商标专用权
C. 知识产权局有权撤销 A 商标
D. 任何人都有权请求知识产权局撤销 A 商标

本题考点 注册商标侵权的认定；注册商标的撤销

选项分析 A 选项：

（1）未经商标注册人的许可，在同一种商品上使用与其注册商标近似的商标，或者在类似商品上使用与其注册商标相同或者近似的商标，容易导致混淆的，属于侵犯注册商标专用权；（《商标法》第 57 条第 2 项）

（2）本题中，B 图案和注册商标 A 图案近似，根据我国对注册商标专用权的保护，乙公司未经许可使用"近似的商标"在同类商品上，构成侵权。

A 选项正确。

B 选项，陈某在直播间带货宣传侵权产品，属于"销售"商品。根据《商标法》第 57 条第 3 项的规定，销售侵犯注册商标专用权的商品的，属于侵犯注册商标专用权。B 选项正确。

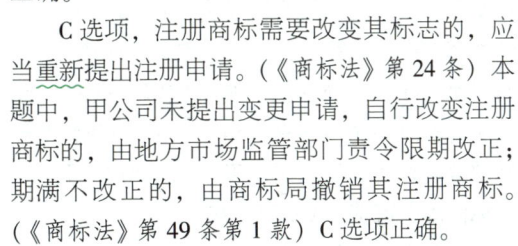

C 选项，注册商标需要改变其标志的，应当重新提出注册申请。（《商标法》第 24 条）本题中，甲公司未提出变更申请，自行改变注册商标的，由地方市场监管部门责令限期改正；期满不改正的，由商标局撤销其注册商标。（《商标法》第 49 条第 1 款）C 选项正确。

D 选项，注册商标（本题中的 A 图案）没有正当理由连续 3 年不使用的，任何单位或者个人可以向商标局申请撤销该注册商标。（《商标法》第 49 条第 2 款）D 选项正确。

参考答案 ABCD

181

甲公司从"魔幻视觉"网站购买了一张徽标图片的著作权，以该徽标作为公司产品的商标，并于 2015 年 8 月完成商标注册。乙公司与甲公司签订了该商标的使用许可合同，在销售具有该商标标识的产品 2 年后，于 2018 年 7 月停止使用该商标。2019 年 10 月 11 日，李某在超市中发现甲公司产品使用的商标是自己的画作，遂请求商

标评审委员会宣告该注册商标无效。在审理过程中，"魔幻视觉"网站辩称，该商标由自己创作且办理了版权登记，并向法院提起了请求确认该徽标著作权属于自己的诉讼。下列选项正确的有：（2021-回忆版-多）

A. 如该注册商标被宣告无效，乙公司无权请求甲公司返还商标使用许可费
B. 因已过诉讼时效，李某无权请求宣告该注册商标无效
C. 商标评审委员会可以中止审查程序
D. 因"魔幻视觉"网站办理了版权登记，李某无权请求宣告该注册商标无效

本题考点 注册商标的无效（无效的理由、后果）

选项分析 A选项，宣告注册商标无效的决定或者裁定，对宣告无效前已经履行的商标转让或者使用许可合同不具有溯及力。（《商标法》第47条第2款）本题中，乙公司与甲公司签订了商标使用许可合同并已经履行完毕，从题干也无法得出甲公司系恶意的结论，所以即使该商标被宣告无效，乙公司也无权请求甲公司返还商标使用许可费。A选项正确。

B选项，当出现法定事由时，在先权利人或者利害关系人自商标注册之日起5年内，可以请求商标评审委员会宣告该注册商标无效。（《商标法》第45条第1款）本题中，涉案徽标于2015年8月完成商标注册，李某于2019年10月11日申请宣告该注册商标无效，尚未超过诉讼时效。B选项错误。

C选项，商标评审委员会在对无效宣告请求进行审查的过程中，所涉及的在先权利的确定必须以人民法院正在审理或者行政机关正在处理的另一案件的结果为依据的，可以中止审查。中止原因消除后，应当恢复审查程序。（《商标法》第45条第3款）C选项正确。

D选项，自创作完成之日起，作者即享有著作权。"版权登记"仅具有对抗效力，不得以此否认实际权利人的权利。D选项，仅因

"魔幻视觉"网站办理了版权登记而认为李某无权请求宣告该注册商标无效是错误的。

参考答案 AC

二、注册商标侵权的认定

182

甲公司销售巧克力，以雕刻的<u>立体玫瑰花造型</u>申请了注册商标。后来甲公司更换营业方向，超过3年没有使用该商标。乙公司是生产巧克力的公司，后将该立体玫瑰花造型申请了<u>外观设计专利</u>。丙公司未经甲公司和乙公司允许，生产和上述立体玫瑰花造型一样的巧克力。对此，下列哪些说法是正确的？（2023-回忆版-多）

A. 乙公司获得外观设计专利，没有侵犯甲公司的商标权
B. 乙公司可以拒绝对甲公司承担赔偿责任
C. 丙公司侵犯了甲公司的商标权
D. 乙公司起诉丙公司侵权，丙公司能以其生产的该造型的巧克力在乙公司申请专利之前就存在，并且自己在原有范围内生产为由，对乙公司抗辩

本题考点 注册商标侵权的认定

选项分析 A选项，授予专利权的外观设计不得与他人在申请日以前已经取得的合法权利相冲突。（《专利法》第23条第3款）本题中，甲公司的注册商标权在乙公司申请专利权之前即合法取得，所以，乙公司的外观设计专利权对甲公司的在先商标权构成侵害。A选项错误。

B选项，注册商标专用权人不能证明此前3年内实际使用过该注册商标，也不能证明因侵权行为受到其他损失的，被控侵权人不承担赔偿责任。（《商标法》第64条第1款）本题中，甲公司虽然享有注册商标专用权，但其3年未使用该商标，无权对他人主张赔偿责任。B选项正确。

C选项，丙公司将他人的注册商标作为自己产品的造型，足以引人误认为是他人的商品

或者与他人存在特定联系,属于给他人的注册商标专用权造成其他损害,构成侵犯商标权。C选项正确。

D选项,该选项中的"在乙公司申请专利之前就已存在""在原有范围内生产",表明丙公司符合"先用权原则"的规定,不构成侵犯专利权。D选项正确。(《专利法》第75条规定:"有下列情形之一的,不视为侵犯专利权:……②在专利申请日前已经制造相同产品、使用相同方法或者已经作好制造、使用的必要准备,并且仅在原有范围内继续制造、使用的;……")

参考答案 BCD

183

甲公司生产优质大米,并为其大米的包装袋注册了"飘香"商标。甲公司委托乙生产了1万个包装袋,但乙偷偷生产了2万个,其中的1万个交付给了甲公司,剩下的1万个卖给了知情的丙。丙用这1万个包装袋装入自己农场生产的大米,并和不知情的丁签订了买卖合同。不知情的戊饭店以市场价格从丁处购买了该批大米。据此,下列说法正确的有:(2022-回忆版-多)

A. 乙对甲公司构成侵权
B. 丙对甲公司构成侵权
C. 丁对甲公司构成侵权
D. 戊饭店不知情,但仍需停止侵权行为

本题考点 注册商标侵权的认定

选项分析 侵犯注册商标专用权的行为规定于《商标法》第57条中。

A选项,乙偷偷生产带有"飘香"标识的包装袋的行为属于"伪造、擅自制造他人注册商标标识或者销售伪造、擅自制造的注册商标标识"(《商标法》第57条第4项),构成侵犯注册商标专用权。A选项正确。

B选项,丙是大米生产商,他的行为属于"未经商标注册人的许可,在同一种商品上使用与其注册商标相同的商标"(《商标法》第57条第1项),构成侵犯注册商标专用权。B选项

正确。

C选项:

(1)丁是该批侵权大米的销售者,他的行为属于"销售侵犯注册商标专用权的商品"(《商标法》第57条第3项),构成侵犯注册商标专用权。

(2)销售不知道是侵犯注册商标专用权的商品,能证明该商品是自己合法取得并说明提供者的,由市场监管部门责令停止销售,但不承担赔偿责任。(《商标法》第60条第2款、第64条第2款)可知,只要销售侵权商品,即使可以证明合法来源,仍构成侵权,但无需承担赔偿责任。

C选项正确。

D选项,戊饭店仅有"购买"行为,它没有擅自制造、使用、销售该注册商标,也不是该批侵权大米的制造者、销售者、仓储运输者,其不构成侵权。D选项错误。

参考答案 ABC

184

2013年,"佳嘉"咖啡店经营状况良好并开设多家分店,但其没有将"佳嘉"进行商标注册。因多年经营且享有知名度,"佳嘉"曾在侵权之诉中被认定为驰名商标。2018年,该咖啡店前员工李某离职后开设一家餐饮店,将"佳嘉"注册为服务商标用于快餐服务行业,并将该商标印在了员工工服上。2021年,"佳嘉"咖啡店想要进军快餐行业时才发现该商标已经被李某注册。据此,下列哪些说法是正确的?(2022-回忆版-多)

A. "佳嘉"咖啡店有权向法院起诉要求餐饮店承担赔偿责任
B. "佳嘉"咖啡店有权向法院起诉要求餐饮店停止使用"佳嘉"商标
C. "佳嘉"咖啡店有权向商标行政管理部门申请"佳嘉"商标在快餐服务行业无效

D. 李某的行为属于恶意注册驰名商标，任何人都有权向商标行政管理部门申请宣告该商标无效

本题考点 未注册驰名商标的保护

选项分析 咖啡店"佳嘉"标识属于"未在中国注册的驰名商标"，对其保护措施为：就相同或者类似商品申请注册的商标是复制、摹仿或者翻译他人未在中国注册的驰名商标，容易导致混淆的，不予注册并禁止使用。（《商标法》第13条第2款）

A、B选项：

（1）根据上述法条可知，就"未注册的驰名商标"，对其保护手段有限：不予注册并禁止使用。

（2）①注册商标的专用权，以核准注册的商标和核定使用的商品为限；②侵犯商标专用权的赔偿数额，按照权利人因被侵权所受到的实际损失确定。（《商标法》第56条、第63条第1款）综合上述法条可知，仅针对"注册商标"的侵权行为可以主张赔偿损失。

A选项错误，错在"赔偿责任"；B选项正确。

C选项，已经注册的商标，违反《商标法》相关规定的，自商标注册之日起5年内，在先权利人或者利害关系人可以请求商标评审委员会宣告该注册商标无效。对恶意注册的，驰名商标所有人不受5年的时间限制。（《商标法》第45条第1款）据此可知，"佳嘉"咖啡店作为在先权利人，有权申请宣告该商标无效。C选项正确。

D选项，本题情形属于侵犯驰名商标的在先权利，有特定的损害对象存在，故只有利害关系人或在先权利人有权申请宣告该商标无效。D选项错在"任何人"。

参考答案 BC

第十一讲 劳动法律关系

11

专题 33 劳动法一般原理

185

张三从甲科技公司餐饮外卖平台"众包骑手"入口注册成为网约配送员（骑手），并在线订立了《网约配送协议》，甲平台会在规定区域内随机安排订单，平台不向骑手规定任务，由骑手自主接单。张三每周实际上线接单天数0~3天，每天上线接单时长为2~5小时不等，甲平台依据送单量支付报酬，出现配送超时、客户差评等情形时，甲平台在核实情况后按照统一标准扣减报酬。关于本案，张三与甲平台构成下列哪种法律关系？（2023-回忆版-单）

A. 非全日制用工关系
B. 劳动关系
C. 劳务关系
D. 劳务派遣关系

本题考点 劳动法律关系（新就业形态下劳动关系的认定）

选项分析 A选项，非全日制用工，是指以小时计酬为主，劳动者在同一用人单位一般平均每日工作时间不超过4小时，每周工作时间累计不超过24小时的用工形式。本题中，甲平台依据"送单量"而非依据"小时"计酬，不符合非全日制用工的概念。A选项不当选。

B选项：

（1）张三和甲平台之间是否符合劳动关系，需要查明甲平台是否对张三进行了较强程度的劳动管理。

（2）从本题中的用工事实来看，张三能够完全自主决定工作时间及工作量，双方之间的人格从属性较标准劳动关系有所弱化。虽然骑手依托平台从事餐饮外卖配送业务，但甲平台并未按照传统的劳动管理方式要求张三承担

组织成员义务，因此，双方之间的组织从属性较弱。所以，张三和甲平台之间不足以认定劳动关系。[1]

B 选项不当选。

C 选项，甲平台制定配送服务费结算标准和办法，张三通过平台获得收入，双方之间具有一定的经济从属性，这构成劳务关系。C 选项当选。

D 选项，劳务派遣关系由三方构成，由劳务派遣单位（用人单位）与实际用工单位签订派遣协议，将劳动者派遣到用工单位工作。劳务派遣关系是典型的"雇、用分离"。显然，本题中，网约配送员这一新型灵活用工形式不符合劳务派遣关系的构成。D 选项不当选。

参考答案 C

186

甲矿业集团因旧矿的采集量减少，故准备建设新的矿井。甲公司招聘井下作业人员进行新矿井的建设，李某夫妇决定去工作，甲公司让他们负责井下设备的管理。甲公司的下列哪些做法是符合劳动法规定的？（2021-回忆版-多）

A. 甲公司需要对该批职工配备防毒面具并可收取费用
B. 甲公司需要对李某定期进行健康检查
C. 甲公司可以聘用李某夫妇从事矿井下作业的工作
D. 甲公司应当在新建矿井的同时安装瓦斯探测器设备

本题考点 职业安全和卫生；对女职工的特殊保护

选项分析 A 选项，《劳动法》第 54 条规定："用人单位必须为劳动者提供符合国家规定的劳动安全卫生条件和必要的劳动防护用品，对从事有职业危害作业的劳动者应当定期进行健康检查。"这是用人单位的义务，故收取费用是违反法律规定的。A 选项不当选。

B 选项，《劳动法》规定应当对两类劳动者定期进行健康检查：①未成年工；②从事有职业危害作业的劳动者。矿井作业的职业危害病主要是"煤矽肺"，属于常见多发的职业病，根据《劳动法》第 54 条的规定，用人单位应当对劳动者定期进行健康检查。B 选项当选。

C 选项，《劳动法》第 59 条规定："禁止安排女职工从事矿山井下、国家规定的第四级体力劳动强度的劳动和其他禁忌从事的劳动。"本题中，聘用李某的妻子（女职工）从事矿井下作业的工作是违法的。C 选项不当选。

D 选项，《劳动法》第 53 条规定："劳动安全卫生设施必须符合国家规定的标准。新建、改建、扩建工程的劳动安全卫生设施必须与主体工程同时设计、同时施工、同时投入生产和使用。"本题中，瓦斯探测器设备属于劳动安全卫生设施，与主体工程同时设计、同时施工、同时投入生产和使用（简称"三同时"）是正确的。D 选项当选。

参考答案 BD

187

王某，女，1990 年出生，于 2012 年 2 月 1 日入职某公司，从事后勤工作。2012 年 6 月 30 日，王某因无法胜任经常性的夜间高处作业而提出离职，经公司同意，解除了劳动关系。关于女工权益，根据《劳动法》，下列说法正确的是：（改编自 2016/1/95-任）

A. 公司应定期安排王某进行健康检查
B. 公司不能安排王某在经期从事高处作业
C. 若王某怀孕 6 个月以上，公司不得安排夜班劳动
D. 若王某在哺乳婴儿期间，公司不得安排夜班劳动

本题考点 职业安全和卫生；对女职工的特殊保护

---

[1] 参见：人力资源社会保障部、最高人民法院 2023 年 5 月联合发布的新就业形态劳动争议的典型案例。

选项 分析 A 选项：

（1）《劳动法》规定用人单位应当对两类劳动者定期进行健康检查：①未成年工；②从事有职业危害作业的劳动者。（《劳动法》第 54 条规定："用人单位必须为劳动者提供符合国家规定的劳动安全卫生条件和必要的劳动防护用品，对从事有职业危害作业的劳动者应当定期进行健康检查。"同法第 65 条规定："用人单位应当对未成年工定期进行健康检查。"）

（2）本题中，王某不符合上述"未成年工"（王某出生于 1990 年）或"从事有职业危害作业的工作"（王某从事后勤工作）两种情况，题目仅告知王某为女职工，根据《劳动法》的规定，用人单位对女职工没有定期进行健康检查的义务。

A 选项错误。

B 选项，《劳动法》第 60 条规定："不得安排女职工在经期从事高处、低温、冷水作业和国家规定的第三级体力劳动强度的劳动。"B 选项正确。

C 选项，《劳动法》第 61 条规定："……对怀孕 7 个月以上的女职工，不得安排其延长工作时间和夜班劳动。"而非 C 选项中所述怀孕 6 个月以上不得安排夜班劳动。C 选项错误。

D 选项，《劳动法》第 63 条规定："不得安排女职工在哺乳未满 1 周岁的婴儿期间从事国家规定的第三级体力劳动强度的劳动和哺乳期禁忌从事的其他劳动，不得安排其延长工作时间和夜班劳动。"可见，对于哺乳期女职工夜班劳动的限制，仅针对哺乳未满 1 周岁的婴儿的情况。D 选项错误。

参考答案 B

总结

对女职工的特殊保护→禁矿山井下+四级强度。经期→禁三高低冷。孕期→禁三强；怀孕 7 个月以上/孩子 1 周岁以内→不加班，无夜班，无高强度劳动。

188

2019 年 3 月 1 日，张某入职甲公司，入职后发现已经怀孕 1 个月，就故意迟到早退，不服从夜班安排，违反了公司规定的《员工纪律》。同年 7 月 1 日，甲公司提出解聘。对此，下列说法正确的有：（2020-回忆版-多）

A．张某拒绝上夜班不违反《劳动法》
B．甲公司可以解除和张某的劳动合同
C．《员工纪律》构成劳动合同的内容
D．若张某不能胜任该岗位，甲公司为其调岗后仍不能胜任，甲公司可以解除劳动合同

本题考点 劳动合同的解除理由；对特殊劳动者的保护

选项 分析 A 选项，对怀孕 7 个月以上的女职工，不得安排其延长工作时间和夜班劳动。（《劳动法》第 61 条）本题中，张某怀孕未到 7 个月，不符合上述规定。A 选项错误。

B 选项，张某虽然是怀孕职工，属于被保护的劳动者，但若劳动者严重违反用人单位的规章制度（即劳动者有过错），用人单位仍然有权解除劳动合同。（《劳动合同法》第 39 条第 2 项）B 选项正确。

C 选项，《劳动法》第 19 条第 1 款规定："劳动合同应当以书面形式订立，并具备以下条款：……⑤劳动纪律；……"C 选项正确。

D 选项：

（1）原则：用人单位不得单方解除需要特殊保护的劳动者的劳动合同。

（2）例外：上述特定劳动者出现重大过错的（即劳动者严重违反用人单位的规章制度；严重失职，营私舞弊，给用人单位造成重大损害；被依法追究刑事责任；等等），用人单位可以随时单方解除劳动合同。（《劳动合同法》第 39 条）

（3）张某是怀孕女职工，甲公司不得仅仅因为其不能胜任公司岗位（说明劳动者无过

错），就依据《劳动合同法》第39条的规定单方解除劳动合同。

D 选项错误。

参考答案 BC

专题 34 劳动合同的订立和特殊条款

一、劳动合同订立

189

张三于2018年7月1日入职甲公司，甲公司未与张三签订书面劳动合同。2021年2月1日，甲公司补签了书面劳动合同。2022年，张三得知用人单位未签劳动合同的，劳动者有权主张双倍工资，遂向甲公司要求支付第二倍工资，但被拒绝，双方产生纠纷。关于本案，下列哪一说法是正确的？（2023-回忆版-单）

A. 2021年2月1日，张三与甲公司建立劳动关系

B. 张三主张甲公司未签劳动合同应当支付双倍工资的请求已过仲裁时效

C. 张三主张甲公司未签劳动合同应当支付双倍工资的请求能够得到支持

D. 张三和甲公司尚在劳动关系存续期间，因拖欠劳动报酬发生的争议不受1年仲裁时效期间的限制

本题考点 未订立书面劳动合同的处理

选项分析 A选项，用人单位自用工之日起即与劳动者建立劳动关系（《劳动合同法》第7条），而非订立书面劳动合同时才建立劳动关系。故本题中，张三与甲公司自2018年7月1日建立劳动关系。A选项错误。

B、C选项，《劳动合同法》第82条第1款规定，用人单位自用工之日起超过1个月不满1年未与劳动者订立书面劳动合同的，应当向劳动者每月支付2倍的工资。此处的"第二倍工资"不是劳动者的劳动报酬，可理解为对用人单位未签书面劳动合同的惩罚金，要遵守1年仲裁时效期间的限制，即本题中，张三索要第二倍工资的仲裁时效到2020年7月1日。所以，张三2022年的主张已经超过仲裁时效，不能得到支持。B选项正确，C选项错误。

D选项，不能将"第二倍工资"理解为"劳动报酬"，所以不适用"欠薪+在职，仲裁时效不受限"的规则。D选项错误。

参考答案 B

190

王某于2012年2月1日入职某公司。2012年6月30日，王某因无法胜任经常性的夜间高处作业而提出离职，经公司同意，双方办理了工资结算手续，并于同日解除了劳动关系。同年8月，王某以双方未签书面劳动合同为由，向当地劳动争议仲裁委申请仲裁。关于该劳动合同的订立与解除，下列说法正确的是：（改编自2016/1/96-任）

A. 王某与公司之间视作已订立无固定期限劳动合同

B. 该劳动合同期限自2012年3月1日起算

C. 该公司应向王某支付半个月工资的经济补偿金

D. 如王某不能胜任且经培训仍不能胜任工作，公司提前30日以书面形式通知王某，可将其辞退

本题考点 劳动合同的订立；无固定期限劳动合同；经济补偿金；用人单位预告解除劳动合同

情形

选项分析 A 选项，用人单位自用工之日起满 1 年不与劳动者订立书面劳动合同的，视为用人单位与劳动者已订立无固定期限劳动合同。（《劳动合同法》第 14 条第 3 款）本题中，王某于 2012 年 2 月 1 日入职、2012 年 6 月 30 日辞职，用工未满 1 年，不满足"订立无固定期限劳动合同"的条件。A 选项错误。

B 选项，用人单位与劳动者在用工前订立劳动合同的，劳动关系自用工之日起建立。（《劳动合同法》第 10 条第 3 款）因此，该劳动合同应当自用工之日（2012 年 2 月 1 日）起计算。B 选项错误。

C 选项，解除合同的经济补偿，通常是在用人单位提出解除劳动合同时支付给劳动者的。本题中，由王某（劳动者）提出解除劳动合同，且未出现用人单位重大过错的情形（如强迫劳动），该公司（用人单位）无需支付经济补偿金。C 选项错误。

D 选项，《劳动合同法》第 40 条规定："有下列情形之一的，用人单位提前 30 日以书面形式通知劳动者本人或者额外支付劳动者 1 个月工资后，可以解除劳动合同：……②劳动者不能胜任工作，经过培训或者调整工作岗位，仍不能胜任工作的；……" D 选项正确。

参考答案 D

二、劳动合同的特殊条款

191

张某应聘 A 酒店厨师，双方签订了保密及竞业限制协议，约定张某对特色菜肴的烹饪方法负有保密义务，在离职后的 2 年内，张某不得从事与当前工作相似或类似工作，并在协议中约定了支付违约金、承担赔偿责任。后张某从 A 酒店离职，未满 2 年，到 B 连锁餐饮公司担任面点师，并传授其他厨师 A 酒店特色菜肴的烹饪方法。A 酒店遂申请仲裁。对此，下列说法正确的是：（2024-回忆版-单）

A. 张某违反了保密协议，需要向 A 酒店支付违约金
B. 若未约定竞业限制期限内 A 酒店向张某支付经济补偿，张某无需支付违约金
C. 张某担任 B 公司的面点师，没有违反竞业限制协议，无需支付违约金
D. 张某应当向 A 酒店支付违反竞业限制协议的违约金，并承担违反保密协议的赔偿责任

本题考点 保密条款；竞业限制条款；违约金条款

选项分析 A 选项，除了劳动者违反服务期约定与竞业限制约定外，用人单位不得与劳动者约定由劳动者承担违约金。（《劳动合同法》第 25 条）A 选项中，张某违反了保密协议，应当承担违约责任（赔偿责任），而非支付违约金。A 选项错误。

B 选项，若当事人约定了竞业限制，但未约定给予劳动者经济补偿，劳动者仍应履行竞业限制义务，并有权要求用人单位按照相关标准按月支付经济补偿。（《最高人民法院关于审理劳动争议案件适用法律问题的解释（一）》第 36 条第 1 款）B 选项错误。

C 选项，竞业限制的范围、地域、期限由用人单位与劳动者约定。酒店、餐饮的厨师和面点师虽然分工不同，但可归属于"从事同类业务"。本题张某违反了和 A 酒店签订的竞业限制协议。C 选项错误。

D 选项，张某违反了与 A 酒店签订的保密协议，应当承担违约责任（赔偿责任）。同时，张某违反了竞业限制协议，应当按照约定支付违约金。D 选项正确。（《劳动合同法》第 23 条第 2 款规定："对负有保密义务的劳动者，用人单位可以在劳动合同或者保密协议中与劳动者约定竞业限制条款，并约定在解除或者终止劳动合同后，在竞业限制期限内按月给予劳动者经济补偿。劳动者违反竞业限制约定的，应当按照约定向用人单位支付违约金。"）

参考答案 D

192

2013年7月,张某进入甲公司,签订了2年期劳动合同。2014年10月,张某被选派到美国ABB公司进行专业技术培训,培训费15万元由甲公司支付,并签订了回单位后服务期为3年的合同。张某于2015年4月回到甲公司。在张某和甲公司约定的服务期内发生的如下纠纷,其中处理符合法律规定的有哪些?(2020-回忆版-多)

A. 甲公司未为出国培训员工张某缴纳社会保险费,服务期内张某提出辞职的,无需支付违约金
B. 张某严重违反甲公司规章制度,现甲公司提前解除服务期合同并要求张某支付违约金
C. 甲公司要求张某支付违约金20万元,包括所应分摊的培训费用以及张某辞职给公司造成的损失
D. 在服务期内,张某因不能进行岗位调整,提出辞职的,无需支付违约金

本题考点 服务期条款

选项分析《劳动合同法》第22条规定:"用人单位为劳动者提供专项培训费用,对其进行专业技术培训的,可以与该劳动者订立协议,约定服务期。劳动者违反服务期约定的,应当按照约定向用人单位支付违约金。违约金的数额不得超过用人单位提供的培训费用。用人单位要求劳动者支付的违约金不得超过服务期尚未履行部分所应分摊的培训费用。用人单位与劳动者约定服务期的,不影响按照正常的工资调整机制提高劳动者在服务期期间的劳动报酬。"

《劳动合同法实施条例》第26条规定:"用人单位与劳动者约定了服务期,劳动者依照劳动合同法第38条的规定解除劳动合同的,不属于违反服务期的约定,用人单位不得要求劳动者支付违约金。有下列情形之一,用人单位与劳动者解除约定服务期的劳动合同的,劳动者应当按照劳动合同的约定向用人单位支付违约金:①劳动者严重违反用人单位的规章制度的;②劳动者严重失职,营私舞弊,给用人单位造成重大损害的;③劳动者同时与其他用人单位建立劳动关系,对完成本单位的工作任务造成严重影响,或者经用人单位提出,拒不改正的;④劳动者以欺诈、胁迫的手段或者乘人之危,使用人单位在违背真实意思的情况下订立或者变更劳动合同的;⑤劳动者被依法追究刑事责任的。"

可知:

A选项,《劳动合同法》第38条第1款规定:"用人单位有下列情形之一的,劳动者可以解除劳动合同:……③未依法为劳动者缴纳社会保险费的;……"所以,当用人单位未缴纳社会保险费时,立即解除劳动合同是张某的权利,即使是提前解除尚在服务期内的劳动合同,根据上述《劳动合同法实施条例》第26条第1款的规定,张某也无需支付违约金。A选项当选。

B选项,劳动者因严重违反用人单位的规章制度被用人单位解除劳动合同的,属于劳动者违反服务期约定,应当支付违约金。(《劳动合同法实施条例》第26条第2款第1项)B选项当选。

C选项,劳动者违反服务期约定的,其违约金的数额不得超过用人单位提供的培训费用。(《劳动合同法》第22条第2款)C选项不当选。

D选项,服务期内因劳动者一方原因提出辞职的,属于违反服务期约定,劳动者应当支付违约金。D选项不当选。

参考答案 AB

专题 35 劳动合同的解除和终止

193

某厂工人田某体检时被初诊为脑瘤,万念俱灰,既不复检也未经请假就外出旅游。该厂以田某连续旷工超过15天,严重违反规章制度为由解除劳动合同。对于由此引起的劳动争议,下列哪些说法是正确的?（2015/1/70-多）

A. 该厂单方解除劳动合同,应事先将理由通知工会
B. 因田某严重违反规章制度,无论是否在规定的医疗期内该厂均有权解除劳动合同
C. 如该厂解除劳动合同的理由成立,无需向田某支付经济补偿金
D. 如该厂解除劳动合同的理由违法,田某有权要求继续履行劳动合同并主张经济补偿金2倍的赔偿金

本题考点 劳动合同的解除（理由、程序、经济补偿）；经济赔偿金

选项分析 A 选项,用人单位单方解除劳动合同,应当事先将理由通知工会。（《劳动合同法》第43条）可知,工会对用人单位单方解除劳动合同享有知情权。如果用人单位未事先通知工会即单方解除和劳动者的劳动合同,属于解约程序违法。A 选项正确。

B 选项：
（1）原则：劳动者"患病或者非因工负伤,在规定的医疗期内的",用人单位不能解除劳动合同。
（2）例外：上述劳动者同时有重大过错的,用人单位可以解除合同。《劳动合同法》第39条规定："劳动者有下列情形之一的,用人单位可以解除劳动合同：……②严重违反用人单位的规章制度的；……"

（3）本题中,田某连续旷工超过15天,属于严重违反用人单位的规章制度,此时要优先适用"用人单位单方解除劳动合同"的规定。

B 选项正确。

C 选项,劳动者有重大过错时,如田某连续旷工严重违规,用人单位可以随时单方解除劳动合同。（《劳动合同法》第39条）该种情况用人单位无需支付经济补偿。（《劳动合同法》第46条）C 选项正确。

D 选项：
（1）经济补偿与经济赔偿,均是指当劳动合同解除时,用人单位需要支付给劳动者一定数额的金钱,也就是劳动者离开用人单位时,可以得到的一笔金钱。但如果劳动合同继续履行,则没有该笔补偿或赔偿。
（2）另外,经济补偿,是劳动合同被合法解除时用人单位支付的；经济赔偿,是用人单位违法解除或者终止劳动合同时要支付的。

D 选项错误,错在"要求继续履行劳动合同并主张经济补偿金2倍的赔偿金"。

参考答案 ABC

总结

（1）老弱病残孕+有过错=用人单位可随时解除合同。
（2）解约时才会出现"经济补偿""经济赔偿"。
（3）违法解除合同→经济赔偿；合法解除合同→经济补偿。

194

甲公司于2021年5月1日雇用了货车师傅张某,口头约定劳动合同期限为2021年5月1日至2021年9月1日。后甲公司在外地

设立乙公司（全资子公司）。在甲公司的安排下，张某到乙公司工作，口头约定劳动合同期限为2021年9月1日至2022年8月1日。

2022年8月1日，乙公司提出解除劳动合同，张某表示同意。两家公司都未和张某签订书面劳动合同。后因就工资报酬和经济补偿问题发生纠纷，张某2022年8月10日提起劳动仲裁。对此，下列哪些说法是正确的？（2022-回忆版-多）

A. 张某应分别向甲、乙公司主张未签订书面劳动合同应当支付的第二倍工资

B. 张某向甲公司主张未签订书面劳动合同应当支付的第二倍工资的请求权已经超过劳动争议仲裁时效

C. 张某应分别向甲、乙公司主张解除劳动合同的经济补偿

D. 乙公司在计算经济补偿的工作年限时，应合并计算张某在甲公司的工作年限

本题考点 劳动合同的订立；劳动合同的解除（经济补偿）

选项分析 A选项，甲公司和乙公司是相互独立的用人单位，和张某建立劳动关系的，均应当订立书面劳动合同。没有订立书面劳动合同的，自用工之日起满1个月的次日至满1年的前一日，用人单位应当向劳动者每月支付2倍的工资。（《劳动合同法》第82条第1款；《劳动合同法实施条例》第7条）可知，就"未签订书面劳动合同应当支付的第二倍工资"，张某应向甲、乙公司分别主张。A选项正确。

B选项，劳动者索要用人单位未订立书面劳动合同应当支付的"第二倍工资"，要受到劳动争议仲裁时效的限制。本题张某与甲公司的劳动关系已经终止，其应当自劳动关系终止之日起1年内提出。2021年9月1日，张某与甲公司的劳动关系终止，至2022年8月10日尚未超过"劳动关系终止之日起1年"，即未超过劳动争议仲裁时效。B选项错误。

C、D选项，本题张某非因本人原因从原用人单位被安排到新用人单位工作，原用人单位未支付经济补偿，在计算经济补偿或赔偿金的工作年限时，在原用人单位的工作年限合并计算为新用人单位的工作年限。C选项错误，D选项正确。

参考答案 AD

总结

未签订合同的双倍工资与解除合同的经济补偿，二者可同时并用。

专题 36 特殊劳动关系

195

甲公司经常加班，引起职工不满。现工会代表与甲公司签订了集体合同。关于集体合同，下列哪些说法是正确的？（2021-回忆版-多）

A. 集体合同约定，每个月加班48小时，每年年假多放5天

B. 集体合同草案应当提交职工代表大会或者全体职工讨论通过

C. 集体合同签订后应当报劳动行政部门，劳动行政部门在15日内未提出异议的，集体合同生效

D. 因履行集体合同发生争议，经协商解决不成的，工会有权以自己的名义申请仲裁、提起诉讼

本题考点 集体合同；工作时间（加班）

选项分析 A选项，由于生产经营需要的加班，每月不得超过36小时。（《劳动法》第41条）该选项的集体合同约定每月加班48小时，即使增加年假，这种长时间的加班也损害了劳动者的身体健康，故该条款违法。A选项错误。

B选项，集体合同是劳动者和用人单位签订具体劳动合同的基础，它和劳动者的基本利益相关，所以，《劳动合同法》第51条第1款规定，集体合同草案应当提交职工代表大会或者全体职工讨论通过。B选项正确。

C选项，集体合同采取"默示生效"的方式，劳动行政部门自收到集体合同文本之日起15日内未提出异议的，集体合同即行生效。（《劳动合同法》第54条第1款）C选项正确。

D选项，集体合同由工会代表企业职工一方与用人单位订立，所以工会是集体合同的一方当事人。《劳动合同法》第56条规定，因履行集体合同发生争议，经协商解决不成的，工会可以依法申请仲裁、提起诉讼。D选项正确。

参考答案 BCD

196

甲医院想要扩大院区，决定从乙劳务派遣公司招聘临时引导员。甲医院扩建的工程期约1年。关于劳务派遣，下列说法正确的有：（2024-回忆版-多）

A. 引导员的加班工资由乙劳务派遣公司支付
B. 乙劳务派遣公司可以是甲医院的股东管理的劳务派遣公司
C. 双方可以约定引导员的工作期限到工程结束
D. 甲医院不得将引导员再派遣到其他用人单位

本题考点 劳务派遣

选项分析 A选项：

（1）《劳动合同法》第60条第2款规定："劳务派遣单位不得克扣用工单位按照劳务派遣协议支付给被派遣劳动者的劳动报酬。"可知，在劳务派遣法律关系中，被派遣劳动者（引导员）的工资由劳务派遣单位（乙公司）支付。

（2）《劳动合同法》第62条第1款规定："用工单位应当履行下列义务：……③支付加班费、绩效奖金，提供与工作岗位相关的福利待遇；……"可知，被派遣劳动者（引导员）的加班费应当由用工单位（甲医院）支付。

A选项错误。

B选项，《劳动合同法》第67条规定："用人单位不得设立劳务派遣单位向本单位或者所属单位派遣劳动者。"B选项错误。

C选项，劳务派遣用工只能在临时性、辅助性或者替代性的工作岗位上实施。临时性工作岗位是指存续时间不超过6个月的岗位；辅助性工作岗位是指为主营业务岗位提供服务的非主营业务岗位。（《劳动合同法》第66条第1、2款）本题中，甲医院扩建的工程期超过6个月，虽然不符合临时性工作岗位，但"引导员"在医院中属于"非主营业务岗位"，可以劳务派遣用工形式，并且，对岗位的存续时间没有限制。C选项正确。

D选项，劳务派遣法律关系中，禁止"转派遣"，即《劳动合同法》第62条第2款的规定："用工单位不得将被派遣劳动者再派遣到其他用人单位。"D选项正确。

参考答案 CD

197

甲劳务派遣公司将员工李某派至乙公司，在工作期间，李某遭遇事故死亡。经查，甲公司未缴纳工伤保险。据此，下列说法正确的是：（2022-回忆版-单）

A. 应由甲公司承担工伤保险责任
B. 应由甲公司和乙公司共同承担工伤保险责任
C. 应由乙公司承担工伤保险责任
D. 应由乙公司申请工伤认定

本题考点 劳务派遣

选项分析 劳务派遣法律关系中，劳务派遣单位是"用人单位"，是和劳动者签订劳动合同的主体。再者，工伤保险关系依附于劳动合同关系，所以，当被派遣的劳动者在用工单位因工作遭受事故伤害时，劳务派遣单位（用人单位）应当依法申请工伤认定，承担工伤保险责任。

据此可知，本题中，甲公司是劳务派遣单位，应当由其申请工伤认定并承担工伤保险责任。A选项正确，其余选项均错误。

参考答案 A

198

甲劳务派遣公司和李某签订劳动合同，派遣李某到乙公司工作。李某在乙公司工作期间一切正常，没有违法行为。现甲公司与乙公司签订的劳务派遣协议到期，甲公司提前30日告知李某，并提出两个方案：①按照原条件由甲公司派遣其到另一公司工作；②解除劳动合同。上述方案李某均未接受，于是甲公司单方解除与李某的劳动合同。关于本案解除劳动合同后的经济补偿和经济赔偿，下列哪一选项是正确的？（2021-回忆版-单）

A. 李某要求甲公司支付解除劳动合同的经济补偿
B. 李某要求乙公司支付解除劳动合同的经济补偿
C. 李某要求甲公司支付解除劳动合同的经济赔偿
D. 李某要求甲公司和乙公司连带支付解除劳动合同的经济补偿

本题考点 劳务派遣；劳动合同的解除（经济补偿）

选项分析 A、C选项：

（1）解约经济补偿，针对的是用人单位合法解除合同的情形（如裁员、劳动者不能胜任等）。

（2）解约经济赔偿，针对的是用人单位违法解除合同的情形（包括解除劳动合同的理由违法、程序违法）。

（3）本题中，因为劳务派遣协议到期，劳动者被用工单位依法退工，但劳动者和劳务派遣单位（用人单位）的劳动合同尚未到期，劳务派遣单位（甲公司）应当重新派遣。

（4）此时要区分两种情况：①重新派遣时维持或者提高劳动合同约定条件，被派遣劳动者不同意的，劳务派遣单位可以解除劳动合同。②重新派遣时降低劳动合同约定条件，被派遣劳动者不同意的，劳务派遣单位不得解除劳动合同。但被派遣劳动者提出解除劳动合同的除外。（《劳务派遣暂行规定》第15条）

（5）依题意，甲公司是维持原劳动合同约定条件重新派遣，李某拒绝，甲公司有权解除劳动合同。所以本题中，甲公司属于合法解除劳动合同，应当支付经济补偿，而非经济赔偿。

A选项正确，C选项错误。

B、D选项，劳务派遣协议是由用人单位（甲公司）和用工单位（乙公司）签订的，劳务派遣协议期满，用工单位当然可以将被派遣劳动者退回劳务派遣单位。所以，用工单位（乙公司）在退工问题上并无过错，无需对劳动者（李某）承担责任。可知，B、D选项要求乙公司承担责任，均是错误的。

参考答案 A

199

甲餐饮公司欲招聘小时工，张三前来应聘，甲餐饮公司人力主管告知张三每周工作7天，每天工作3小时，试用期2个月，工资采取时薪制并按月支付。关于双方约定的劳动合同的内容，依据《劳动合同法》的规定，下列哪些说法是正确的？（2019-回忆版-多）

A. 甲餐饮公司按月支付工资违反法律规定
B. 试用期不符合法律规定，应不得超过

1个月

C. 每周工作时间超过法定期限

D. 合同允许张三在不影响本公司工作完成的情况下同时在另外两家公司上班

本题考点 非全日制用工

选项分析 非全日制用工，是指以小时计酬为主的一种灵活用工形式，它和固定期限劳动合同相比，具有更大的灵活性。

　　A选项，非全日制用工劳动报酬结算支付周期最长不得超过15日。所以，甲餐饮公司按月支付工资错误。A选项正确。

　　B选项，非全日制用工双方当事人不得约定试用期。所以，B选项关于试用期"不得超过1个月"的约定错误。

　　C选项，非全日制用工采取劳动者在同一用人单位一般平均每日工作时间不超过4小时，每周工作时间累计不超过24小时的用工形式。该种灵活用工形式，仅规定了每周工作时间的上限，但没有规定"用人单位应当保证劳动者每周至少休息1日"。故依题干可知，每周工作时间为21小时，未超过法定期限，是合法的。C选项错误。

　　D选项，从事非全日制用工的劳动者可以与1个或者1个以上用人单位订立劳动合同；但是，后订立的劳动合同不得影响先订立的劳动合同的履行。D选项正确。

参考答案 AD

专题37 劳动争议的认定和处理

200

A市甲劳务派遣公司把李某派遣到B市乙公司工作，1年来一直没给李某发过工资。李某分别向甲公司所在地和乙公司所在地的劳动争议仲裁委员会申请仲裁，均被受理。本案最终应由哪个仲裁机构管辖？（2021-回忆版-单）

A. 乙公司所在地的劳动争议仲裁委员会管辖

B. 甲公司所在地的劳动争议仲裁委员会管辖

C. 先受理的劳动争议仲裁委员会管辖

D. 两个劳动争议仲裁委员会协商管辖

本题考点 劳动争议的仲裁（管辖）

选项分析 本题是同一当事人就同一争议事项向两个有管辖权的仲裁机构申请仲裁，应当依据"受理在先"这一通常原则确定管辖机构。C选项当选。

　　[易错] 本题不是"双方当事人分别申请"，而是"同一当事人分别申请"。如果是双方当事人分别向劳动合同履行地和用人单位所在地的劳动争议仲裁委员会申请仲裁，由劳动合同履行地的劳动争议仲裁委员会管辖。（《劳动争议调解仲裁法》第21条第2款）

参考答案 C

总结

　　不要混淆：双方当事人分别申请管辖，不依据"受理在先"原则确定管辖，而依据"劳动合同履行地"确定管辖。

201

小张是甲学校聘用的工作人员，因为不喜欢北京的气候欲辞去工作，但被甲学校拒绝。乙法律援助中心协助小张成功离职，但是甲学校拒不支付小张最后一个月的工资3000元。小张欲申请劳动争议仲裁。关

于本案，下列哪一选项说法是正确的？（2019-回忆版-单）

A. 小张辞职的理由不合理，不能辞职
B. 工作3年的甲学校工会工作人员李某可以做该劳动争议仲裁的仲裁员
C. 小张可以委托乙法律援助中心参加仲裁活动
D. 如此案提交劳动争议仲裁，甲学校一方对仲裁裁决不服的，有权向法院起诉

本题考点 劳动合同的解除理由；劳动争议的仲裁程序（小额纠纷仲裁）

选项分析 A选项，劳动者享有自由解除劳动合同的权利，提前30日以书面形式通知用人单位即可，无需"以合理理由解除劳动合同"。（《劳动合同法》第37条）A选项错误。

B选项，《劳动争议调解仲裁法》第20条第2款规定："仲裁员应当公道正派并符合下列条件之一：①曾任审判员的；②从事法律研究、教学工作并具有中级以上职称的；③具有法律知识、从事人力资源管理或者工会等专业工作满5年的；④律师执业满3年的。"本题李某从事工会等专业工作，需要工作满5年方可担任劳动争议仲裁的仲裁员。B选项错误。

C选项，《劳动争议调解仲裁法》第24条规定："当事人可以委托代理人参加仲裁活动。……"C选项正确。

D选项，本题系因追索劳动报酬引发的争议，且金额为3000元，属于小额纠纷。依据《劳动争议调解仲裁法》第47、48条的规定，只有劳动者（小张）对仲裁裁决不服可以起诉，用人单位（甲学校）不得起诉。D选项错误。（《劳动争议调解仲裁法》第47条规定："下列劳动争议，除本法另有规定的外，仲裁裁决为终局裁决，裁决书自作出之日起发生法律效力：①追索劳动报酬、工伤医疗费、经济补偿或者赔偿金，不超过当地月最低工资标准12个月金额的争议；②因执行国家的劳动标准在工作时间、休息休假、社会保险等方面发生的

争议。"同法第48条规定："劳动者对本法第47条规定的仲裁裁决不服的，可以自收到仲裁裁决书之日起15日内向人民法院提起诉讼。"）

参考答案 C

202

友田劳务派遣公司（住所地为甲区）将李某派遣至金科公司（住所地为乙区）工作。在金科公司按劳务派遣协议向友田公司支付所有费用后，友田公司从李某的首月工资中扣减了500元，李某提出异议。对此争议，下列哪些说法是正确的？（2015/1/71-多）

A. 友田公司作出扣减工资的决定，应就其行为的合法性负举证责任
B. 如此案提交劳动争议仲裁，当事人一方对仲裁裁决不服的，有权向法院起诉
C. 李某既可向甲区也可向乙区的劳动争议仲裁机构申请仲裁
D. 对于友田公司给李某造成的损害，友田公司和金科公司应承担连带责任

本题考点 劳动争议仲裁规则；劳务派遣

选项分析 A选项，发生劳动争议，当事人对自己提出的主张，有责任提供证据。与争议事项有关的证据属于用人单位掌握管理的，用人单位应当提供；用人单位不提供的，应当承担不利后果。（《劳动争议调解仲裁法》第6条）本题中，友田公司是用人单位，其扣减工资减少了李某的劳动报酬。由于工资标准由用人单位制定和掌握，因此，因用人单位减少劳动报酬决定而发生的劳动争议，由用人单位负举证责任。A选项正确。

B选项，本题是因追索劳动报酬引发的争议，且金额为500元，只有劳动者（李某）对仲裁裁决不服可以起诉，用人单位（友田公司）不得起诉。B选项错误，错在"当事人一方"有权起诉。（《劳动争议调解仲裁法》第47条规定："下列劳动争议，除本法另有规定的

外，仲裁裁决为终局裁决，裁决书自作出之日起发生法律效力：①追索劳动报酬、工伤医疗费、经济补偿或者赔偿金，不超过当地月最低工资标准12个月金额的争议；②因执行国家的劳动标准在工作时间、休息休假、社会保险等方面发生的争议。"同法第48条规定："劳动者对本法第47条规定的仲裁裁决不服的，可以自收到仲裁裁决书之日起15日内向人民法院提起诉讼。"）

C选项：

（1）劳动争议由劳动合同履行地或者用人单位所在地的劳动争议仲裁委员会管辖。双方当事人分别向劳动合同履行地和用人单位所在地的劳动争议仲裁委员会申请仲裁的，由劳动合同履行地的劳动争议仲裁委员会管辖。（《劳动争议调解仲裁法》第21条第2款）

（2）本题中，甲区是用人单位（友田公司）所在地，乙区是劳动合同履行地（金科公司所在地）。并且本题中没有出现"双方当事人分别"申请仲裁，所以，李某既可向甲区也可向乙区的劳动争议仲裁机构申请仲裁。

C选项正确。

D选项，易掉进陷阱：

（1）用工单位给被派遣劳动者造成损害的，劳务派遣单位与用工单位承担连带赔偿责任。（《劳动合同法》第92条第2款）该规定的意思是"用工单位造成损害时，用人单位要连带"。

（2）但是，该选项是用人单位（友田公司）扣减李某的工资，属于"用人单位造成损害"，应当由用人单位承担赔偿责任。由于用工单位（金科公司）没有过错，因此，金科公司承担连带责任没有法律依据。

D选项错误。

参考答案 AC

总结

（1）证据属于用人单位掌握管理的，由用人单位举证；

（2）小额纠纷，劳动者不服仲裁可起诉；（倾斜保护）

（3）劳动争议管辖二选一（劳动合同履行地或用人单位所在地）；

（4）用工单位害劳动者：用人单位+用工单位连带责任。

203

邹某系甲公司员工，双方未签订书面劳动合同。后邹某因工受伤，再未到甲公司工作，甲公司也未出具解除劳动合同的证明。后因解除劳动合同纠纷，邹某提起仲裁，要求甲公司支付未签订劳动合同的双倍工资差额。甲公司不服仲裁裁决，提起诉讼。下列哪一选项是正确的？（2018-回忆版-单）

A. 邹某在仲裁时，未提供由甲公司掌握管理的入职资料的，应承担不利后果

B. 邹某在诉讼中，应对由甲公司掌握管理的工资清单承担举证责任

C. 甲公司在仲裁时，未及时提供由其掌握管理的邹某的工资清单的，应承担不利后果

D. 如甲公司系小微企业，在诉讼时就无须对解除劳动合同时间承担举证责任

本题考点 劳动争议（举证责任）

选项分析 发生劳动争议，与争议事项有关的证据属于用人单位掌握管理的，用人单位应当提供；用人单位不提供的，应当承担不利后果。（《劳动争议调解仲裁法》第6条）据此可知：

A选项，由"甲公司掌握管理的入职资料"可知，该证据劳动者无法取得，所以应当由用人单位提供。A选项错误。

B、C选项，用人单位制定工资标准并负责发放职工工资，所以工资清单是由用人单位掌握管理的。该类证据也属于用人单位需要提供的证据。B选项错误，C选项正确。

D选项，"小微企业"也是用人单位，法律仅规定了承担举证责任的主体，这和企业规模无关。D选项错误。

参考答案 C

第十二讲

社会保险与军人保险法律关系

专题 38 社会保险与军人保险法律关系

一、基本社会保险的法律规则

204 近年来，关于基本养老保险的"缴满15年（20年）不用再缴，坐等退休"、"中途断缴，竹篮打水一场空"等话题引起群众热切关注。对此，下列选项正确的是：（2024-回忆版-单）

A. 断缴后，通过续缴或补缴，达到法定年限的，仍可领取基本养老金
B. 缴满法定年限后，个人可不再缴纳基本养老保险费
C. 缴满法定年限后，单位可不再为员工缴纳基本养老保险费
D. 缴满法定年限后，即使未到法定退休年龄，也可领取基本养老金

本题考点 基本养老保险

选项分析 A选项，我国实行"基本养老保险关系随本人转移，缴费年限累计计算"的政策。（《社会保险法》第19条）所以，基本养老保险费断缴后，可以按照规定补缴。A选项正确。

B、C选项，《社会保险法》第10条第1款规定："职工应当参加基本养老保险，由用人单位和职工共同缴纳基本养老保险费。"因此，只要形成了劳动法律关系，职工和用人单位均要承担缴费义务，该义务不受是否已缴满法定最低年限的限制。B、C选项均错误。

D选项，参加基本养老保险的个人，同时满足下列两个条件的，可按月领取基本养老金：①达到法定退休年龄；②累计缴费满法定最低年限。（《社会保险法》第16条第1款）D选项"未到法定退休年龄，也可领取基本养老金"错误。

参考答案 A

205

甲公司员工杨某生活困难，但仍被裁员。后杨某申请仲裁，要求甲公司支付补偿金，得到支持，但甲公司并未履行。杨某向税务机关举报甲公司未缴纳社保。经查，甲公司的账户有大量余额。据此，下列哪些说法是正确的？（2024-回忆版-多）

A. 税务机关可以申请法院强制征缴
B. 税务机关可以冻结甲公司的账户
C. 人社局可以冻结甲公司的账户
D. 杨某可以申请法院强制执行仲裁裁决

本题考点 社会保险费的征缴

选项分析 A、B选项：

（1）社会保险费征收机构，包括税务机关、社会保险经办机构。（《社会保险法》第63条第1款规定，用人单位未按时足额缴纳社会保险费的，由社会保险费征收机构责令其限期缴纳或者补足。《社会保险费征缴暂行条例》第6条规定，社会保险费的征收机构由省、自治区、直辖市人民政府规定，可以由税务机关征收，也可以由劳动保障行政部门按照国务院规定设立的社会保险经办机构征收。）

（2）缴费单位逾期拒不缴纳社会保险费、滞纳金的，由劳动保障行政部门或者税务机关申请人民法院依法强制征缴。（《社会保险费征缴暂行条例》第26条）可知，税务机关虽然是社会保险费的合法征收机构，但强制征缴应向法院提出申请。

（3）[易错] 本题不要和税收保全措施混淆。《税收征收管理法》第38条第1款第1项规定了税务机关可以采取"冻结纳税人的金额相当于应纳税款的存款"的税收保全措施，但该项措施实施的前提是"从事生产、经营的纳税人有逃避纳税义务的行为"，如纳税人有明显的转移、隐匿其应纳税的商品、货物以及其他财产或者应纳税的收入的迹象。但本题中，甲公司并非逃避纳税义务，而是未缴纳社会保险费。

可知，A选项正确，B选项错误。

C选项，劳动保障行政部门不能直接"冻结"账户，而是应当申请法院依法强制征缴。（理由同上）C选项错误。

D选项，杨某是劳动争议一方当事人，有权向法院申请执行生效的劳动争议仲裁裁决。（《劳动争议调解仲裁法》第51条规定："当事人对发生法律效力的调解书、裁决书，应当依照规定的期限履行。一方当事人逾期不履行的，另一方当事人可以依照民事诉讼法的有关规定向人民法院申请执行。受理申请的人民法院应当依法执行。"）D选项正确。

参考答案 AD

206

王某和萱草公司签订劳动合同，萱草公司为王某买了失业保险。关于王某离开该公司后申请领取失业保险金的问题，下列哪一选项是正确的？（2020-回忆版-单）

A. 王某在领取失业保险金期间，不再参加职工基本医疗保险
B. 王某在领取失业保险金期间参加职工基本医疗保险的，其需要缴纳基本医疗保险费
C. 王某在领取失业保险金期间参加职工基本医疗保险的，其应缴纳的基本医疗保险费从失业保险基金中支付
D. 王某根据有关规定领取的失业救济金，萱草公司可以从经济补偿金中作适当扣除

本题考点 失业保险

选项分析 A、B、C选项，《社会保险法》第48条规定："失业人员在领取失业保险金期间，参加职工基本医疗保险，享受基本医疗保险待遇。失业人员应当缴纳的基本医疗保险费从失业保险基金中支付，个人不缴纳基本医疗保险费。"根据该法条可以直接得出结论。A、B选项错误，C选项正确。

D选项：

（1）"失业救济金"是失业人员从国家和

社会获得的帮助；"经济补偿金"是合同解除时用人单位支付的金额。二者性质不同，并行不悖。

（2）劳动合同解除后，用人单位对符合规定的劳动者应支付经济补偿金。不能因劳动者领取了失业救济金而拒付或克扣经济补偿金，失业保险机构也不得以劳动者领取了经济补偿金为由，停发或减发失业救济金。（《关于贯彻执行〈中华人民共和国劳动法〉若干问题的意见》第43条）因此，该选项中萱草公司的做法违反法律规定。

D选项错误。

参考答案 C

207

乙劳务派遣公司（以下简称"乙公司"）派遣李某到甲公司从事销售工作，但甲公司和乙公司均没有为李某缴纳社会保险费，李某在一次接甲公司客户的途中发生交通事故，被鉴定为四级伤残。下列哪些说法是错误的？（2019-回忆版-多）

A. 李某可以担任甲公司销售部经理
B. 虽然甲公司没有为李某缴纳社会保险费，但李某在甲公司工作期间发生工伤事故，甲公司仍应当向李某支付工伤保险待遇
C. 李某被认定为四级伤残，其按月领取的伤残津贴应当从工伤保险基金中支付
D. 李某在获得工伤保险待遇后不可向肇事司机索赔

本题考点 工伤保险；劳务派遣；民事侵权责任与工伤保险责任竞合

选项分析 A选项，劳务派遣用工只能从事临时性、辅助性、替代性的工作岗位。"辅助性工作岗位"，是指为主营业务岗位提供服务的非主营业务岗位。A选项中派遣李某到甲公司做销售部经理，这已经是主营业务岗位。A选项错误，当选。

B、C选项：

（1）在劳务派遣法律关系中，应当由用人单位（乙公司）缴纳工伤保险费；用人单位未依法缴纳工伤保险费，发生工伤事故的，由用人单位支付工伤保险待遇。所以，只要李某被认定为工伤，即使没有为李某缴纳社会保险费，工伤保险待遇仍应当由乙公司支付。

（2）同理，因为乙公司违反了为劳动者缴纳社会保险费的法定义务，故该笔费用不再从工伤保险基金中支付。

B、C选项错误，当选。

D选项，本题中，李某属于"因第三人的原因受到伤害"，对该问题的处理是，"民事赔偿和工伤保险待遇可兼得，但医疗费用除外"。李某仍有向肇事司机追究民事侵权责任的权利。

D选项错误，当选。

参考答案 ABCD（本题为"选错题"）

208

某商场使用了由东方电梯厂生产、亚林公司销售的自动扶梯。某日营业时间，自动扶梯突然逆向运行，造成顾客王某、栗某和商场职工薛某受伤，其中栗某受重伤，经治疗半身瘫痪，数次自杀未遂。现查明，该型号自动扶梯在全国已多次发生相同问题，但电梯厂均通过更换零部件、维修进行处理，并未停止生产和销售。

职工薛某被认定为工伤且被鉴定为六级伤残。关于其工伤保险待遇，下列选项正确的是：（2015/1/97-任）

A. 如商场未参加工伤保险，薛某可主张商场支付工伤保险待遇或者承担民事人身损害赔偿责任
B. 如商场未参加工伤保险也不支付工伤保险待遇，薛某可主张工伤保险基金先行支付
C. 如商场参加了工伤保险，主要由工伤保险基金支付工伤保险待遇，但按月领取的伤残津贴仍由商场支付
D. 如电梯厂已支付工伤医疗费，薛某仍有权获得工伤保险基金支付的工伤医疗费

本题考点 工伤保险；民事侵权责任与工伤保险责任竞合

选项分析 A 选项，未参保单位职工发生工伤时，薛某主张用人单位（商场）支付工伤保险待遇完全正确。但薛某是因为第三人的行为受了工伤，其可以请求电梯的经营者承担民事赔偿责任，而不能请求商场承担侵权责任。A 选项错误，错在用人单位"承担民事人身损害赔偿责任"。

[易错] 薛某是商场的职工，他和商场是"劳动者与用人单位"的劳动关系。不要和《消费者权益保护法》中消费者可以请求商场等经营场所承担侵权责任混淆。

B 选项，用人单位应当参加工伤保险，缴纳工伤保险费，这是用人单位的义务。但是现实中有的用人单位未参保，就未参保用人单位职工发生工伤事故的处理，规定在《社会保险法》第 41 条中，即："职工所在用人单位未依法缴纳工伤保险费，发生工伤事故的，由用人单位支付工伤保险待遇。用人单位不支付的，从工伤保险基金中先行支付。从工伤保险基金中先行支付的工伤保险待遇应当由用人单位偿还。用人单位不偿还的，社会保险经办机构可以依照本法第 63 条的规定追偿。"B 选项正确。

C 选项，因"商场是参保单位"，此时薛某被鉴定为六级伤残，其伤残津贴应由用人单位（商场）支付。C 选项正确。（《社会保险法》第 39 条规定："因工伤发生的下列费用，按照国家规定由用人单位支付：①治疗工伤期间的工资福利；②五级、六级伤残职工按月领取的伤残津贴；③终止或者解除劳动合同时，应当享受的一次性伤残就业补助金。"）

D 选项，由于第三人的原因造成工伤，第三人不支付工伤医疗费用或者无法确定第三人的，由工伤保险基金先行支付。工伤保险基金先行支付后，有权向第三人追偿。（《社会保险法》第 42 条）可知，电梯厂（侵权人）向薛某支付了工伤医疗费用后，工伤保险基金不再支付工伤医疗费用。D 选项错误。

参考答案 BC

总结

（1）未参保的，工伤保险待遇均由单位付。

（2）若参保，单位付三项：五、六级伤残津贴；治疗工伤期间的工资福利；一次性伤残就业补助金。

二、军人保险的法律规则

209

关于军人退役医疗保险、随军未就业的军人配偶保险，下列哪些说法是正确的？（2023-回忆版-多）

A. 军人退役医疗保险所需资金由国家承担，个人不缴纳保险费
B. 军人服现役年限与入伍前和退出现役后参加职工基本医疗保险的缴费年限合并计算
C. 随军未就业的军人配偶享有养老保险、医疗保险、工伤保险、生育保险的待遇
D. 随军未就业的军人配偶无正当理由拒不接受当地政府就业安置的，国家停止给予保险缴费补助

本题考点 军人保险（退役医疗保险、随军未就业配偶保险）

选项分析 A 选项，根据《军人保险法》第 20 条的规定：①参加军人退役医疗保险的军官、文职干部和士官应当缴纳军人退役医疗保险费，国家按照个人缴纳的军人退役医疗保险费的同等数额给予补助；②义务兵和供给制学员不缴纳军人退役医疗保险费，国家按照规定的标准给予军人退役医疗保险补助。可知，并非所有军人均不缴纳军人退役医疗保险费。A 选项错误。

B 选项，除军人伤亡保险外，其他三个险种，即军人退役养老保险、军人退役医疗保险、随军未就业的军人配偶保险，在计算缴费年限时，都是按照"军龄+社龄"合并计算。B 选项正确。

C选项，根据《军人保险法》第25条第1款的规定，国家为随军未就业的军人配偶建立养老保险、医疗保险等。C选项错误，错在扩大了随军未就业的军人配偶保险的范围，其不包括工伤保险、生育保险。

D选项，根据《军人保险法》第25条第1款、第29条的规定：①随军未就业的军人配偶参加保险，应当缴纳养老保险费和医疗保险费，国家给予相应的补助。同时，地方人民政府和有关部门应当为随军未就业的军人配偶提供就业指导、培训等方面的服务。②但是，随军未就业的军人配偶无正当理由拒不接受当地人民政府就业安置，或者无正当理由拒不接受当地人民政府指定部门、机构介绍的适当工作、提供的就业培训的，停止给予保险缴费补助。D选项正确。

参考答案 BD

210

孙某退伍前因一次救灾活动受伤并被评定为八级伤残，退伍后到甲公司担任司机。某日，孙某按照甲公司要求到机场接机，途中遭遇车祸，造成五级伤残，并且导致在部队的旧伤复发。该公司没有为孙某缴纳工伤保险费。对此，下列哪一选项是正确的？（2019-回忆版-单）

A. 孙某可以同时申领工伤保险待遇和军人伤亡保险待遇
B. 孙某可以每月向公司申领伤残津贴
C. 因旧伤复发，孙某可以申请退役费的补偿
D. 因旧伤复发，甲公司有权申请从军人保险基金中拨付工伤保险待遇给孙某

本题考点 军人保险和基本社会保险的衔接

选项分析 A选项，因孙某退伍，现在已经不是现役军人，故无法享受军人伤亡保险待遇。A选项错误。

B选项，根据《社会保险法》第39条第2项的规定，因工伤发生的五级、六级伤残职工按月领取的伤残津贴，由用人单位支付。B选项正确。

C选项，《军人保险法》第13条规定，军人退出现役参加基本养老保险的，国家给予退役养老保险补助。所以，军人的退役补助是退役时支付，而本题中，孙某旧伤复发发生在其退役后，不再额外给予补偿。C选项错误。

D选项，孙某现役时因公致残，退出现役参加工作后旧伤复发，依法享受相应的工伤待遇。（《军人保险法》第11条）所以，孙某不再享受军人保险待遇。D选项错误。

参考答案 B

211

根据《军人保险法》的规定，军人因下列哪些原因死亡或者致残的，享受军人伤亡保险待遇？（2019-回忆版-多）

A. 张某，在被派往海地执行维和任务时，因交通事故受伤致残
B. 李某，在抢救营房火灾时受伤致残
C. 王某，在部队训练时因战友枪支走火受伤死亡
D. 唐某，在军营里酗酒后摔成重伤

本题考点 军人保险的险种（伤亡险）

选项分析 《军人保险法》第10条规定："军人因下列情形之一死亡或者致残的，不享受军人伤亡保险待遇：①故意犯罪的；②醉酒或者吸毒的；③自残或者自杀的；④法律、行政法规和军事法规规定的其他情形。"

可知，军人因战、因公死亡或致残的，应当享受军人伤亡保险待遇。但将故意犯罪、醉酒、吸毒、自残、自杀等排除在军人伤亡保险待遇之外。故唐某因"酗酒"导致的伤残，不享受军人伤亡保险待遇。A、B、C选项当选，D选项不当选。

参考答案 ABC

第十三讲 经济法

专题 39 反垄断法

212

我国境内具有 A 原料药和 B 原料药生产资质的企业只有甲医药公司（以下简称"甲公司"）和乙医药公司（以下简称"乙公司"），二者是相关制剂企业采购两种原料药的主要对象。甲公司与乙公司达成协议，约定乙公司停止销售该两种原料药，甲公司对乙公司进行补偿。但该协议还没有实施，就遭媒体曝光并被叫停。对此，下列哪一说法是正确的？（2023-回忆版-单）

A. 构成横向垄断协议
B. 该协议尚未实施，应当免除处罚
C. 如甲、乙公司能够证明是为了科技创新，可以不处罚
D. 如甲、乙公司能够证明未造成其他实际损失，可以减轻处罚

本题考点 垄断协议（认定、处理）；横向垄断协议（豁免条款）

选项分析 A 选项，垄断协议可以分为：①横向垄断协议。其指彼此存在竞争关系的企业之间的关系。②纵向垄断协议。其指处于不同经营阶段且有买卖关系的企业之间的关系。（《反垄断法》第17、18条）本题中，甲、乙公司为同行业，属于"具有竞争关系的经营者"，二者之间达成的固定或者变更商品价格的协议，构成典型的横向垄断协议。A 选项正确。

B、D 选项，经营者尚未实施所达成的垄断协议的，可以处 300 万元以下的罚款。（《反垄断法》第56条第1款）因此，对垄断协议的处罚，并非以是否"实施"、是否"造成实际损失"为标准，而是"达成协议即可罚"。B、D 选项错误。

C 选项，《反垄断法》第20条规定了"垄断协议的豁免条款"，如果经营者所达成的协议属于"为改进技术、研究开发新产品"，并且经营者能够证明所达成的协议不会严重限制

· 145 ·

相关市场的竞争、能够使消费者分享由此产生的利益，不构成垄断协议。本题中，难以认定甲、乙公司之间并非以限制竞争为目的，不应适用豁免条款。C选项错误。

参考答案 A

213

甲公司是国内著名儿童安全椅的生产厂家，占据全国市场60%的份额。乙公司是甲公司最大的经销商。两个公司约定，某型号儿童安全椅最低销售价为3000元，实际成本为500元。据此，下列哪一说法是正确的？（2021-回忆版-单）

A. 甲公司和乙公司构成横向垄断协议
B. 甲公司和乙公司构成纵向垄断协议
C. 若乙公司主动向反垄断执法机构报告并提供重要证据，应当免受处罚
D. 若甲公司主动将产品价格降至500元，应当免受处罚

本题考点 垄断协议（认定、处理）

选项分析 A选项，横向垄断协议，是指具有竞争关系的经营者达成的垄断协议（《反垄断法》第17条），也即"同行"之间达成的垄断协议。显然，本题中的甲公司和乙公司并非同行，不符合横向垄断协议的概念。A选项错误。

B选项：

（1）《反垄断法》第18条第1款规定了纵向垄断协议，即经营者与交易相对人达成下列垄断协议：①固定向第三人转售商品的价格；②限定向第三人转售商品的最低价格；③国务院反垄断执法机构认定的其他垄断协议。

（2）甲、乙公司属于生产商和经销商，是处于不同经营阶段且有买卖关系的企业，二者联合确定最低价格符合上述"经营者与交易相对人达成垄断协议"，构成纵向垄断协议。B选项正确。

C选项，经营者主动向反垄断执法机构报告达成垄断协议的有关情况并提供重要证据的，

反垄断执法机构可以酌情减轻或者免除对该经营者的处罚。（《反垄断法》第56条第3款）C选项错误，错在"应当免受处罚"，因为法条的措辞是"酌情"，意指并非"必然"减轻或免除处罚。

D选项，本题中，垄断协议已经达成并实施，对其处理是"停止违法行为，没收违法所得，并处上一年度销售额1%以上10%以下的罚款，上一年度没有销售额的，处500万元以下的罚款"。D选项错误，错在"免受处罚"。

参考答案 B

214

天清自来水公司（以下简称"天清公司"）为甲镇独家供应自来水，甲镇没有其他可替代的供水主体。天清公司要求申请用水的用户预先填报一份"用户自愿申请表"，不管当月是否用水，都按照每月底数8立方米的水费交钱，以此作为通水的前提。对此，下列说法正确的有：（2024-回忆版-多）

A. 天清公司侵害了用户的自主选择权
B. 若天清公司能证明自然垄断属性，则该行为合法
C. 若用户可自己挖建供水池，则天清公司不构成垄断
D. 天清公司构成滥用市场支配地位

本题考点 消费者的权利（自主选择权）；滥用市场支配地位

选项分析 A选项，自主选择权，是指消费者享有自主选择商品或者服务的权利。消费者在自主选择商品或者服务时，有权进行比较、鉴别和挑选。天清公司通过设置通水的前置条件，损害了消费者自主选择接受或不接受服务的权利。A选项正确。

B选项，自来水行业具有公共服务的特性，容易自然形成控制地位，对该类经营者的经营行为及其服务的价格，仍然需要依法实施监管和调控，该类经营者不得利用其控制地位损害

消费者利益。B 选项错误。(《反垄断法》第 8 条规定："国有经济占控制地位的关系国民经济命脉和国家安全的行业以及依法实行专营专卖的行业，国家对其经营者的合法经营活动予以保护，并对经营者的经营行为及其商品和服务的价格依法实施监管和调控，维护消费者利益，促进技术进步。前款规定行业的经营者应当依法经营，诚实守信，严格自律，接受社会公众的监督，不得利用其控制地位或者专营专卖地位损害消费者利益。")

C 选项，用户是否可以自己挖建供水池，与天清公司的行为是否违法没有因果关系。C 选项错误。

D 选项，天清公司因在当地独家提供公共事务职能，在供水服务市场具有不可替代的市场支配性。虽然用户申请表使用"自愿"字样，但用户并无选择权，只能接受不合理交易条件。天清公司设置"愿意按照每月底数 8 立方米计量缴费"等通水的前置条件，没有法律、法规和政策依据，不具有正当理由，属于"在交易时附加其他不合理的交易条件"，构成滥用市场支配地位。(《反垄断法》第 22 条第 1 款第 5 项) D 选项正确。

参考答案 AD

215

萱草自来水公司（以下简称"萱草公司"）为某市提供城市居民用水。萱草公司与乙公司签订某房地产项目供水合同时，指定由甲公司负责该项目的给水工程设计，并直接将以甲公司作为合同当事人的格式合同交给乙公司签字。对此，下列哪一说法是正确的？（2021-回忆版-单）

A. 只要萱草公司在当地独家经营，就能认定其具有市场支配地位
B. 判断是否构成垄断，应界定萱草公司所涉相关市场
C. 若构成垄断，应定性为没有正当理由，拒绝与交易相对人进行交易
D. 若构成垄断，反垄断执法机构仅能向该市水务局提出处理建议

本题考点 滥用市场支配地位

选项分析 A 选项，市场支配地位 ≠ 独家经营。判断是否具有市场支配地位，关键在于经营者是否能"控制、阻碍、影响"其他经营者，应当综合考虑相关市场的市场份额、该经营者控制销售市场或者原材料采购市场的能力、其他经营者对该经营者在交易上的依赖程度等多种因素。A 选项只考虑其一，未综合考虑，错误。

B 选项，相关市场，是指经营者在一定时期内就特定商品或者服务进行竞争的商品范围和地域范围。任何竞争行为（包括垄断行为）均发生在一定的市场范围内，界定相关市场就是明确经营者竞争的市场范围。因此，相关市场的界定通常是对垄断行为进行分析的起点。B 选项正确。

C 选项，即使确认经营者（萱草公司）滥用市场支配地位，其定性也应为"没有正当理由，限定交易相对人只能与其进行交易或者只能与其指定的经营者进行交易"（《反垄断法》第 22 条第 1 款第 4 项），即构成"限定交易"，而非"拒绝交易"。C 选项错误。

D 选项，对于经营者的垄断行为，包括垄断协议、滥用市场支配地位、经营者集中等，反垄断执法机构均有权直接查处。D 选项错误。

[易混] 对行政机关排除、限制竞争的行为，反垄断执法机构只能提出处理建议，不能直接查处。

参考答案 B

216

奇能公司是电动车领域的巨头，为了扩张产业链，与下述企业签订了一系列协议。关于应当向反垄断执法机构申报或说明的情况，下列判断正确的是：（2019-回忆版-单）

A. 与某太阳能企业达成信息互通共享协议，需要事先申报
B. 收购某电池公司并达到国务院规定的申报标准，需提交该次收购对电动车市场竞争状况影响的说明
C. 收购自己的子公司股份达到60%并达到国务院规定的申报标准，需要事先申报
D. 电霸公司分别持有奇能公司和A公司各51%的股份，现奇能公司收购A公司股份，达到国务院规定的申报标准，需事先申报

本题考点 经营者集中

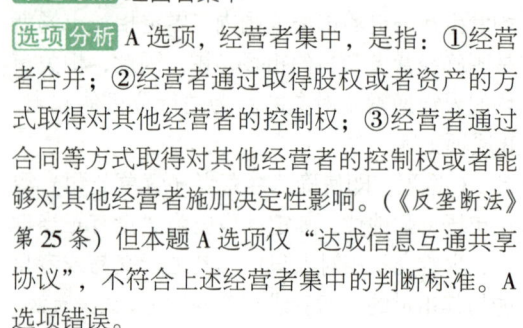

选项分析 A选项，经营者集中，是指：①经营者合并；②经营者通过取得股权或者资产的方式取得对其他经营者的控制权；③经营者通过合同等方式取得对其他经营者的控制权或者能够对其他经营者施加决定性影响。（《反垄断法》第25条）但本题A选项仅"达成信息互通共享协议"，不符合上述经营者集中的判断标准。A选项错误。

B选项，经营者申报集中，应当提交相关文件、资料。（《反垄断法》第28条第1款）B选项正确。

C、D选项，根据《反垄断法》第27条的规定，已经形成控制与被控制关系的经营者之间的集中，不用申报。具体包括：①参与集中的一个经营者拥有其他每个经营者50%以上有表决权的股份或资产的，无需申报；②参与集中的每个经营者50%以上有表决权的股份或者资产被同一个未参与集中的经营者拥有的，无需申报。C、D选项错误。

参考答案 B

总结

形成控制与被控制关系的企业间再集中的，无需申报。

217

B市甲公司生产用于出租行业的无人驾驶汽车500辆，若投入市场，其起步价为5元，每公里0.5元。A市现有需要驾驶人员的出租汽车2万辆，起步价为10元，每公里1元。为了保护本市出租汽车营运人员的收益，2024年8月，A市政府颁布了限制外地生产的无人驾驶汽车在本市运营的文件。据此，下列说法正确的是：（2024-回忆版-单）

A. A市政府属于正常的行政管理行为
B. A市政府构成滥用行政权力排除、限制竞争
C. 甲公司构成低价倾销
D. 国务院反垄断执法机构可以责令A市政府改正

本题考点 行政性垄断

选项分析 A、B选项，《反垄断法》第45条规定，行政机关和法律、法规授权的具有管理公共事务职能的组织不得滥用行政权力，制定含有排除、限制竞争内容的规定。本题中，A市政府以官方文件的形式，限制了外地生产的无人驾驶汽车进入本地市场，无疑损害了合法竞争的市场环境，构成行政性垄断。A选项错误，B选项正确。

C选项：

（1）市场支配地位，是指经营者在相关市场内具有能够控制商品价格、数量或者其他交易条件，或者能够阻碍、影响其他经营者进入相关市场能力的市场地位；

（2）低价倾销，是指没有正当理由，以低于成本的价格销售商品，属于滥用市场支配地位的行为；（《反垄断法》第22条第1款第2项）

（3）本题中，难以认定B市甲公司生产的无人驾驶汽车已经构成在相关市场内的市场支配地位，所以，认定甲公司构成低价倾销，依据不足。

C 选项错误。

D 选项，构成 A 市政府滥用行政权力，实施排除、限制竞争行为的，应当由上级机关责令改正；反垄断执法机构仅有"建议权"，可以向有关上级机关提出依法处理的建议。(《反垄断法》第 61 条第 1 款）D 选项错误。

参考答案 B

218

某市公安局出台文件，指定当地印章协会统一负责全市新型防伪印章系统的开发建设，强令全市公安机关和刻章企业卸载正在使用的、经公安部检测通过的软件系统，统一安装印章协会开发的软件系统，并要求刻章企业向印章协会购买刻章设备和章料。根据《反垄断法》的相关规定，反垄断执法机构拟采取的下列哪一措施是正确的？（2018-回忆版-单）

A. 撤销该协会的社团资格
B. 责令该市公安局改正
C. 对该市公安局罚款
D. 建议该市人民政府责令该市公安局改正

本题考点 行政机关排除、限制竞争行为

选项分析 A 选项，行业协会组织本行业的经营者达成垄断协议，情节严重的，社会团体登记管理机关可以依法撤销登记。(《反垄断法》第 56 条第 4 款）反垄断执法机构无权撤销。A 选项错误。

B、C、D 选项，根据《反垄断法》第 61 条第 1 款的规定，行政机关（该市公安局）滥用行政权力，实施排除、限制竞争行为的，由上级机关责令改正；反垄断执法机构可以向有关上级机关提出依法处理的建议。可知，反垄断执法机构仅有建议权，而无处罚权。B、C 选项错误，D 选项正确。

参考答案 D

总结

对行政机关排除、限制竞争行为的处理：由上级行政机关处理，反垄断执法机构只有建议权。

专题 40 反不正当竞争法

219

甲单位成立于 20 世纪 80 年代，其名称和简称在我国具有一定影响。2018 年，乙单位成立，其在提供的服务和宣传中均载明本单位的名称，该名称中包含甲单位的简称。根据《反不正当竞争法》的相关规定，下列哪些选项是正确的？（2020-回忆版-多）

A. 若乙单位是仅提供公益服务而不从事生产经营活动的社会组织，无论相关公众是否误以为乙单位和甲单位存在特定联系，均不应认定乙单位实施了混淆行为

B. 若甲单位是仅提供公益服务而不从事生产经营活动的社会组织，即便乙单位是经营者，由于其使用的不是他人有一定影响的商业标识，因此也不应认定乙单位实施了混淆行为

C. 若没有引人误认为乙单位与甲单位存在特定联系或误认为乙单位提供的服务是甲单位的服务，则不应认定乙单位实施了混淆行为

D. 若认定乙单位实施了混淆行为，则在甲

单位因该行为所受到的实际损失、乙单位因该行为所获得的利益难以确定的情况下，法院可以根据情节判处乙单位给予甲单位 300 万元的赔偿

本题考点 混淆行为

选项分析 混淆行为，是指经营者实施的足以引人误认为是他人商品或者与他人存在特定联系的行为。混淆行为构成不正当竞争。

A 选项，《反不正当竞争法》的立法目的是维护市场竞争秩序，规范"经营者"在生产经营活动中的行为。若乙单位仅提供公益服务，没有从事商品生产、经营或者提供服务，则其不符合"经营者"的概念。所以，乙单位的名称中虽然包含甲单位的简称，但不构成"混淆行为"。A 选项正确。

B 选项，乙单位作为经营者，擅自使用他人（甲单位）有一定影响的企业名称（包括简称、字号等），引人误认为是他人商品或者与他人存在特定联系的，构成《反不正当竞争法》第 6 条第 2 项规定的经营者禁止从事的"混淆行为"。B 选项错误。

[易错] 虽然甲单位是提供公益服务的社会组织，但这不影响对乙单位混淆行为的定性。

C 选项，认定构成"混淆行为"的关键是"足以引人误认为是他人商品或者与他人存在特定联系"。C 选项已经明确告知没有引人误认，当然不构成混淆行为。C 选项正确。

D 选项，《反不正当竞争法》第 17 条第 4 款规定："……权利人因被侵权所受到的实际损失、侵权人因侵权所获得的利益难以确定的，由人民法院根据侵权行为的情节判决给予权利人 500 万元以下的赔偿。" D 选项正确。

参考答案 ACD

220

金硕巅峰公司是知名教育培训机构，其广告宣传语为"金硕巅峰，已助众多考生圆梦金硕"。飞跃公司为同行业教育培训机构，在其网站展示"金硕 VIP 全程班"课程的链接，点击该链接后跳转的是其自身的网站。对此，下列说法正确的是：（2022-回忆版-单）

A. 飞跃公司的行为会让人误认为其与金硕巅峰公司存在特定联系，其行为违法
B. 飞跃公司属于虚假宣传，其行为违法
C. 飞跃公司并未使用和金硕巅峰公司同样的宣传语，其行为合法
D. 飞跃公司没有使用金硕巅峰公司的域名，不构成违法

本题考点 混淆行为

选项分析 A、C、D 选项，经营者实施足以引人误认为是他人商品或者与他人存在特定联系的混淆行为，构成不正当竞争。（《反不正当竞争法》第 6 条）本题中，"金硕"是金硕巅峰公司有一定影响的商品名称和企业字号，飞跃公司擅自使用，使人误以为是金硕巅峰公司的课程，因此构成混淆。A 选项正确，C、D 选项错误。

B 选项，虚假宣传，是指经营者对其商品的性能、功能、质量等作虚假或者引人误解的商业宣传，欺骗、误导消费者。（《反不正当竞争法》第 8 条第 1 款）本题中并未告知飞跃公司对该套课程进行了虚假广告等宣传行为。B 选项错误。

参考答案 A

221

白云英语教育培训公司（以下简称"白云公司"）长期高频率在社交媒体和海报广告中宣传其授课团队均由名师组成，授课老师全部为名校毕业，并且都有在重点中小学任职的经历。甲花 2 万元购买了一项培训课程，经调查，发现部分授课老师是在校大学生，没有取得教师资格证；部分授课老师没有在重点中小学任职的经历。

甲要求退还学费，白云公司以教学质量没有瑕疵为由拒绝。对此，下列说法正确的有：（2024-回忆版-多）

A. 甲有权要求白云公司退还学费并赔偿6万元
B. 甲仅有权要求白云公司退还学费2万元
C. 白云公司构成虚假宣传，市场监督管理部门可对其处以顶格罚款200万元
D. 白云公司存在欺诈，甲可请求撤销该合同

本题考点 虚假宣传行为；欺诈

选项分析 A、B选项，白云公司构成欺诈。《消费者权益保护法》第55条第1款规定："经营者提供商品或者服务有欺诈行为的，应当按照消费者的要求增加赔偿其受到的损失，增加赔偿的金额为消费者购买商品的价款或者接受服务的费用的3倍；增加赔偿的金额不足500元的，为500元。法律另有规定的，依照其规定。"A选项正确，B选项错误。

C选项，白云公司作虚假或者引人误解的商业宣传，欺骗、误导消费者，根据《反不正当竞争法》第20条第1款的规定，由监督检查部门责令停止违法行为，处20万元以上100万元以下的罚款；情节严重的，处100万元以上200万元以下的罚款，可以吊销营业执照。本题中，市场监督管理部门有权对其顶格处罚200万元。C选项正确。

D选项，《民法典》第148条规定："一方以欺诈手段，使对方在违背真实意思的情况下实施的民事法律行为，受欺诈方有权请求人民法院或者仲裁机构予以撤销。"D选项正确。

参考答案 ACD

222

甲公司为了提升其淘宝店铺的交易量综合排名，聘请专业营销人员采取"刷单"的形式交易，即营销人员自带资金买下商品，店铺发空盒，该营销人员给商品好评，随后甲公司凭好评截图把商品本金与佣金打给营销人员。为此，甲公司支付刷单佣金2万元。就该事件的判断，下列说法正确的是：（2019-回忆版-单）

A. 甲公司构成对商品作引人误解的虚假宣传
B. 双方有真实交易关系，虽然违反道德，但不构成违法
C. 甲公司构成互联网不正当竞争行为
D. 淘宝网对商家监管不力，应当对上述虚构交易给消费者造成的损失承担赔偿责任

本题考点 虚假宣传

选项分析 A选项，经营者不得对其商品的销售状况、用户评价等作虚假或者引人误解的商业宣传，欺骗、误导消费者。（《反不正当竞争法》第8条第1款）本题中，甲公司"雇人刷单"，制造虚假的商品销量，符合上述虚假宣传的认定。A选项正确。

B选项，经营者在生产经营活动中，应当遵循自愿、平等、公平、诚信的原则，遵守法律和商业道德。（《反不正当竞争法》第2条第1款）这是区分正当、合法经营与不正当竞争行为的"帝王条款"。本题中，甲公司雇人刷单的行为扰乱了市场竞争秩序，违反了诚信原则，不能认定其属于正当的营销。B选项错误。

C选项，互联网不正当竞争行为，是指经营者利用技术手段实施的妨碍、破坏其他经营者合法提供的网络产品或者服务正常运行的行为，常见情形包括流量劫持、强制卸载、恶意不兼容等。（《反不正当竞争法》第12条第2款）显然，甲公司的行为不符合上述认定。C选项错误。

D选项，网络交易平台提供者（淘宝网）明知或者应知销售者或者服务者利用其平台侵害消费者合法权益，未采取必要措施的，承担连带责任。（《消费者权益保护法》第44条第2款）根据本题的案情，难以得出淘宝网有过错的结论。D选项错误。

参考答案 A

> **总结**
>
> 雇人排队、雇人刷单，因违反诚信原则，均非正常营销手段。

223

甲县善福公司（简称"甲公司"）的前身为创始于清末的陈氏善福铺，享誉百年，陈某继承祖业后注册了该公司，并规范使用其商业标识。乙县善福公司（简称"乙公司"）系张某先于甲公司注册，且持有"善福100"商标权。乙公司在其网站登载善福铺的历史及荣誉，还在其产品包装标注"百年老牌""创始于清末"等字样，但均未证明其与善福铺存在历史联系。甲、乙公司存在竞争关系。关于此事，下列哪些说法是正确的？（2016/1/68-多）

A. 陈某注册甲公司的行为符合诚实信用原则
B. 乙公司登载善福铺历史及标注字样的行为损害了甲公司的商誉
C. 甲公司使用"善福公司"的行为侵害了乙公司的商标权
D. 乙公司登载善福铺历史及标注字样的行为构成虚假宣传行为

本题考点 虚假宣传；诋毁商誉

选项分析 A选项，根据题意，陈某继承祖业后注册了甲公司，其为"老字号"的继承者，故继续使用"善福"字号具有合理性，且其使用"善福"字号并非为了与乙公司相混淆，以达到误导消费者的意图。所以，甲公司并未违反诚信原则，其行为合法。A选项正确。

B选项，《反不正当竞争法》第11条规定："经营者不得编造、传播虚假信息或者误导性信息，损害竞争对手的商业信誉、商品声誉。"本题中，乙公司采取的手段是"宣传自己如何好"，并未诋毁"甲公司如何差"，不符合诋毁商誉的构成要件。B选项错误。

C选项，甲公司"规范使用"商业标识，意指没有误导公众，不足以使相关公众产生混淆或误认，不会引人误认为是他人商品或者与他人存在特定联系。规范使用是合法行为。C选项错误。

[易错] 将他人注册商标、未注册的驰名商标作为企业名称中的字号使用，误导公众，足以引人误认为是他人商品或者与他人存在特定联系的，构成混淆行为。（《最高人民法院关于适用〈中华人民共和国反不正当竞争法〉若干问题的解释》第13条第2项）

D选项，乙公司的行为属于对品牌来源进行虚假宣传，构成不正当竞争。（《反不正当竞争法》第8条第1款）D选项正确。

参考答案 AD

> **总结**
>
> （1）字号中"规范使用"他人注册商标→合法；
> （2）字号中"突出使用"他人注册商标→不合法，构成混淆（或侵犯商标权，二者择一承担责任）。

224

甲公司拥有"飞鸿"注册商标，核定使用的商品为酱油等食用调料。乙公司成立在后，特意将"飞鸿"登记为企业字号，并在广告、企业厂牌、商品上突出使用。乙公司使用违法添加剂生产酱油被媒体曝光后，甲公司的市场声誉和产品销量受到严重影响。关于本案，下列哪些说法是正确的？（2015/1/68-多）

A. 乙公司侵犯了甲公司的注册商标专用权
B. 乙公司将"飞鸿"登记为企业字号并突出使用的行为构成不正当竞争行为
C. 甲公司因调查乙公司不正当竞争行为所支付的合理费用应由乙公司赔偿
D. 甲公司应允许乙公司在不变更企业名称的情况下以其他商标生产销售合格的酱油

本题考点 注册商标侵权的认定；不正当竞争行

为；法律责任

选项分析 A 选项，《最高人民法院关于审理商标民事纠纷案件适用法律若干问题的解释》第 1 条规定："下列行为属于商标法第 57 条第 7 项规定的给他人注册商标专用权造成其他损害的行为：①将与他人注册商标相同或者相近似的文字作为企业的字号在相同或者类似商品上突出使用，容易使相关公众产生误认的；……"题干中告知，乙公司为"突出使用"，使得公众产生误认，并且造成甲公司的市场声誉受损，所以乙公司构成侵犯注册商标专用权。A 选项正确。

B 选项，"突出使用"商标，是指将他人注册商标、未注册的驰名商标作为企业名称中的字号使用，误导公众，足以引人误认为是他人商品或者与他人存在特定联系的行为。该行为有悖商业道德，构成混淆行为。（《商标法》第 58 条、《最高人民法院关于适用〈中华人民共和国反不正当竞争法〉若干问题的解释》第 13 条第 2 项）B 选项正确。

C 选项，赔偿数额除了包括因被侵权所受到的实际损失，还应当包括经营者为制止侵权行为所支付的合理开支。（《反不正当竞争法》第 17 条第 3 款）C 选项正确。

D 选项，乙公司在符合法律规定的范围内自主决定企业名称，自主决定商标并规范使用，甲公司既无权利也无义务干涉。D 选项错误。

参考答案 ABC

总结

对于同一侵权行为，法院已经认定侵害知识产权并判令承担民事责任，当事人又以该行为构成不正当竞争为由请求同一侵权人承担民事责任的，不予支持。（《最高人民法院关于适用〈中华人民共和国反不正当竞争法〉若干问题的解释》第 24 条）

225
甲和从事互联网行业的乙公司签订委托合同，合同约定：用户在搜索某某关键词时，将甲的相关链接排在丙公司的前面。后被丙公司得知。据此，下列说法正确的是：（2022-回忆版-单）
A. 甲属于互联网不正当竞争行为
B. 甲属于混淆行为
C. 甲属于合理利用网络资源
D. 甲属于虚假宣传

本题考点 互联网不正当竞争行为

选项分析 A、C 选项，经营者利用网络从事生产经营活动的，不得利用技术手段，通过影响用户选择或者其他方式，实施妨碍、破坏其他经营者合法提供的网络产品或者服务正常运行的行为。（《反不正当竞争法》第 12 条第 2 款）本题中，甲和乙公司的委托合同中约定，将甲的相关链接排序在先，此行为会影响用户的选择，构成互联网不正当竞争行为。A 选项正确，C 选项错误。

B 选项，混淆行为，是指经营者实施的足以引人误认为是他人商品或者与他人存在特定联系的行为。本题不符合混淆行为的定义。B 选项错误。

D 选项，虚假宣传，是指经营者对其商品的性能、功能、质量等作虚假或者引人误解的商业宣传，欺骗、误导消费者。本题中，甲的行为并非"虚假夸大、误导"，不符合虚假宣传的定义。D 选项错误。

参考答案 A

226
甲公司系一家互联网信息公司，未经搜房网运营方同意，劫持搜房网数据，在搜房网主页右上角设置弹窗，用户访问搜房网时，甲公司所投放的广告将自动弹出。对于甲公司的行为，下列说法正确的是：（2018-回忆版-单）
A. 构成互联网不正当竞争

B. 适用网络避风港原则，不承担责任
C. 构成诋毁商誉
D. 甲公司应为其投放的虚假广告导致的消费者损失承担连带责任

本题考点 互联网不正当竞争行为；诋毁商誉

选项分析 A 选项，题干中的"劫持数据"在法条中的表述是"未经其他经营者同意，在其合法提供的网络产品或者服务中，插入链接、强制进行目标跳转"（《反不正当竞争法》第 12 条第 2 款第 1 项）。可知，甲公司的行为构成互联网不正当竞争。A 选项正确。

B 选项，避风港原则，是指网络服务提供者为网络用户提供存储、搜索或者链接等单纯网络技术服务时，不承担与著作权或相关权有关的信息审查义务，建立了处理侵权纠纷的"通知与删除"简便程序。（《信息网络传播权保护条例》第 14、23 条）本题中，甲公司的行为和该原则内容没有关联。B 选项错误。

C 选项，诋毁商誉行为，从行为角度来看，要求采取"编造、传播虚假信息或者误导性信息"的手段；从目的角度来看，是为了"损害竞争对手的商业信誉、商品声誉"。（《反不正当竞争法》第 11 条）本题中，甲公司和搜房网并非"竞争对手"，其利用技术手段的"劫持数据"行为也与诋毁商誉行为不符。C 选项错误。

D 选项，将甲公司的行为定性为虚假广告不妥当。其采取技术手段强制进行目标跳转，是为了利用他人的流量搭便车。再者，即使甲公司投放的是虚假广告，也需要满足"关系消费者生命健康的商品或者服务+虚假广告"的条件，广告经营者等主体才承担连带责任。显然，本题所给条件不够。D 选项错误。

参考答案 A

总　　结

如果行为违反"避风港原则"，虽然也是利用互联网，但其定性并非"经营者之间的不正当竞争"。该原则是为了保护知识产权，要考虑是否侵犯著作权人的权利。

227

天目网是企业信用信息查询平台。2019 年 5 月，天目网向其收费用户推送"B 公司新增清算组成员 A"的信息，并将该信息风险级别标示为"警示级别"，导致媒体和公众误认为 B 公司在清算，引起轩然大波。后得知，B 公司的清算组信息是 2015 年在国家企业信用信息公示系统的备案信息，并非 2019 年新增信息。事实上，B 公司从未正式进入清算程序，至今一直处于正常经营的状态。天目网将该条数年前的企业信息推送，其行为构成什么？（2020-回忆版-单）

A. 虚假宣传行为
B. 公共数据使用不当的不正当竞争行为
C. 混淆行为
D. 不构成违法

本题考点 新型不正当竞争行为（立法目的）

选项分析 A 选项，天目网是从国家企业信用信息公示系统抓取的 B 公司清算组信息，并未虚构数据或篡改企业登记备案信息，不构成虚假宣传行为。A 选项不当选。

B、D 选项，虽然关于如何使用公共数据，在《反不正当竞争法》中没有明确规定，但经营者在生产经营活动中，应当遵循自愿、平等、公平、诚信的原则，遵守法律和商业道德。（《反不正当竞争法》第 2 条第 1 款）这是区分正当、合法经营与不正当竞争行为的"帝王条款"。本题中，关于公共数据（来源于国家企业信用信息公示系统的数据）的使用和传播，天目网需要尽到合理注意义务，因为数据抓取和推送设置问题引发公众将历史数据误认为即时信息，对 B 公司的商誉造成了损害，天目网的行为构成不正当竞争行为。B 选项当选，D 选项不当选。

C 选项，混淆行为，是指经营者实施的足以引起消费者误认为是他人商品或者与他人存在特定联系的不正当竞争行为（如"傍名牌""搭便车"）。（《反不正当竞争法》第 6 条）本题中，天目网"将历史数据当作即时信息推送"的行为并非"搭便车"，不构成混淆行为。C 选项不当选。

参考答案 B

专题 41 消费者权益保护法

一、消费者的权利、经营者的义务

228

甲公司从事共享充电宝租赁业务，和商家签署协议，投放共享充电宝租赁柜。用户租赁充电宝充电时，需要扫码下载特定 APP，同意用户协议并许可甲公司获取其手机号、家庭地址、通讯录好友等，完成相应操作方可查看价格等关键信息。同时，甲公司利用数据算法等技术手段，对相隔不到 100 米的商家投放同一品牌的共享充电宝时，用户租赁单价、计费存在较大差异。并且，甲公司还对不同意用户协议的潜在用户推送广告。关于本案，甲公司侵犯了用户的哪些权益？（2023-回忆版-多）

A. 个人信息权　　B. 公平交易权
C. 知情权　　　　D. 自主选择权

本题考点 消费者的权利

选项分析 A 选项，消费者在购买、使用商品和接受服务时，享有个人信息依法得到保护的权利。（《消费者权益保护法》第 14 条）移动互联网应用程序（APP）的经营者收集、使用消费者个人信息，应当遵循合法、正当、必要的原则。本题中，甲公司在用户下载 APP 环节过度获取个人信息，违反了"必要"的原则，且未经同意向用户推送广告，违反了"未经消费者同意或者请求……不得向其发送商业性信息"（《消费者权益保护法》第 29 条第 3 款）的要求。其行为侵犯了消费者的个人信息权。A 选项当选。

B 选项，消费者享有公平交易的权利。本题中，相同的产品在相隔不到 100 米的距离，价格存在较大差异，违反了"消费者在购买商品或者接受服务时，有权获得质量保障、价格合理、计量正确等公平交易条件"（《消费者权益保护法》第 10 条第 2 款）的规定。B 选项当选。

C 选项，知情权，是指消费者享有的知悉其购买、使用的商品或者接受的服务的真实情况的权利。（《消费者权益保护法》第 8 条第 1 款）本题中，甲公司的行为是过度收集个人信息，但其未隐瞒商品或者服务的真实情况，不能认定其侵犯用户的知情权。C 选项不当选。

D 选项，消费者享有自主选择商品或者服务的权利。（《消费者权益保护法》第 9 条第 1 款）本题中，甲公司并未限制消费者必须接受或者不接受自己提供的服务，也未限制消费者进行比较、鉴别和挑选，所以不能认定其侵犯用户的自主选择权。D 选项不当选。

参考答案 AB

229

李某去"美未火锅餐厅"就餐，感觉味道不好，便在"某众点评"上该餐厅的网页留言评论："美未，并不美味，请谨慎打卡。"但李某没有附加食物图片或证据。美未餐厅认为该评论给自己带来了负面影响，

于是向"某众点评"后台反馈，要求其删除上述评论，但"某众点评"未屏蔽或删除李某的点评，也未向美未餐厅提供用户真实信息。关于本案，下列哪些说法是错误的？（2023-回忆版-多）

A. 李某侵犯了美未餐厅的名称权
B. 李某没有事实依据在网上留言差评，构成诽谤，侵犯了美未餐厅的名誉权
C. "某众点评"应当删除没有事实依据仅有顾客主观感觉的负面评价
D. "某众点评"和李某应承担连带侵权责任

本题考点 消费者的权利

选项分析 首先，要确定顾客李某是否构成侵权。只有恶意的差评才有可能侵犯被评方的名誉权。

其次，要确定"某众点评"是否构成共同侵权。若评人不侵权，则网络平台不承担连带侵权责任；若针对侵犯名誉权的差评，网络平台未及时采取必要措施，对损害的扩大部分与该网络用户承担连带责任。

A选项，侵犯名称权，是指以干涉、盗用、假冒等方式侵害他人的名称权。（《民法典》第1014条）本题中，李某的评价行为和侵犯名称权的行为方式不符。A选项错误，当选。

B选项：

（1）任何组织或者个人不得以侮辱、诽谤等方式侵害他人的名誉权。（《民法典》第1024条第1款）判断是否构成侵害名誉权，应当根据是否有名誉被损害的事实、行为是否违法、违法行为与损害后果之间是否有因果关系、行为人主观上是否有过错来认定。

（2）本题中，李某基于自身的使用体验对美未餐厅的食品进行了评价，描述了自己的就餐感受，并不存在过激或者攻击性的言论。消费感受因人而异，仅从题目提供的信息无法认定该差评本身为虚构事实的诽谤、诋毁，顾客李某的差评无法被确定为侵权。

B选项错误，当选。

C选项，根据《民法典》第1195条第1款的规定，网络用户利用网络服务实施侵权行为的，权利人有权通知网络服务提供者采取删除、屏蔽、断开链接等必要措施。但是，本题中，网络用户顾客李某不构成侵权。对不构成侵权的差评，网络平台没有删除评论的义务。C选项错误，当选。

D选项，网络用户利用网络服务实施侵权行为，网络服务提供者未及时采取必要措施的，对损害的扩大部分与该网络用户承担连带责任。（《民法典》第1195条第2款）但是，承担连带责任的前提是"网络用户构成侵权"。根据前述分析可知，因为李某非恶意差评，并不构成侵权，所以也无法追究网络平台（"某众点评"）的侵权责任。D选项错误，当选。

参考答案 ABCD（本题为"选错题"）

230

张某经过"好又来"饭店，通过扫描饭店门口张贴的二维码入群并点了一份快餐。饭店随餐赠送一瓶自制酸梅汤，酸梅汤包装上写明"常温放置，3天内饮用"。张某当天到甲商场购买了一台乙公司生产的康明冰箱，将酸梅汤放入冰箱存放。不料，第2天冰箱停止制冷，张某担心酸梅汤会变质，故将酸梅汤喝完，但发生了严重腹泻，花去医疗费若干。对此，下列哪些说法是正确的？（2019-回忆版-多）

A. 因为酸梅汤是赠品，张某不可向"好又来"饭店主张赔偿
B. 张某和"好又来"饭店虽无明确约定，仍可向"好又来"饭店主张赔偿
C. 张某可向甲商场主张赔偿，甲商场需就冰箱产品质量瑕疵承担证明责任
D. 张某可向甲商场要求退货，并主张所受损失2倍以下的惩罚性赔偿

本题考点 经营者的义务；食品生产、经营者的民事责任

选项分析 A选项，《最高人民法院关于审理食品药品纠纷案件适用法律若干问题的规定》第4条规定："食品、药品生产者、销售者提供给消费者的食品或者药品的赠品发生质量安全问题，造成消费者损害，消费者主张权利，生产者、销售者以消费者未对赠品支付对价为由进行免责抗辩的，人民法院不予支持。"本题中，酸梅汤虽然是赠品，但其作为"好又来"饭店的营销手段，实为宣传饭店、销售餐食。A选项错误。

B选项，消费者因不符合食品安全标准的食品受到损害的，可以向经营者要求赔偿损失，也可以向生产者要求赔偿损失。（《食品安全法》第148条第1款）本题中，消费者（张某）要求销售者（"好又来"饭店）承担赔偿责任，于法有据。B选项正确。

C选项，对于冰箱等耐用商品，因消费者难以在当时发现瑕疵，举证困难，故法律规定了举证责任倒置，即"消费者自接受商品或者服务之日起6个月内发现瑕疵，发生争议的，由经营者承担有关瑕疵的举证责任"（《消费者权益保护法》第23条第3款）。C选项正确。

D选项，根据《消费者权益保护法》第55条第2款的规定，因产品缺陷，受害人有权要求经营者赔偿损失，并有权要求所受损失2倍以下的惩罚性赔偿的条件为"经营者明知商品或者服务存在缺陷，仍然向消费者提供，造成消费者或者其他受害人死亡或者健康严重损害"。本题中，造成张某严重腹泻的直接原因是酸梅汤变质，而非冰箱的产品缺陷，冰箱经营者（甲商场）不符合承担缺陷产品责任的条件。D选项错误。

参考答案 BC

231 ▶▶

彦某将一套住房分别委托甲、乙两家中介公司出售。钱某通过甲公司看中该房，但觉得房价太高。双方在看房前所签协议中约定了防"跳单"条款：钱某对甲公司的房源信息负保密义务，不得利用其信息撇开甲公司直接与房主签约，否则支付违约金。事后钱某又在乙公司发现同一房源，而房价比甲公司低得多。钱某通过乙公司买得该房，甲公司得知后提出异议。关于本案，下列哪些判断是错误的？（2014/1/68-多）

A. 防"跳单"条款限制了消费者的自主选择权
B. 甲公司抬高房价侵害了消费者的公平交易权
C. 乙公司的行为属于不正当竞争行为
D. 钱某侵犯了甲公司的商业秘密

本题考点 消费者的权利；不正当竞争行为（侵犯商业秘密）

选项分析 法律关系1：钱某和甲公司的协议内容：①对房源信息保密；②不得跳过甲公司直接与房主签约，此即防"跳单"条款。

法律关系2：钱某通过另一中介乙公司购买该房。

A选项，自主选择权，是指消费者享有自主选择商品或者服务的权利。（《消费者权益保护法》第9条第1款）其强调消费者"自愿、非强制"。本题中，防"跳单"条款是要求实际签约时，消费者不得跳过中介直接与房主签约，它并没有限制消费者必须买或者不买这套房屋。A选项错误，当选。

B选项，公平交易权，强调交易过程中（买卖时）消费者享有的权利，是指消费者在购买商品或者接受服务时，有权获得质量保障、价格合理、计量正确等公平交易条件，有权拒绝经营者的强制交易行为。（《消费者权益保护法》第10条）本题中，甲公司和钱某尚未产生交易，该项权利尚未产生。B选项错误，当选。

C选项，从题目所给信息可知，彦某自主委托乙公司出售房屋，乙公司并没有采取非法或者有悖商业道德的手段与甲公司竞争，难以认定其行为属于不正当竞争行为。C选项错误，当选。

D选项，侵犯商业秘密的手段包括非法获取、非法使用、违约披露、使用等，即使用非正当手段。（《反不正当竞争法》第9条第1款）本题中，甲公司的房源信息并非钱某泄漏，是彦某合法委托乙公司出售，故钱某不构成侵犯商业秘密。D选项错误，当选。

参考答案 ABCD（本题为"选错题"）

总结

公平交易权，强调的是在"交易过程中"的权利。

二、消费争议的解决、法律责任（网购；虚假广告；欺诈；故意侵权）

232

缪公是一位大豆培育专家，为自己公司生产的大豆注册了"缪公"文字商标。甲公司为自己生产的一款大豆制品注册了"廖公"文字商标，并在宣传材料上使用"缪公大豆"的名称。甲公司在销售前已经取得检验合格证明。现甲公司委托当红网络主播陈某在乙平台直播销售该大豆制品。李某在陈某的直播间购买了该产品，收到货物后发现该大豆制品已经变质，经再次检验，该批大豆质量不合格。随后，乙平台关闭了陈某的直播间，并将陈某、甲公司的联系方式给了李某。据此，下列哪些说法是正确的？（2022-回忆版-多）

A. 乙平台无需对李某承担赔偿责任
B. 陈某和甲公司应当对李某承担连带责任
C. 食品检验机构应当对李某承担赔偿责任
D. 甲公司和乙平台应当对缪公承担连带侵权责任

本题考点 消费争议的解决；注册商标侵权的认定

选项分析 本题中，消费纠纷的发生场景是网络主播陈某在乙平台直播销售大豆制品，且该批大豆属于违反食品安全规定的食品。

A选项：

（1）网络交易平台提供者只在特定情形下对消费者承担赔偿责任，包括：①不能提供销售者或者服务者的真实名称、地址和有效联系方式；②明知或者应知销售者或者服务者利用其平台侵害消费者合法权益，未采取必要措施。（《消费者权益保护法》第44条）

（2）本题中，乙平台关闭陈某的直播间并告知李某相关情况，符合"采取必要措施"的要求，故不应承担赔偿责任。

A选项正确。

B选项，消费者通过网络交易平台购买商品或者接受服务，其合法权益受到损害的，可以向销售者或者服务者要求赔偿。（《消费者权益保护法》第44条第1款）本题中，甲公司和主播陈某作为销售者，应承担连带责任。B选项正确。

C选项，食品检验机构出具虚假检验报告，使消费者的合法权益受到损害的，应当与食品生产经营者承担连带责任。（《食品安全法》第138条第3款）本题中，甲公司的大豆检验报告确有错误，因此食品检验机构难免其责。C选项正确。

D选项，甲公司和主播陈某侵犯"缪公"的商标权，此无争议。但乙平台是否构成侵权？《民法典》第1197条规定："网络服务提供者知道或者应当知道网络用户利用其网络服务侵害他人民事权益，未采取必要措施的，与该网络用户承担连带责任。"根据题干中的信息难以得出乙平台有过错的结论，故要求其承担连带责任于法无据。D选项错误。

参考答案 ABC

总结

网络平台：原则上不对消费者直接承担赔偿责任；虚假检验报告出具机构：承担连带责任。

233

甲从二手车平台"栗子购车网"购买了电

动汽车A。"栗子购车网"平台承诺，本平台出售的车辆均无质量问题。现甲在驾驶该电动汽车时电瓶发生爆炸，甲身受重伤导致残疾。经查明，该款电动汽车在全国已多次发生相同问题，但生产厂家并未停止生产和销售。就该案，下列哪些表述是正确的？（2020-回忆版-多）

A. 汽车厂和"栗子购车网"承担连带赔偿责任
B. 汽车厂和"栗子购车网"承担按份赔偿责任
C. 甲可主张精神损害赔偿
D. 甲可主张所受损失2倍以下的惩罚性赔偿

本题考点 消费争议的解决（网购纠纷）

选项分析 A、B选项，网络交易平台提供者明知或者应知销售者或者服务者利用其平台侵害消费者合法权益，未采取必要措施的，依法与该销售者或者服务者承担连带责任。（《消费者权益保护法》第44条第2款）A选项正确；B选项错误，错在"按份赔偿责任"。

C选项，因甲身受重伤，已经造成严重精神损害，甲可以要求精神损害赔偿。（《消费者权益保护法》第51条）C选项正确。

D选项，经营者承担"惩罚性赔偿"责任，需要满足以下条件：①经营者故意侵权；②造成他人死亡或者健康严重损害。（《消费者权益保护法》第55条第2款）本题满足上述两项条件，受害人（甲）可主张惩罚性赔偿。D选项正确。

参考答案 ACD

234

某植物园规定，未成年人凭证件参观本植物园减免费用。针对未带证件的未成年人，该植物园在实际操作中一律按照身高计算，身高150cm以下的按照规定减免，身高150cm以上的按照成年人的标准买全价票。一身高150cm以上的17岁大学生认为该植物园的规定侵犯了其合法利益，故提起诉讼。针对市消协实施的行为，下列选项正确的有：（2019-回忆版-多）

A. 市消协提请省消协提起公益诉讼
B. 市消协代表该大学生提起诉讼
C. 市消协参与制定有关消费者权益的法律、法规、规章和强制性标准
D. 市消协对该植物园提出警告并罚款

本题考点 消费争议的解决（消费者权益保护组织）

选项分析 消费者协会是履行公益性职责的机构。

A选项，对侵害众多消费者合法权益的行为，只有中国消费者协会以及省级消费者协会，可以向人民法院提起诉讼。（《消费者权益保护法》第47条）本题中，该植物园的规定会对众多消费者的合法权益造成损害，符合公益诉讼的前提。虽然市消协并非适格原告，但其提请省消协提起公益诉讼是合法的。A选项正确。

B选项：
（1）消费者协会可以受理消费者的投诉，并对投诉事项进行调查、调解；就损害消费者合法权益的行为，支持受损害的消费者提起诉讼或者依照《消费者权益保护法》提起诉讼。（《消费者权益保护法》第37条第1款第5、7项）

（2）可知，就消费者个人纠纷，其诉讼主体仍然是消费者，消费者协会虽有权进行调查、调解，但除了公益诉讼外，不可直接替代消费者提起诉讼。

B选项错误，错在"代表"。

C选项，消费者协会可以参与制定有关消费者权益的法律、法规、规章和强制性标准。（《消费者权益保护法》第37条第1款第2项）C选项正确。

D选项，消费者协会是公益性的社会团体，没有行政权力，不能作出行政处罚，所以D选项中的"警告并罚款"不合法。D选项错误。

参考答案 AC

专题 42 产品质量和食品安全法

一、产品质量

235 ▶

某家具店出售的衣柜，如未被恰当地固定到墙上，可能发生因柜子倾倒致人伤亡的危险。关于此事，下列哪些说法是正确的？（2016/1/70-多）

A. 该柜质量应符合产品安全性的要求
B. 该柜本身或其包装上应有警示标志或者中文警示说明
C. 质检部门对这种柜子进行抽查，可向该店收取检验费
D. 如该柜被召回，该店应承担购买者因召回支出的全部费用

本题考点 经营者的义务

选项分析 C 选项，《产品质量法》第 15 条第 3 款规定："根据监督抽查的需要，可以对产品进行检验。检验抽取样品的数量不得超过检验的合理需要，并不得向被检查人收取检验费用。监督抽查所需检验费用按照国务院规定列支。"C 选项错误，错在"收取检验费"。

D 选项，《消费者权益保护法》第 19 条规定："……采取召回措施的，经营者应当承担消费者因商品被召回支出的必要费用。"D 选项错误，错在"全部费用"。

参考答案 AB

二、维护食品安全的行政制度

236 ▶

甲在家福超市购买了 10 盒某品牌的巧克力，产品包装袋上标有该巧克力的食品执行标准为某项国际标准。经检验，该食品包装袋上标注的含量不符合该项国际标准，但符合中国食品安全国家标准。家福超市从正规渠道进货且该批巧克力没有质量问题。对此，下列哪一说法是正确的？（2021-回忆版-单）

A. 家福超市应当退还价款，并支付价款 10 倍的赔偿金
B. 家福超市应当退还价款，但无需支付价款 10 倍的赔偿金
C. 该批巧克力应当由生产者负责召回并采取无害化处理等措施，防止其再次流入市场
D. 该批巧克力符合中国食品安全国家标准，家福超市无需退款，也无需支付赔偿金

本题考点 食品安全标准；食品召回

选项分析 A、B、D 选项：

食品安全标准应当包括对与卫生、营养等食品安全要求有关的标签、标志、说明书的要求。（《食品安全法》第 26 条第 4 项）因此，标签、标志、说明书是我国食品安全标准的内容，标签不符合规定的，也属于违反食品安全标准的情形。对预包装食品的标签要求更加严格，其标签应当标明"产品标准代号、成分或者配料表"。（《食品安全法》第 67 条第 1 款第 2、5 项）显然，本题中，该巧克力因标签瑕疵，违反了食品安全标准的规定。

另外，《食品安全法》第 148 条第 2 款规定："生产不符合食品安全标准的食品或者经营明知是不符合食品安全标准的食品，消费者除要求赔偿损失外，还可以向生产者或者经营者要求支付价款 10 倍或者损失 3 倍的赔偿金；增加赔偿的金额不足 1000 元的，为 1000 元。

但是，食品的标签、说明书存在不影响食品安全且不会对消费者造成误导的瑕疵的除外。"

由上可知，首先，因巧克力违反了食品安全标准，消费者可以要求退货、退款。其次，消费者是否可主张惩罚性赔偿，要考虑该标签瑕疵是否会对消费者造成误导。通常情况下，消费者并不会特别关注食品执行标准的类型，因此本题该标签瑕疵并未影响食品安全且不会对消费者造成误导，不应支持消费者提出的惩罚性赔偿的要求。A、D 选项错误，B 选项正确。

C 选项，本题中，该巧克力的食品执行标准为某项国际标准，但因含量不符，属于"食品和食品添加剂与其标签、说明书的内容不符"的情形，此种食品不得上市销售（《食品安全法》第 71 条第 3 款），食品生产者应当召回（《食品安全法》第 63 条）。对因标签、标志或者说明书不符合食品安全标准而被召回的食品，食品生产者在采取补救措施且能保证食品安全的情况下可以继续销售；销售时应当向消费者明示补救措施。（《食品安全法》第 63 条第 3 款）C 选项错误。

参考答案 B

237

甲生产并销售当地特产黄坡驴肉，乙吃了之后导致腹泻。经查，黄坡驴肉没有制定国家标准，但有地方标准和行业标准。据此，下列说法正确的有：（2022-回忆版-多）

A. 因没有国家标准，故可以适用行业标准
B. 因没有国家标准，故可以适用地方标准
C. 受害者乙应当对该食品不符合质量标准承担举证责任
D. 生产、销售者甲应当对该食品符合质量标准承担举证责任

本题考点 食品安全标准

选项分析 A、B 选项，《最高人民法院关于审理食品药品纠纷案件适用法律若干问题的规定》第 6 条规定："食品的生产者与销售者应当对于食品符合质量标准承担举证责任。认定食品是否安全，应当以国家标准为依据；对地方特色食品，没有国家标准的，应当以地方标准为依据。没有前述标准的，应当以食品安全法的相关规定为依据。"本题有地方标准，所以应当以地方标准为依据，而非以行业标准为依据。A 选项错误，B 选项正确。

C、D 选项，根据上述法条的规定，食品的生产者与销售者应当对于食品符合质量标准承担举证责任，而非由受害人承担食品安全的举证责任。C 选项错误，D 选项正确。

参考答案 BD

238

李某花 2000 元购得某省 M 公司生产的苦茶一批，发现其备案标准并非苦茶的标准，且保质期仅为 9 个月，但产品包装上显示为 18 个月，遂要求该公司支付 2 万元的赔偿金。对此，下列哪些说法是正确的？（改编自 2017/1/67-多）

A. 李某的索赔请求于法有据
B. 茶叶的食品安全国家标准由国务院标准化行政部门制定、公布并提供标准编号
C. 没有苦茶的食品安全国家标准时，该省卫健委可制定地方标准，待国家标准制定后，酌情存废
D. 国家鼓励该公司就苦茶制定严于食品安全国家标准或地方标准的企业标准，在该公司适用，并报该省卫健委备案

本题考点 食品安全标准；违反食品安全标准的惩罚性赔偿

选项分析 A 选项，本题判断李某能否向 M 公司（生产者）要求 10 倍赔偿的前提是该苦茶"是否符合食品安全标准"。

（1）食品安全标准应当包括对与卫生、营养等食品安全要求有关的标签、标志、说明书

的要求。(《食品安全法》第26条第4项)所以，"违反食品安全标准"，既包括食品质量不符合食品安全标准的情形，也包括食品的标签、说明书不符合食品安全标准的情形。

（2）生产不符合食品安全标准的食品或者经营明知是不符合食品安全标准的食品，消费者除要求赔偿损失外，还可以向生产者或者经营者要求支付价款10倍或者损失3倍的赔偿金；增加赔偿的金额不足1000元的，为1000元。但是，食品的标签、说明书存在不影响食品安全且不会对消费者造成误导的瑕疵除外。(《食品安全法》第148条第2款)

（3）首先，本题告知，"备案标准并非苦茶的标准"，标签等不符合规定均属于违反食品安全标准的情形；其次，外包装显示保质期错误，属于重大瑕疵，会对消费者造成误导。因此，李某的10倍索赔请求于法有据。

A选项正确。

B选项，食品安全国家标准由国务院卫生行政部门会同国务院食品安全监督管理部门制定、公布，国务院标准化行政部门提供国家标准编号。(《食品安全法》第27条第1款)可知，国家标准的"制定、公布"和"提供国家标准编号"是由不同部门完成的。B选项错误。

C选项，食品安全国家标准制定后，该地方标准即行废止。(《食品安全法》第29条) C选项错误，错在"地方标准……酌情存废"。

D选项，直接来源于《食品安全法》第30条的规定："国家鼓励食品生产企业制定严于食品安全国家标准或者地方标准的企业标准，在本企业适用，并报省、自治区、直辖市人民政府卫生行政部门备案。" D选项正确。

参考答案 AD

总结

食品标签、标志瑕疵均是违反食品安全标准的情形。造成误导的，可主张10倍赔偿；未造成误导的，可主张退货、退款等，但无权主张10倍赔偿。

239

李某从超市购得橄榄调和油，发现该油标签上有"橄榄"二字，侧面标示"配料：大豆油，橄榄油"，吊牌上写明："添加了特等初榨橄榄油"，遂诉之。经查，李某事前曾多次在该超市"知假买假"。关于此案，下列哪些说法是正确的？（2016/1/71—多）

A. 该油的质量安全管理，应遵守《农产品质量安全法》的规定
B. 该油未标明橄榄油添加量，不符合食品安全标准要求
C. 如李某只向该超市索赔，该超市应先行赔付
D. 超市以李某"知假买假"为由进行抗辩的，法院不予支持

本题考点 特殊食品（食用农产品）；食品安全标准；食品生产、经营者的民事责任

选项分析 A选项，供食用的源于农业的初级产品（即食用农产品，如大米）的质量安全管理，由《农产品质量安全法》规定，不适用《食品安全法》。(《食品安全法》第2条第2款)但本题中的"橄榄调和油"是由橄榄油和其他种类的油（如大豆油、葵花籽油）调和而成，属于加工食品而不是食用农产品，因此，其质量安全管理应当受《食品安全法》规范。A选项错误。

B选项，标签、标志、说明书是我国食品安全标准的内容，标签不符合规定的，也属于违反食品安全标准的情形。对预包装食品的标签要求更加严格，标签应当标明"成分或者配料表"。(《食品安全法》第67条第1款第2项)本题中的标签没有标明橄榄油的具体添加量，不符合食品安全标准的要求。B选项正确。

C选项，接到消费者赔偿要求的生产经营者，应当实行首负责任制，先行赔付，不得推诿。(《食品安全法》第148条第1款) C选项正确。

D选项，因食品、药品质量问题发生纠纷，购买者向生产者、销售者主张权利，生产者、销售者以购买者明知食品、药品存在质量问题而仍然购买为由进行抗辩的，人民法院不予支持。（《最高人民法院关于审理食品药品纠纷案件适用法律若干问题的规定》第3条）即通常所言"食品知假买假，要赔"。D选项正确。

参考答案 BCD

240

消费者曹某从某土特产超市购买了野生菇一包（售价50元），食用后因食物中毒口吐白沫、倒地不起，被紧急送往医院抢救，花费医疗费5000元。事后查明，该野生菇由当地企业蘑菇世家生产，因不符合食品安全标准，已多次发生消费者食物中毒事件。关于本案的责任承担，下列哪些说法是正确的？（2018-回忆版-多）

A. 该土特产超市发现食品安全事故后，可以立即停止销售，并召回已经销售的野生菇食品
B. 如果曹某要求该土特产超市赔偿，则该超市有权以无过错为由拒绝赔偿
C. 曹某有权获得最高1.5万元的惩罚性赔偿金
D. 若生产企业的财产不足以同时支付行政罚款和民事赔偿，则应当先行支付民事赔偿

本题考点 食品生产、经营者的民事责任；问题食品的召回

选项分析 A选项，召回问题食品的主体：①原则上是食品生产者；②由于食品经营者的原因造成其经营的食品有问题的，才由食品经营者召回。（《食品安全法》第63条第2款）本题中，是食品生产者导致野生菇有毒，并非"食品经营者"的过错，所以，该土特产超市停止销售是正确的，但无需承担"召回"责任。A选项错误。

B选项，消费者因不符合食品安全标准的食品受到损害的，可以向经营者要求赔偿损失，也可以向生产者要求赔偿损失。（《食品安全法》第148条第1款）该土特产超市是食品经营者，不得以无过错为由拒绝赔偿。B选项错误。

C选项，消费者有选择权，可选择"（价款）退一赔十"或"损失3倍"的惩罚性赔偿。（《食品安全法》第148条第2款）因此曹某的主张合法有据。C选项正确。

D选项，生产经营者财产不足以同时承担民事赔偿责任和缴纳罚款、罚金时，先承担民事赔偿责任。（《食品安全法》第147条）D选项正确。

参考答案 CD

241

甲省A市B县悦阳公司生产的RED粉剂能为某类过敏人群提供营养支持，悦阳公司拟将其注册为特殊医学用途配方食品。对此，下列哪些说法是正确的？（2021-回忆版-多）

A. 若RED粉剂成功注册，则悦阳公司在产品的注册配方外可增加促进消化的益生菌
B. 悦阳公司应将RED粉剂提交甲省食品安全监督管理部门注册
C. 若RED粉剂成功注册，则甲省食品安全监督管理部门应及时将其纳入特殊医学用途配方食品目录
D. 若RED粉剂成功注册，则RED粉剂的标签、说明书应标明"在医生或者临床营养师指导下使用"

本题考点 特殊食品（特殊医学用途配方食品）

选项分析 当特定人群（如对奶粉过敏的新生儿、长期卧床的患者等）无法进食普通膳食或无法用日常膳食满足其营养需求时，可使用特殊医学用途配方食品获得营养支持。我国对该类食品实行注册制管理。

A选项，特殊食品（包括特殊医学用途配

方食品）生产企业应当按照注册或者备案的产品配方、生产工艺等技术要求组织生产。（《食品安全法》第82条第3款）所以，A选项"在配方外增加益生菌"是错误的。

B选项，特殊医学用途配方食品应当经国务院食品安全监督管理部门注册。（《食品安全法》第80条第1款）B选项错误，错在"省级"。

C选项，特殊食品（包括特殊医学用途配方食品）的目录均由省级以上人民政府食品安全监督管理部门及时公布。（《食品安全法》第82条第2款）C选项正确。

D选项，由于针对特殊人群，所以特殊医学用途配方食品的标签、说明书有严格的管理标准：标签要标注"请在医生或者临床营养师指导下使用"，标签、说明书要标示"不适用于非目标人群使用""本品禁止用于肠外营养支持和静脉注射"。并且，标签、说明书不得含有虚假内容，不得涉及疾病预防、治疗功能，不得对产品中的营养素及其他成分进行功能声称，不得误导消费者。（参见2024年1月1日起实施的《特殊医学用途配方食品注册管理办法》第46~48条）D选项正确。

参考答案 CD

242

百草公司为了宣传其新开发的某保健品，擅自篡改食品安全监督管理部门审批的批准文号。后百草公司委托卓越广告公司设计了该保健品的广告，并聘请大腕明星张三做代言人，但经查明，张三从未服用过该保健品，只是碍于情面为其推荐。现百草公司在报刊和电视上高频率地发布该广告。部分消费者服用后引发心律不齐，经鉴定，该保健品中含有不得添加的药物。根据相关法律的规定，下列判断正确的是：（2020-回忆版-单）

A. 当地食品安全监督管理部门需要对消费者承担连带责任
B. 卓越广告公司只有在明知该保健品功效虚假的情况下才对消费者承担法律责任
C. 明星张三需对消费者承担连带责任
D. 发布该广告的报刊和电视台无需对消费者承担连带责任

本题考点 特殊食品（保健品）；食品虚假广告的法律责任

选项分析 在广告中对食品作虚假宣传，相关主体应承担的责任参见《食品安全法》第140条的规定。

A选项，食品安全监督管理部门是行政监管机构，应当承担行政责任，而非民事赔偿责任。（《食品安全法》第140条第4款）A选项错误。

B、D选项：

（1）虚假食品广告导致消费者的合法权益受到损害的，广告经营者、发布者应当与食品生产经营者承担连带责任。（《食品安全法》第140条第2款）

（2）B选项，卓越广告公司未审查该保健品相关批准文号，可知其主观过错明显。D选项，报刊和电视台属于"广告发布者"，也需承担连带责任。

B、D选项均错误。

C选项，个人在虚假广告或者其他虚假宣传中向消费者推荐食品，使消费者的合法权益受到损害的，应当与食品生产经营者承担连带责任。（《食品安全法》第140条第3款）C选项正确。

参考答案 C

三、违反食品安全的民事责任

243

甲通过直播销售自己作坊手工制作的牛肉香肠，乙观看直播并找到甲订购了一批总价为450元的牛肉香肠。收到货后，乙以该批香肠包装上没有任何食品标签为由提起诉讼，要求甲退货并赔偿10倍价款。经调查，甲的作坊证件齐备，该批香肠没有质量问题。甲在直播时已经和乙说明，因为长途运输，

商品需要采用真空包装。乙表示同意,其也知道老顾客一直都是这样购买的。据此,下列说法正确的是:(2022-回忆版-单)

A. 该批香肠是预包装食品
B. 甲的作坊证件齐全,可以拒绝乙的退货要求
C. 甲应当退还价款,乙应当退回该批香肠
D. 甲应当支付香肠价款 10 倍的赔偿

本题考点 食品生产、经营者的民事责任;食品标签、包装

选项分析 A 选项,预包装食品,是指预先定量包装或者制作在包装材料、容器中的食品。常见的预包装食品如超市出售的包装方便面、瓶装可口可乐饮料等。该类食品具有统一的质量或体积标识。本题中,香肠不符合"定量"的要求,故不属于"预包装食品",而应当归类为"散装食品"。A 选项错误。

[易错] 该批香肠也不属于裸装食品,因为其有真空包装。《产品质量法》第 27 条第 2 款规定:"裸装的食品和其他根据产品的特点难以附加标识的裸装产品,可以不附加产品标识。"但对有包装的食品,依法均要附加产品标识。

B、C 选项,《食品安全法》第 68 条规定:"食品经营者销售散装食品,应当在散装食品的容器、外包装上标明食品的名称、生产日期或者生产批号、保质期以及生产经营者名称、地址、联系方式等内容。"本题中,该批香肠(散装食品)的外包装不符合上述要求,违反《食品安全法》,故消费者乙有权要求退还价款。B 选项错误,C 选项正确。

D 选项:

(1) 根据《食品安全法》第 148 条第 2 款的规定,生产不符合食品安全标准的食品,消费者可以要求生产者或经营者支付价款 10 倍或损失 3 倍的赔偿金。但是,食品的标签、说明书存在不影响食品安全且不会对消费者造成误导的瑕疵的除外。

(2) 根据前述《食品安全法》第 68 条的规定,"散装食品"仅有"外包装"标识要求,并无"标签、说明书"的强制要求。所以,对于本题所涉"散装食品",仅存在包装瑕疵,不应适用价款 10 倍的赔偿金。[易混] 我国对"预包装食品"的包装要求有"标签"。《食品安全法》第 67 条第 1 款规定:"预包装食品的包装上应当有标签。"

D 选项错误。

参考答案 C

总结

(1) 违反食品安全标准,既包括食品质量不符合食品安全标准,也包括食品标签、说明书不符合食品安全标准;

(2) 食品标签、说明书瑕疵+对消费者造成误导=退货且支付价款 10 倍或损失 3 倍的惩罚性赔偿。

244

甲超市销售独立包装的咸鸭蛋,单个咸鸭蛋售价 2 元。贾某在甲超市发现该批咸鸭蛋已经过期,于是分 10 次购买,每次购买 1 枚咸鸭蛋,并单独结账。随后,贾某凭购物小票起诉甲超市,要求退还价款 20 元,并主张按照每次购买应赔偿 1000 元的标准计算惩罚性赔偿金,共计 10 000 元。对此,下列哪一说法是正确的?(2024-回忆版-单)

A. 贾某仅有权请求甲超市退还 20 元的价款
B. 贾某明知咸鸭蛋已过期,法院应驳回其全部诉讼请求
C. 虽然贾某明知咸鸭蛋已过期,但该批咸鸭蛋不符合食品安全标准,法院应支持贾某的全部诉讼请求
D. 贾某有权主张退还 20 元的价款,甲超市承担 1000 元的惩罚性赔偿金

本题考点 食品安全;知假买假;惩罚性赔偿

选项分析 为了维护消费者的权利,同时维护消费领域的诚实信用,在食品药品领域,支持合

理生活消费需要范围内的"知假买假",但对短期高频次"知假买假",采取"过罚相当"原则。

(1)《食品安全法》第 148 条第 2 款规定:"生产不符合食品安全标准的食品或者经营明知是不符合食品安全标准的食品,消费者除要求赔偿损失外,还可以向生产者或者经营者要求支付价款 10 倍或者损失 3 倍的赔偿金;增加赔偿的金额不足 1000 元的,为 1000 元。但是,食品的标签、说明书存在不影响食品安全且不会对消费者造成误导的瑕疵的除外。"

(2)2024 年 8 月《最高人民法院关于审理食品药品惩罚性赔偿纠纷案件适用法律若干问题的解释》第 14 条规定:"购买者明知所购买食品不符合食品安全标准,在短时间内多次购买,并多次依照食品安全法第 148 条第 2 款规定就同一不符合食品安全标准的食品起诉请求同一生产者或者经营者支付惩罚性赔偿金的,人民法院应当在合理生活消费需要范围内依法支持其诉讼请求。人民法院可以综合保质期、普通消费者通常消费习惯、购买者的购买频次等因素认定购买者每次起诉的食品数量是否超出合理生活消费需要。"

可知:

A、D 选项,贾某购买 10 枚咸鸭蛋,未超出合理生活消费需要,同时,按照普通消费者通常消费习惯,一次购买 1 枚咸鸭蛋是常态。所以,对于不符合食品安全标准的食品,贾某有权要求退货、退款,并按照"增加赔偿的金额不足 1000 元的,为 1000 元"的标准,要求甲超市赔偿。A 选项错误,D 选项正确。

B、C 选项,在食品药品领域,短期高频次"知假买假"的,采取"过罚相当"原则。(理由见上)B、C 选项均错误。

参考答案 D

245

苗苗公司研发了一款奶粉,通过了食品检验机构的检验。为了推广该奶粉,苗苗公司承诺向贫困地区捐赠 100 罐,并获得了食品行业协会的宣传推荐。消费者李某在 A 公司开办的集中交易市场上,于 B 公司(无食品经营许可证)的摊位上购买了该奶粉,回家饮用后身体不适。经查,该奶粉添加了丙二酮,这种物质会导致酮症,但食品检验机构未检测出来。据此,李某可向谁主张赔偿?(2022-回忆版-多)

A. 食品检验机构
B. 食品行业协会
C. A 公司
D. B 公司

本题考点 食品生产、经营者的民事责任

选项分析 A 选项,《最高人民法院关于审理食品药品纠纷案件适用法律若干问题的规定》第 12 条规定,"食品检验机构故意出具虚假检验报告,造成消费者损害,消费者请求其承担连带责任的,人民法院应予支持。食品检验机构因过失出具不实检验报告,造成消费者损害,消费者请求其承担相应责任的,人民法院应予支持。"具体到本题,食品检验机构"未检测出来",即存在过失,应当对消费者承担相应责任。A 选项当选。

B 选项,食品行业协会不得以广告或者其他形式向消费者推荐食品。违反者,由有关主管部门没收违法所得,依法对直接负责的主管人员和其他直接责任人员给予记大过、降级或者撤职处分;情节严重的,给予开除处分。(《食品安全法》第 73 条第 2 款、第 140 条第 4 款)可知,食品行业协会推荐食品的,应当承担行政责任,而非民事赔偿责任。B 选项不当选。

[易错] 如果食品行业协会是在虚假食品广告中推荐食品,则应当承担连带责任,但本题中是因为食品检验机构的过失,难以认定该食品构成虚假宣传,故李某不可向食品行业协会主张赔偿。

C 选项,根据《食品安全法》第 130 条第 1 款的规定,集中交易市场的开办者允许未依法取得许可的食品经营者进入市场销售食品,或者未履行检查、报告等义务,使消费者的合法权益受到损害的,应当与食品经营者承担连带责任。本题中,集中交易市场的开办者(A

公司）未查验销售者（B公司）的食品经营许可证，需要承担连带责任。C选项当选。

D选项，消费者因不符合食品安全标准的食品受到损害的，可以向生产者（苗苗公司）、经营者（B公司）主张赔偿损失。D选项当选。

参考答案 ACD

专题 43 商业银行与银行业监督管理

一、商业银行的基本制度

246

某商业银行对其资金管理作出了一系列安排。下列哪些说法是正确的？（2018-回忆版-多）

A. 规定本行的流动性资产余额与流动性负债余额的比例不得低于28%
B. 对因行使抵押权而取得的商品房，规定应当自取得之日起2年内予以处分
C. 商业银行资产的安全性与流动性呈反比关系
D. 商业银行资产的安全性与效益性呈反比关系

本题考点 商业银行的经营原则、业务规则

选项分析 A选项，为保证商业银行的流动性安全，法律要求其流动性资产余额与流动性负债余额的比例≥25%。（《商业银行法》第39条第1款第2项）A选项正确。

B选项，商业银行因行使抵押权、质权而取得的不动产或者股权，应当自取得之日起2年内予以处分。（《商业银行法》第42条第2款）B选项正确。

C、D选项，商业银行以安全性、流动性、效益性为经营原则。（《商业银行法》第4条第1款）其中：

（1）流动性与安全性成正比关系：资产流动性越强，其安全性越高；

（2）效益性与安全性成反比关系：效益性越高，则风险性也就越高，安全性越低。

C选项错误，D选项正确。

参考答案 ABD

247

张某与果果文化传媒公司（以下简称"果果公司"）之间因为劳动合同的履行发生纠纷，该争议现正在劳动争议仲裁机构仲裁。果果公司已经为张某等员工在中信银行开设了个人银行卡。现果果公司因怀疑张某私自参与商演获得巨额报酬，于是要求中信银行提供张某最近1年在该行的个人账户明细。对此，下列哪些选项是正确的？（2020-回忆版-多）

A. 中信银行应向劳动争议仲裁委员会提供张某的个人账户明细
B. 中信银行和果果公司构成储蓄合同关系，可以应果果公司的要求提供其员工的个人账户明细
C. 只有在法律规定的情形下可以查个人账户明细，果果公司和劳动争议仲裁机构均无权查询
D. 中信银行应当向张某承担赔偿责任

本题考点 商业银行的业务规则（存款）

选项分析 商业银行有为存款人保密的义务。对个人储蓄存款，商业银行有权拒绝任何单位或者个人查询、冻结、扣划，但法律另有规定的除外。（《商业银行法》第29条第2款）

具体到本题：

A、B选项，果果公司和劳动争议仲裁机构均无权查询个人账户明细。A、B选项错误。

C选项正确，理由见上述《商业银行法》第29条第2款的规定。

D选项，储户和商业银行构成消费者和经营者的关系。《消费者权益保护法》第29条第2款规定，经营者及其工作人员对收集的消费者个人信息必须严格保密，不得泄露、出售或者非法向他人提供。根据同法第50条的规定，经营者侵害消费者个人信息依法得到保护的权利的，应当停止侵害、恢复名誉、消除影响、赔礼道歉，并赔偿损失。D选项正确。

参考答案 CD

248

甲公司拖欠乙银行贷款 2000 万元，到期后无力清偿，现乙银行欲通过丙资产管理公司实现债转股来清理该笔贷款。根据《商业银行法》及《银行业监督管理法》的规定，下列哪一选项是正确的？（2019-回忆版-单）

A. 乙银行应将其对甲公司的债权转移给丙资产管理公司，由丙资产管理公司对甲公司进行债转股
B. 乙银行可直接对甲公司进行债转股
C. 应由丙资产管理公司购买甲公司的股权，甲公司用所得的股款偿还对乙银行的欠款
D. 应由乙银行购买甲公司的股权，甲公司用所得的股款偿还对乙银行的欠款

本题考点 商业银行的业务规则（投资限制）

选项分析 本题考查对《商业银行法》第43条的理解和运用。

A选项，乙银行将该笔无法获得清偿的贷款（债权法律关系）转移给丙资产管理公司，以此化解乙银行的风险，这本属于设立金融资产管理公司的目的，丙资产管理公司有权以此债权出资至债务人甲公司中，形成对甲公司的股权。A选项正确。

B、D选项，商业银行在中华人民共和国境内不得从事信托投资和证券经营业务，不得向非自用不动产投资或者向非银行金融机构和企业投资，但国家另有规定的除外。（《商业银行法》第43条）因此，不论是乙银行直接将对甲公司的债权转换为对甲公司的投资款（股权），还是由乙银行购买甲公司的股权成为甲公司的股东，均与上述《商业银行法》第43条的规定相违背。B、D选项错误。

C选项，包含两个不同的法律关系：①丙资产管理公司购买债务人甲公司的股权，成为甲公司的股东；②债务人甲公司归还对乙银行的欠款。这二者之间没有必然联系，也即"丙资产管理公司可以购买甲公司的股权，但甲公司没有义务用该笔款项偿还对乙银行的欠款"。设立金融资产管理公司是为了化解银行的风险，接收银行的不良资产，是以银行的债权再投资。C选项中的做法和我国设立金融资产管理公司的宗旨相违背。C选项错误。

参考答案 A

总结

化解不良贷款时，商业银行不得向非银行金融机构和企业投资。

二、对银行业的监督管理（管理对象、职责、措施）

249

某市商业银行向当地若干家房地产公司发放贷款，为了使得贷款方能清偿银行的贷款利息，银行又向这些公司发放贷款，如此反复，出现连锁反应，导致银行资金链断裂，票据到期无法兑付，存款人无法按时足额取出存款。对此，下列哪些说法是正确的？（2023-回忆版-多）

A. 中国人民银行有权决定对该银行进行接管
B. 国家金融监督管理机构有权对该银行进行接管

C. 中国人民银行有权责令其改正
D. 国家金融监督管理机构有权对其罚款

本题考点 银行业监督管理措施（接管）

选项分析 国家金融监督管理总局（金融监管总局）负责对全国银行业金融机构及其业务活动监督管理的工作。中国人民银行是制定和执行货币政策的机构。

A、B选项，《商业银行法》第64条第1款规定，商业银行已经或者可能发生信用危机，严重影响存款人的利益时，国务院银行业监督管理机构（国家金融监督管理机构）可以对该银行实行接管。可知，A选项主体错误，中国人民银行并非国家金融监管机构，没有决定是否进行接管的权利；B选项正确。

C、D选项，违反《商业银行法》规定对存款人或者其他客户造成损害的，由国务院银行业监督管理机构责令改正，并处罚款。（《商业银行法》第73条第2款）可知，C选项主体错误，D选项正确。

参考答案 BD

250

某省金融监督管理机构在对本省银行业务实施监督管理时发现，甲商业银行贷款的流动性资产余额与流动性负债余额的比例低于20%（未达到最低比例25%），于是责令其限期整改，但甲银行以经营情况正常为由逾期未改正。对此，该省金融监督管理机构可以采取下列哪些措施？（2021-回忆版-多）
A. 责令甲银行暂停部分业务和新增业务
B. 限制甲银行新设分支机构
C. 限制甲银行董事、高级管理人员对外转让资产
D. 责令甲银行的控股股东将其股权转让

本题考点 银行业监督管理措施（审慎经营）

选项分析 银行业金融机构应当严格遵守审慎经营规则。审慎经营规则，包括风险管理、内部控制、资本充足率、资产质量、损失准备金、风险集中、关联交易、资产流动性等内容。（《银行业监督管理法》第21条第2、3款）《银行业监督管理法》第37条第1款规定："银行业金融机构违反审慎经营规则的，国务院银行业监督管理机构或者其省一级派出机构应当责令限期改正；逾期未改正的，或者其行为严重危及该银行业金融机构的稳健运行、损害存款人和其他客户合法权益的，经国务院银行业监督管理机构或者其省一级派出机构负责人批准，可以区别情形，采取下列措施：①责令暂停部分业务、停止批准开办新业务；②限制分配红利和其他收入；③限制资产转让；④责令控股股东转让股权或者限制有关股东的权利；⑤责令调整董事、高级管理人员或者限制其权利；⑥停止批准增设分支机构。"

可知，本题甲银行违反了上述规则中关于风险管理、资产流动性等内容。

A选项"停业务"，符合上述第1项的规定，当选。

B选项错在"限制新设分支机构"，其正确措施应为"停止批准增设分支机构"，不当选。

C选项，限制董事、高管的权利，该措施正确，当选。

D选项，对控股股东采取相应措施，该措施正确，当选。

参考答案 ACD

总结

针对违反审慎经营规则的措施为"2停4限"：停业务停新增，限分红限转让，限股东限高管。

251

大川信托公司挪用200亿元信托资金，该资金流向了其股东A公司及关联方。将信托资金挪用于非信托目的，严重影响了信

托客户的合法权益。国家金融监督管理总局（金监总局）责令大川信托公司整改，但A公司拒不退还占用资金。对此，下列哪些说法是正确的？（2024-回忆版-多）

A. A公司应赔偿大川信托公司的损失
B. 金监总局可直接冻结A公司的银行账户
C. 金监总局可禁止大川信托公司的实际控制人刘某从事银行业工作10年
D. 金监总局可强制A公司转让其在大川信托公司的股权

本题考点 银行业监督管理措施（审慎经营）

选项分析（1）对在我国境内设立的信托投资公司，适用《银行业监督管理法》对银行业金融机构监督管理的规定。（《银行业监督管理法》第2条第3款）

（2）银行业金融机构应当严格遵守审慎经营规则。审慎经营规则，包括风险管理、内部控制、资本充足率、资产质量、损失准备金、风险集中、关联交易、资产流动性等内容。（《银行业监督管理法》第21条第2、3款）

可知：

A选项，根据《公司法》第22条的规定，公司的控股股东、实际控制人等不得利用关联关系损害公司利益。违反之，给公司造成损失的，应当承担赔偿责任。A选项正确。

B选项，金监总局不能直接采取冻结银行账户的措施，其需要向司法机关申请。并且，冻结银行账户的适用前提为银行业金融机构被接管或者机构重组等情形，和本题违反审慎经营规则的情形不符。B选项错误。

C选项，银行业金融机构违反法律、行政法规以及国家有关银行业监督管理规定的，银行业监督管理机构有权依据《银行业监督管理法》第48条第3项的规定，<u>禁止直接负责的董事、高级管理人员和其他直接责任人员一定期限直至终身从事银行业工作</u>。C选项正确。

D选项，银行业金融机构违反审慎经营规则的，可以区别情形，采取多项措施。和本题

相关的措施为责令控股股东转让股权或者限制有关股东的权利。（《银行业监督管理法》第37条第1款第4项）D选项正确。

参考答案 ACD

252

某商业银行董事长张某授意该商业银行隐瞒亏损并提供虚假财务报告，该商业银行被吊销经营许可证后被撤销清算。在此之前，该商业银行曾因违规发放贷款被金融监管机构处以罚款，该罚款尚未缴纳。在该商业银行被撤销清算期间，发现其未缴上一年度税款，还有一笔税款因该商业银行计算错误而未缴。下列相关说法正确的是：（2019-回忆版-单）

A. 在清算期间，清算组应优先清偿包含企业所得税在内的欠缴税款
B. 在该商业银行被清算期间，经金融监管机构负责人批准，可申请司法机关禁止张某买卖商品房
C. 因计算错误未缴的税款，税务机关可要求该商业银行补缴，但不能收取滞纳金
D. 在清算期间，该商业银行应先向金融监管机构缴纳罚款

本题考点 商业银行的破产清算；税款征收；破产债权申报

选项分析 A选项，商业银行破产清算时，在支付清算费用、所欠职工工资和劳动保险费用后，应当优先支付个人储蓄存款的本金和利息。（《商业银行法》第71条第2款）A选项错误，错在没有掌握"破产清算的特殊顺序"。

B选项，在商业银行被接管、机构重组或者被撤销清算期间，经批准可对其直接负责的董事、高级管理人员和其他直接责任人员，申请司法机关禁止其转移、转让财产或者对其财产设定其他权利。（《银行业监督管理法》第40条第2款第2项）所以，B选项"申请司法机关禁止张某买卖商品房"的措施合法。B选项正确。

C 选项，题干告知，因该商业银行（纳税人）计算错误而未缴税款，此种情形下，税务机关可要求纳税人补缴税款并加收滞纳金。（《税收征收管理法》第 52 条第 2 款）C 选项错误。

D 选项，根据破产法原理，罚款不属于破产债权，不能进行债权申报，所以在破产清算期间，罚款无法得到清偿。D 选项错误。

参考答案 B

专题 44 税收征纳实体法

一、个人所得税、车船税、增值税、消费税

253

根据《个人所得税法》，关于个人所得税的征缴，下列哪一说法是正确的？（2016/1/29-单）

A. 自然人买彩票多倍投注，所获一次性奖金特别高的，可实行加成征收
B. 扣缴义务人履行代扣代缴义务的，税务机关按照所扣缴的税款付给 2% 的手续费
C. 在中国境内无住所又不居住的个人，在境内取得的商业保险赔款，应缴纳个人所得税
D. 夫妻双方每月取得的工资薪金所得可合并计算，减除费用 7000 元后的余额，为应纳税所得额

本题考点 纳税人；税收减免

选项分析 A 选项，《个人所得税法》第 3 条第 3 项规定："利息、股息、红利所得，财产租赁所得，财产转让所得和偶然所得，适用比例税率，税率为 20%。" A 选项中"彩票收入"属于"偶然所得"，按照 20% 的比例税率缴纳个人所得税。A 选项错误，错在"实行加成征收"。

B 选项，《个人所得税法》第 17 条规定："对扣缴义务人按照所扣缴的税款，付给 2% 的手续费。" B 选项正确。B 选项很生僻，简单了解即可。

C 选项，个税免税事项可概括为"补贴救济赔转退、奖金国债免个税"。其中，"赔"是指保险赔款，无论是对居民个人还是对非居民个人，均属于免税事项。C 选项错误。（《个人所得税法》第 4 条规定："下列各项个人所得，免征个人所得税：①省级人民政府、国务院部委和中国人民解放军军以上单位，以及外国组织、国际组织颁发的科学、教育、技术、文化、卫生、体育、环境保护等方面的奖金；②国债和国家发行的金融债券利息；③按照国家统一规定发给的补贴、津贴；④福利费、抚恤金、救济金；⑤保险赔款；⑥军人的转业费、复员费、退役金；⑦按照国家统一规定发给干部、职工的安家费、退职费、基本养老金或者退休费、离休费、离休生活补助费；⑧依照有关法律规定应予免税的各国驻华使馆、领事馆的外交代表、领事官员和其他人员的所得；⑨中国政府参加的国际公约、签订的协议中规定免税的所得；⑩国务院规定的其他免税所得。前款第 10 项免税规定，由国务院报全国人民代表大会常务委员会备案。"）

D 选项，个人所得税法，顾名思义，是针对"个人所得"的征缴，以单个纳税人为纳税主体，而非以家庭为纳税主体。因此，该选项夫妻合并计算于法无据。D 选项错误。

参考答案 B

254

关于网络主播在网络平台进行带货销售涉及的税法问题，下列说法正确的有：（2022-回忆版-多）

A. 网络主播直播带货所获佣金属于经营所得

B. 网络主播直播带货有虚假数据的，属于偷税行为

C. 网络主播直播带货有隐匿应收账款行为的，属于避税行为

D. 网络直播平台应主动向税务机关报送相关数据

本题考点 个人所得税（综合所得）

选项分析 A 选项，网络主播直播带货所得，在税法上可分为两种情形：

（1）网络主播为委托方带货，主播取得的佣金和坑位费属于个人劳务报酬所得。如果年度综合应纳税所得额超过 96 万元，则达到最高的税级距，应当适用 45% 的税率。

（2）网络主播、微商通过网络直播平台直接销售货物（商家自播），根据其业务实质，符合存在合理的成本费用、有雇工等条件，判断其为"个人从事其他生产、经营活动取得的所得"，可按从事其他生产、经营活动取得的所得进行管理（此种税率低）。

A 选项中的"佣金"应当定性为个人劳务报酬所得。A 选项错误，错在"经营所得"。

B、C 选项，偷税，是指纳税人伪造、变造、隐匿、擅自销毁帐簿、记帐凭证，或者在帐簿上多列支出或者不列、少列收入，或者经税务机关通知申报而拒不申报或者进行虚假的纳税申报，不缴或者少缴应纳税款的行为。（《税收征收管理法》第 63 条第 1 款）可知，B 选项"虚假数据"和 C 选项"隐匿"均构成偷税行为。B 选项正确；C 选项错误，错在"避税"。

D 选项，网信办等于 2021 年 4 月发布了《网络直播营销管理办法（试行）》，该办法第 8 条第 1 款规定，直播营销平台应当对直播间运营者、直播营销人员进行基于身份证件信息、统一社会信用代码等真实身份信息认证，并依法依规向税务机关报送身份信息和其他涉税信息。直播营销平台应当采取必要措施保障处理的个人信息安全。D 选项正确。

参考答案 BD

总结 直播间带货的佣金属于劳务报酬所得，应按综合所得合并报税。

255

甲是个人网络主播，他的收入主要来源于直播平台的佣金、坑位费和"粉丝"打赏。关于甲如何缴纳个人所得税，下列哪些选项是正确的？（2024-回忆版-多）

A. 甲可以在按照法定标准扣减其公益性捐赠额后再缴纳个人所得税

B. 甲可以将直播收入按照经营所得缴纳个人所得税

C. 在计算甲的个人所得税时，应当先扣减 6 万元

D. 甲的个人房贷利息应当按照规定先扣除

本题考点 个人所得税（综合所得）

选项分析 A 选项，公益性捐赠额未超过纳税人申报的应纳税所得额 30% 的部分，可以从其应纳税所得额中扣除。（《个人所得税法》第 6 条第 3 款）A 选项正确。

B 选项，甲通过网络直播获得的收入的性质为劳务报酬所得，应列入"综合所得"，而非"经营所得"。B 选项错误。

C 选项，居民个人的综合所得，以每一纳税年度的收入额减除费用 6 万元以及专项扣除、专项附加扣除和依法确定的其他扣除后的余额，为应纳税所得额。（《个人所得税法》第 6 条第 1 款第 1 项）C 选项正确。

D 选项，住房贷款利息属于计算综合所得时的"专项附加扣除"事项，可以按照规定先

扣除。(《个人所得税法》第6条第4款) D 选项正确。

[补充知识]《国务院关于印发个人所得税专项附加扣除暂行办法的通知》第14条规定，纳税人本人或者配偶单独或者共同使用商业银行或者住房公积金个人住房贷款为本人或者其配偶购买中国境内住房，发生的首套住房贷款利息支出，在实际发生贷款利息的年度，按照每月1000元的标准定额扣除，扣除期限最长不超过240个月。纳税人只能享受一次首套住房贷款的利息扣除。本办法所称首套住房贷款是指购买住房享受首套住房贷款利率的住房贷款。

参考答案 ACD

256

张某在考研英语培训领域颇负盛名，甲网络平台邀请他直播授课，由甲平台支付相应的劳务费。同时，张某在直播中推荐自己的授课资料并出售给学生，收入颇丰。关于张某个人所得税的缴纳，下列哪些说法是正确的？(2023-回忆版-多)

A. 从甲平台获得的劳务费属于综合所得，适用超额累进税率
B. 出售授课资料的收入属于综合所得，适用超额累进税率
C. 应当由张某自行办理纳税申报
D. 应当由甲平台为张某报税，办理代扣代缴税款

本题考点 个人所得税（综合所得）

选项分析 A选项，张某获得的劳务费为劳务报酬所得，属于综合所得，应按纳税年度合并计算个人所得税，并适用3%至45%的超额累进税率。(《个人所得税法》第2条第2款、第3条第1项) A选项正确。

B选项，根据《个人所得税法》第2条的规定，综合所得包括四项：①工资、薪金所得；②劳务报酬所得；③稿酬所得；④特许权使用费所得。可知，张某的直播带货收入（非佣金

或坑位费）属于经营所得而非综合所得。B选项错误。

C、D选项，《个人所得税法》第9条第1款规定："个人所得税以所得人为纳税人，以支付所得的单位或者个人为扣缴义务人。"本题中，甲平台有权确定劳务报酬的支付对象和支付金额，扣缴义务人应当确定为甲平台。同法第10条第1款规定："有下列情形之一的，纳税人应当依法办理纳税申报：……②取得应税所得没有扣缴义务人；……"因为已经确定甲平台为扣缴义务人，所以应当由甲平台为张某报税。C选项错误，D选项正确。

参考答案 AD

257

我国作家甲在国内出版一本小说获得了15万元稿酬，甲用该笔稿酬购买了一辆环保电动汽车。后该小说在国外获奖，B国际组织向甲发放奖金20万元，并且该小说被外国A电影公司购买了改编权，甲获得了A公司支付的特许权使用费150万元。关于甲缴纳个人所得税的判断，下列哪些选项是正确的？(2019-回忆版-多)

A. 甲获得的B国际组织颁发的奖金不应缴纳个人所得税
B. 甲购买环保电动汽车应当免纳车船税
C. 甲从外国获得的特许权使用费不应缴纳个人所得税
D. 甲获得的稿酬应按比例缴纳个人所得税

本题考点 个人所得税（综合所得、免税事项）；车船税

选项分析 A选项，该笔奖金属于"国际组织颁发的科学、教育、技术、文化、卫生、体育、环境保护等方面的奖金"，免征个人所得税。(《个人所得税法》第4条第1款第1项) A选项正确。

B选项，对新能源车船，免征车船税。(《车船税法》第4条；《财政部、税务总局、工业和信息化部、交通运输部关于节能新能源车

船享受车船税优惠政策的通知》第2条）B选项正确。

C选项，甲为居民个人，其从中国境内和境外取得的所得，均应缴纳个人所得税。C选项错误。

D选项，根据《个人所得税法》第2条、第3条第1项的规定，下列四项为综合所得，按纳税年度合并计算个人所得税并适用法定超额累进税率：①工资、薪金所得；②劳务报酬所得；③稿酬所得；④特许权使用费所得。D选项错误，错在对稿酬适用"比例税率"。

参考答案 AB

258

甲发明了一个净水设备，解决了山区饮水问题。基于甲的重大贡献，某国际组织奖励了5万元奖金，甲住所地的A市政府奖励了一套商品房，乙企业奖励了10万元奖金。据此，下列哪一选项是正确的？（2022-回忆版-单）

A. 国际组织奖励的5万元奖金可以免缴个人所得税
B. A市政府奖励的商品房可以免缴个人所得税
C. 乙企业奖励的10万元奖金可以免缴个人所得税
D. 乙企业在缴纳企业所得税时可以先扣除支付的10万元奖金

本题考点 个人所得税（免税事项）；企业所得税（税前扣除）

选项分析 根据《个人所得税法》第4条第1款第1项的规定，可以免征个人所得税的奖金为省级人民政府、国务院部委和中国人民解放军军以上单位，以及外国组织、国际组织颁发的科学、教育、技术、文化、卫生、体育、环境保护等方面的奖金。

A选项，国际组织奖励的奖金，颁发主体符合上述要求，可免征个人所得税。A选项正确。

B、C选项，B选项颁发奖励的主体"A市政府"，以及C选项颁发奖金的主体"乙企业"，均不符合上述要求，不属于免税事项，甲依然要缴纳个人所得税。B、C选项均错误。

D选项，企业发生的公益性捐赠支出，在年度利润总额12%以内的部分，准予在计算应纳税所得额时扣除。（《企业所得税法》第9条）公益性捐赠，是指通过公益性社会组织、县级以上人民政府及其部门等国家机关，用于符合法律规定的公益慈善事业捐赠支出。本题中，乙企业支付给甲的奖金支出不属于公益性捐赠，因此该支出不得在计算企业所得税时扣除。D选项错误。

参考答案 A

总结

可免税奖金颁发的主体级别为"省、部、军、国际组织等"。

259

某教师在税务师培训班上就我国财税法制有下列说法，其中哪些是正确的？（2017/1/69-多）

A. 当税法有漏洞时，依据税收法定原则，不允许以类推适用方法来弥补税法漏洞
B. 增值税的纳税人分为一般纳税人和小规模纳税人，小规模纳税人的适用税率统一为3%
C. 消费税的征税对象为应税消费品，包括一次性竹制筷子和复合地板等
D. 车船税纳税义务发生时间为取得车船使用权或管理权的当年，并按年申报缴纳

本题考点 税法的基本原则；其他实体税法（增值税、消费税、车船税）

选项分析 A选项，税收法定原则，是指由立法机关决定全部税收制度，税务机关无相应法律依据不得征税的税法基本原则。根据该原则可知，当税法有漏洞时，不允许以类推适用方法

来弥补税法漏洞。A 选项正确。

B 选项，小规模纳税人增值税征收率为 3%，国务院另有规定的除外。(《增值税暂行条例》第 12 条) B 选项正确。

C 选项，消费税的征税对象为应税消费品，主要为高耗能、高污染和高档消费品，包括木制一次性筷子、实木地板等。C 选项中的"一次性竹制筷子和复合地板"难以归入"高档消费品"的范围，无需缴纳消费税。C 选项错误。

D 选项，车船税纳税义务发生时间为取得车船所有权或者管理权的当月。车船税按年申报缴纳。(《车船税法》第 8、9 条) D 选项错误。(提示：D 选项错在前半句"当年"，后半句"按年申报缴纳"是正确的)

参考答案 AB

260

关于新能源电动汽车的税款征收，下列选项正确的是：(2022-回忆版-单)

A. 个人购买一辆新能源纯电动乘用车应当缴纳消费税
B. 个人购买一辆新能源纯电动乘用车无须缴纳车船税
C. 甲公司进口新能源电动汽车无须缴纳增值税
D. 乙公司接受赠与一辆新能源电动汽车无须缴纳企业所得税

本题考点 其他实体税法（消费税、车船税、增值税）

选项分析 A 选项，消费税的征税对象主要为高耗能、高污染和高档消费品。电动汽车属于国家鼓励发展方向，不属于消费税的征税范围，不征消费税。(《财政部、国家税务总局关于调整和完善消费税政策的通知》) A 选项错误。

B 选项，《车船税法》第 4 条规定："对节约能源、使用新能源的车船可以减征或者免征车船税；……具体办法由国务院规定，并报全国人民代表大会常务委员会备案。"另外，

2018 年财政部等发布的《关于节能新能源车船享受车船税优惠政策的通知》第 2 条规定："对新能源车船，免征车船税。……"B 选项正确。

C 选项，《增值税暂行条例》第 1 条规定："在中华人民共和国境内销售货物……以及进口货物的单位和个人，为增值税的纳税人，应当依照本条例缴纳增值税。"据此可知，进口的新能源电动汽车属于增值税的纳税对象。C 选项错误。

D 选项，企业以货币形式和非货币形式从各种来源取得的收入，为收入总额，包括接受捐赠收入。(《企业所得税法》第 6 条第 8 项) 因此，该辆获赠的新能源电动汽车，需要列入企业所得税的计算范围。D 选项错误。

参考答案 B

261

甲在中国 F 公司任职，月薪为 1 万元。甲于 2020 年 6 月 1 日被 F 公司派往 A 国工作，并一直居住在 A 国，F 公司为甲支付工资每月 1 万元。经查，甲没有其他个人所得且在中国境内无住所。关于甲 2020 年度个人所得税的缴纳，下列说法正确的是：(2021-回忆版-单)

A. 甲缴纳个人所得税不再需要纳税人识别号，由 F 公司直接代扣代缴
B. 甲应于 2020 年 6 月 1 日办理清税
C. 甲应就每月 5000 元的应纳税所得额进行交税
D. 甲应于 2021 年 3 月 1 日至 6 月 30 日之间办理年度汇算清缴

本题考点 纳税人；税额抵免

选项分析 甲在中国境内无住所，且 2020 年度在中国境内累计居住时间不足 183 天（6 月 1 日离境)，可知甲属于"非居民个人"。

A 选项，虽然由 F 公司代扣代缴税款，但毕竟甲才是纳税人，他应当向扣缴义务人提供

纳税人识别号（纳税人有中国公民身份号码的，以中国公民身份号码为纳税人识别号；纳税人没有中国公民身份号码的，由税务机关赋予其纳税人识别号）。A选项错误。

B选项，纳税人因移居境外注销中国户籍的，应当在注销中国户籍前办理税款清算。（《个人所得税法》第13条第5款）本题中，甲仅"被外派A国工作"，并未告知甲加入了A国国籍需要注销中国国籍，故清税措施是错误的。B选项错误。

C选项，该选项考查应纳税所得额的计算。非居民个人的工资、薪金所得，以每月收入额减除费用5000元后的余额为应纳税所得额。（《个人所得税法》第6条第1款第2项）C选项正确。

D选项，非居民个人取得工资、薪金所得，劳务报酬所得，稿酬所得和特许权使用费所得，有扣缴义务人的，由扣缴义务人按月或者按次代扣代缴税款，<u>不办理汇算清缴</u>。（《个人所得税法》第11条第3款）D选项错误。

参考答案 C

总结

（1）解答本题的关键是区分甲是"非居民个人"还是"居民个人"，二者在个税"综合所得"的规定上大不相同。

（2）如果甲是"居民个人"，其纳税规则为：①应当办理汇算清缴；②综合所得合并报税，按年征收。

二、企业所得税法

262

某公司经营过程中取得的各项收入，包括销售货物收入、国债利息、股息收益、财政拨款等。下列选项中，哪些属于企业所得税的免税项目？（2018-回忆版-多）

A. 向另一家公司销售货物的收入
B. 购买国债的利息收入
C. 投资国内某互联网公司取得的股息收益

D. 从当地政府获得的财政拨款

本题考点 企业所得税纳税事项（收入）

选项分析 A选项，收入总额，是指企业以货币形式和非货币形式从各种来源取得的收入。例如，销售货物收入，转让财产收入，股息、红利等权益性投资收益等。因此该选项中的销售货物收入是纳税事项。A选项不当选。

B、C选项，《企业所得税法》第26条规定，企业的下列收入为免税收入：①国债利息收入；②符合条件的居民企业之间的股息、红利等权益性投资收益；③在中国境内设立机构、场所的非居民企业从居民企业取得与该机构、场所有实际联系的股息、红利等权益性投资收益；④符合条件的非营利组织的收入。B、C选项当选。

D选项，"财政拨款"属于"不征税收入"，因其并非企业营业所得。（《企业所得税法》第7条第1项）D选项不当选。

参考答案 BC

总结

（1）不征税收入：财政拨款、行政事业性收费、政府性基金。（非营业性收入）

（2）免税收入：国债利息收入、权益性投资收益等。（营业性收入，但享受免税优惠，目的是鼓励投资）

263

根据《企业所得税法》的规定，企业实际发生的与取得收入有关的、合理的支出，可以在计算应纳税所得额时扣除。某企业的下列支出，哪些属于在计算应纳税所得额时可以扣除的事项？（2019-回忆版-多）

A. ①公司购买原材料支出5000万元；②公司生产设备折旧费50万元；③公司支出专利使用费100万元；④公司租用厂房1年支付租金20万元

B. 公司通过"红十字会"捐给希望小学100万元

C. 公司赞助某歌星演唱会100万元

D. ①公司欠缴上一年企业所得税5000万元；②公司本年度分给股东投资分红10万元

本题考点 企业所得税纳税事项（扣除）

选项分析 A选项，《企业所得税法》第8条规定，企业实际发生的与取得收入有关的、合理的支出，包括成本、费用、税金、损失和其他支出，准予在计算应纳税所得额时扣除。A选项中，购买原材料支出的款项、设备折旧费、专利使用费、租金，均是与取得收入有关的、合理的支出，可以扣除。A选项当选。

B选项，企业发生的公益性捐赠支出，在年度利润总额12%以内的部分，准予在计算应纳税所得额时扣除；超过年度利润总额12%的部分，准予结转以后3年内在计算应纳税所得额时扣除。（《企业所得税法》第9条）B选项中，捐款给希望小学，属于公益性捐赠支出，可以扣除。B选项当选。

C、D选项：

（1）在计算应纳税所得额时，下列支出不得扣除：①向投资者支付的股息、红利等权益性投资收益款项；②企业所得税税款；③税收滞纳金；④罚金、罚款和被没收财物的损失；⑤《企业所得税法》第9条规定以外的捐赠支出；⑥赞助支出；⑦未经核定的准备金支出；⑧与取得收入无关的其他支出。（《企业所得税法》第10条）

（2）C选项为赞助支出，不得扣除；D选项"所欠的企业所得税税款"不得扣除（其他税款可扣除），并且，"本年度分给股东的投资分红"应当在计算企业所得税税款后才能计算股息，所以是"未来的、尚未发生的实际支出"，也不得扣除。

C、D选项不当选。

参考答案 AB

264

某市税务局在税收核查中发现，甲房地产公司有大量资金在缴纳企业所得税之前已经归集到集团公司总部。集团公司告知税务机关，该集团内部通过财务公司调整各下属公司的资金管理，闲置资金统一归集到集团公司账户，内部存款均低于同类业务的利率。对此，下列哪些说法是正确的？（2021-回忆版-多）

A. 税务机关应核定甲房地产公司的利息收入及应补缴的企业所得税金额

B. 税务机关应对甲房地产公司瞒报利息收入的行为进行处理

C. 若集团公司对内部存款利息计算过低，税务机关有权进行合理调整

D. 本案属于关联企业之间的正常财务安排，不存在涉税违法行为

本题考点 税收调整

选项分析 法律不禁止企业（甲房地产公司）与其关联企业（集团公司）之间的业务往来，也允许企业与其关联企业之间融通资金，但不符合独立交易原则，或者企业实施其他不具有合理商业目的的安排而减少企业或者其关联方应纳税收入或者所得额的，税务机关有权按照合理方法调整。（《企业所得税法》第41条第1款、第47条；《税收征收管理法》第36条）这被称为"税收的特别纳税调整"。

A、C、D选项，本题中，集团公司直接将下属甲房地产公司的资金归集，并非通过"独立交易"（如借款合同）进行资金流转，且融通资金所支付或者收取的利息利率低于同类业务的正常利率，不符合"独立交易原则"，会导致甲房地产公司实际应纳税所得额减少。因此，税务机关有权对企业（甲房地产公司）及其关联企业（集团公司）的应纳税收入或者所得额按照合理方法调整。A、C选项正确，D选项错误。

B选项，税务机关依照规定作出纳税调整，

需要补征税款的，应当补征税款，并按照国务院规定加收利息。（《企业所得税法》第48条）B选项正确。

参考答案 ABC

总结

判断是否进行纳税调整的关键在于是否有"合理商业目的的安排"、是否构成"独立交易"。

265

A基金在我国境外某群岛注册并设置总部，该群岛系低税率地区。香港B公司和浙江C公司在浙江签约设立杭州D公司，其中B公司占95%的股权，后D公司获杭州公路收费权。F公司在该群岛注册成立，持有B公司100%的股权。随后，A基金通过认购新股方式获得了F公司26%的股权，多年后又将该股权转让给境外M上市公司。M公司对外披露其实际收购标的为D公司股权。经查，A基金、F公司和M公司均不从事实质性经营活动，F公司股权的转让价主要取决于D公司的估值。对此，根据我国税法，下列哪些说法是正确的？（2017/1/70-多）

A. A基金系非居民企业
B. D公司系居民企业
C. A基金应就股权转让所得向我国税务机关进行纳税申报
D. 如A基金进行纳税申报，我国税务机关有权按照合理方法调整其应纳税收入

本题考点 企业所得税纳税人（非居民企业、居民企业）；税收调整

选项分析 A选项，非居民企业，是指依照外国（地区）法律成立且实际管理机构不在中国境内，但在中国境内设立机构、场所的，或者在中国境内未设立机构、场所，但有来源于中国境内所得的企业。（《企业所得税法》第2条第3款）本题中，A基金虽然在我国境外某群岛注册并设置总部，但其有"来源于中国境内的所得"（F公司持有香港B公司100%的股权，A基金获得了F公司26%的股权），所以是非居民企业。A选项正确。

B选项，居民企业，是指依法在中国境内成立，或者依照外国（地区）法律成立但实际管理机构在中国境内的企业。（《企业所得税法》第2条第2款）题干中明确是"杭州D公司"，故系居民企业。B选项正确。

C选项：

（1）非居民企业应当就其来源于中国境内的所得缴纳企业所得税。（《企业所得税法》第3条第3款）

（2）本题中，A基金将杭州D公司股权转让给了M公司。

❶ A基金获得F公司26%的股权→F公司持有B公司100%的股权→B公司持有D公司95%的股权。从该过程可看出，A基金间接持有D公司的股权。

❷ A基金将股权转让给M公司，M公司实际收购标的为D公司股权。可知，交易标的是D公司股权。

（3）该股权转让所得属于"来源于中国境内的所得"，所以该股权转让所得须向我国税务机关进行纳税申报。

C选项正确。

D选项，企业与其关联方之间的业务往来，不符合独立交易原则而减少企业或者其关联方应纳税收入或者所得额的，税务机关有权按照合理方法调整。（《企业所得税法》第41条第1款）D选项正确。

参考答案 ABCD

专题 45 税收征收管理法律制度

266

昌昌公司委托拍卖行将其房产拍卖后，按成交价向税务部门缴纳了相关税款，并取得了完税凭证。3年后，县地税局稽查局检查税费缴纳情况时，认为该公司房产拍卖成交价过低，不及市场价的一半。遂作出税务处理决定：重新核定房产交易价，追缴相关税款，加收滞纳金。经查，该公司所涉拍卖行为合法有效，也不存在逃税、骗税等行为。关于此事，下列哪些说法是正确的？（2017/1/71-多）

A. 该局具有独立执法主体资格
B. 该公司申报的房产拍卖价明显偏低时，该局就可核定其应纳税额
C. 该局向该公司加收滞纳金的行为违法
D. 该公司对税务处理决定不服，可申请行政复议，对复议决定不服，才可提起诉讼

本题考点 税务机关；税款征收的措施

选项分析 A 选项，税务局的稽查局专司偷税、逃避追缴欠税、骗税、抗税案件的查处。（《税收征收管理法实施细则》第 9 条第 1 款）所以稽查局具有独立执法主体资格。A 选项正确。

B、C 选项，纳税人申报的计税依据明显偏低，又无正当理由的，税务机关有权核定其应纳税额。（《税收征收管理法》第 35 条第 1 款第 6 项）题干中告知"拍卖行为合法有效，也不存在逃税、骗税等行为"，提示昌昌公司当年申报的计税依据是正确的。B 选项错误，C 选项正确。

D 选项，纳税人同税务机关在纳税上发生争议时，处理顺序为：①先依照税务机关的纳税决定缴纳或者解缴税款及滞纳金或者提供相应的担保；②然后可以依法申请行政复议；③对行政复议决定不服的，可以依法向法院起诉。（《税收征收管理法》第 88 条第 1 款）该款所称"纳税争议"在本题中即"税务处理决定"。D 选项正确。

参考答案 ACD

267

2019 年底，甲公司和乙公司签订了房屋买卖合同，甲公司收了乙公司购房款并缴纳了 700 万元的企业所得税。2022 年，甲公司和乙公司协商解除合同，随后甲公司退还了乙公司全部购房款。现甲公司向税务机关申请退还先前缴纳的企业所得税税款。对此，下列说法正确的有：（2023-回忆版-多）

A. 甲公司向税务机关申请退税的时效，应当自结算缴纳税款之日起开始计算
B. 甲公司向税务机关申请退税的时效，应当自甲公司退款之日起开始计算
C. 甲公司向税务机关申请退税的时效，应当自合同解除之日起开始计算
D. 税务机关有权不予退还甲公司的上述税款

本题考点 税款征收的措施（退税）

选项分析（1）常见错误：有同学认为，因为房屋买卖合同已经解除，基础法律关系已经不存在，那么基于该买卖合同缴纳的企业所得税税款应当退还给纳税人。但该观点是错误的。合同解除会在合同当事人之间产生返还、违约金等后果，但税收征收管理体现的是"国家-纳税人"之间的关系，征税和退税均要依照法律规定执行。

（2）正确处理：税收征收管理应遵循税收法定原则。《税收征收管理法》第 3 条第 1 款规

定："税收的开征、停征以及减税、免税、退税、补税，依照法律的规定执行；法律授权国务院规定的，依照国务院制定的行政法规的规定执行。"

"退税"的常见情形包括出口退税、再投资退税等。纳税人超过应纳税额缴纳的税款，在多缴或误征的情形下予以退还。

A、B、C选项：

《税收征收管理法》第51条规定："纳税人超过应纳税额缴纳的税款，税务机关发现后应当立即退还；纳税人自结算缴纳税款之日起3年内发现的，可以向税务机关要求退还多缴的税款并加算银行同期存款利息，税务机关及时查实后应当立即退还；涉及从国库中退库的，依照法律、行政法规有关国库管理的规定退还。"

据此可知，纳税人申请退税的，应当自结算缴纳税款之日起3年内向税务机关提出。但税务机关是否退税，还要依据法律规定处理。

A选项正确，B、C选项错误。

D选项，本题中，甲公司和乙公司之间的房屋买卖合同已经完成，甲公司已经依法缴纳企业所得税，并且没有出现法定退税情形，因此，根据税收法定原则，税务机关不再退还甲公司的企业所得税税款。D选项正确。

参考答案 AD

268

2012年12月，某公司对县税务局确定的企业所得税的应纳税所得额、应纳税额及在12月30日前缴清税款的要求极为不满，决定撤离该县，且不缴纳税款。县税务局得知后，责令该公司在12月15日前纳税。当该公司有转移生产设备的明显迹象时，县税务局责成其提供纳税担保。就该公司与税务局的纳税争议，下列说法正确的是：（2013/1/93-任）

A. 如该公司不提供纳税担保，经批准，税务局有权书面通知该公司开户银行从其存款中扣缴税款

B. 如该公司不提供纳税担保，经批准，税务局有权扣押、查封该公司价值相当于应纳税款的产品

C. 如该公司对应纳税额发生争议，应先依税务局的纳税决定缴纳税款，然后可申请行政复议，对复议决定不服的，可向法院起诉

D. 如该公司对税务局的税收保全措施不服，可申请行政复议，也可直接向法院起诉

本题考点 税收保全；税收争议的解决方式

选项分析 A、B选项，税收保全措施，是指针对有逃避纳税义务预期的纳税人，限期内不缴纳应纳税款又不提供纳税担保的，税务机关经批准可以采取的措施，包括：①书面通知纳税人开户银行或者其他金融机构冻结纳税人的金额相当于应纳税款的存款；②扣押、查封纳税人的价值相当于应纳税款的商品、货物或者其他财产。（《税收征收管理法》第38条第1款）可知，A选项错在"扣缴"，应该是"冻结"，因为"扣缴"不是税收保全措施，而是执行措施。B选项中的"扣押、查封"是税收保全措施，正确。

C选项：

（1）纳税人、扣缴义务人、纳税担保人同税务机关在纳税上发生争议时，必须先依照税务机关的纳税决定缴纳或者解缴税款及滞纳金或者提供相应的担保，然后可以依法申请行政复议；对行政复议决定不服的，可以依法向人民法院起诉。（《税收征收管理法》第88条第1款）

（2）C选项"该公司对应纳税额发生争议"，也就是"纳税争议"，救济手段是"先复议再诉讼"。

C选项正确。

D选项，当事人对税务机关的处罚决定、强制执行措施或者税收保全措施不服的，可以依法申请行政复议，也可以依法向人民法院起

诉。(《税收征收管理法》第88条第2款）即处罚争议的救济手段是"或复议或诉讼"。D选项正确。

[易错] 要区分是"在纳税上发生争议"还是"行政处罚争议"，前者是"先复议再诉讼"，后者是"或复议或诉讼"。

参考答案 BCD

269

某企业流动资金匮乏，一直拖欠缴纳税款。为恢复生产，该企业将办公楼抵押给某银行获得贷款。此后，该企业因排污超标被环保部门罚款。现银行、税务部门和环保部门均要求拍卖该办公楼以偿还欠款。关于拍卖办公楼所得价款的清偿顺序，下列哪一选项是正确的？(2014/1/29-单)

A. 银行贷款优先于税款
B. 税款优先于银行贷款
C. 罚款优先于税款
D. 三种欠款同等受偿，拍卖所得不足时按比例清偿

本题考点 税收优先权

选项分析 A、B选项，纳税人欠缴的税款发生在纳税人以其财产设定抵押、质押或者纳税人的财产被留置之前的，税收应当先于抵押权、质权、留置权执行。(《税收征收管理法》第45条第1款）本题中，银行贷款有企业办公楼作抵押，题干明确"一直拖欠缴纳税款。为恢复生产……抵押……"，说明欠税在前，抵押权设定在后，所以税款具有优先权，也即先还税款，再还银行贷款。A选项错误，B选项正确。

C选项，纳税人欠缴税款，同时又被行政机关决定处以罚款、没收违法所得的，税收优先于罚款、没收违法所得。(《税收征收管理法》第45条第2款）C选项错误。

D选项，忽视了税收优先权规则，"同等受偿"是错误的。

参考答案 B

总结
（1）先欠税后设定抵押→税收有优先权，先还税后还债；
（2）先设定抵押后欠税→税收无优先权，先还债后还税。

专题46 审计法律制度

270

多省为了鼓励房地产交易，准备发放房地产交易补助金。审计机关决定，统一组织开展对房地产交易补助金的专项审计。关于该专项审计，下列说法正确的有：(2024-回忆版-多)

A. 开展该专项审计的费用应从房地产交易补助金中列支
B. 审计机关有权要求政府提供房地产交易

补助的电子数据，并检查被审计单位信息系统的安全性
C. 审计机关应向上一级审计机关报告审计调查结果
D. 审计机关对本级人民代表大会常务委员会负责

本题考点 审计职责（专项审计）

选项分析 A选项，审计机关履行职责所必需的经费，应当列入预算予以保证。(《审计法》第11条) A选项错误，错在"从房地产交易补助金中列支"。

B选项，《审计法》第34条第1款规定，审计机关有权要求被审计单位按照审计机关的规定提供财务、会计资料以及与财政收支、财务收支有关的业务、管理等资料，包括电子数据和有关文档。被审计单位不得拒绝、拖延、谎报。同法第36条规定，审计机关进行审计时，有权检查被审计单位的财务、会计资料以及与财政收支、财务收支有关的业务、管理等资料和资产，有权检查被审计单位信息系统的安全性、可靠性、经济性，被审计单位不得拒绝。B选项正确。

C、D选项，《审计法》第29条规定，审计机关有权对与国家财政收支有关的特定事项，向有关地方、部门、单位进行专项审计调查，并向本级人民政府和上一级审计机关报告审计调查结果。C选项正确，D选项错误。

参考答案 BC

271

M省为了控制本省的用电量，规定本省银行给发电厂的贷款增量比例不能超过上年度的5%。甲银行给M省K市某发电企业的贷款增幅比例为6%、给M省L市某发电企业的贷款增幅比例为30%。甲银行内部审计时发现了上述情况。对于本案，审计机关应当如何确定和处理？(2022-回忆版-多)

A. K市审计机关和L市审计机关发生争议时，可以协商确定谁有权实施审计
B. 审计机关应当对银行内部审计进行监督
C. 可由M省审计机关指定K市审计机关进行审计
D. 审计机关需要向本级政府报告在对甲银行进行审计过程中发现的情况

本题考点 审计职责；审计权限

选项分析 A、C选项，《审计法》第31条第2、3款规定："审计机关之间对审计管辖范围有争议的，由其共同的上级审计机关确定。上级审计机关对其审计管辖范围内的审计事项，可以授权下级审计机关进行审计……"可知，A选项不当选，错在"协商确定"；C选项"指定下级审计机关"是正确的，当选。

B选项，《审计法》第32条第2款规定："审计机关应当对被审计单位的内部审计工作进行业务指导和监督。"B选项当选。

D选项，《审计法》第30条规定："审计机关履行审计监督职责，发现经济社会运行中存在风险隐患，应当及时向本级人民政府报告或者向有关主管机关、单位通报。"故该选项审计机关报告并无不妥。D选项当选。

参考答案 BCD

总结 掌握审计业务以上级审计机关领导为主("垂直领导")，就容易判断审计管辖范围。

272

某县开展扶贫资金专项调查，对申请财政贴息贷款的企业进行核查。审计中发现某企业申请了数百万元贴息贷款，但其生产规模并不需要这么多，遂要求当地农业银行、扶贫办和该企业提供贷款记录。对此，下列哪一说法是正确的？(2017/1/31-单)

A. 只有审计署才能对当地农业银行的财政收支情况进行审计监督
B. 只有经银监机构同意，该县审计局才能对当地农业银行的财务收支进行审计监督
C. 该县审计局经上一级审计局副职领导批准，有权查询当地扶贫办在银行的账户
D. 申请财政贴息的该企业并非国有企业，故该县审计局无权对其进行审计调查

本题考点 审计权限；审计职责（专项审计）

选项分析 A 选项，审计署对中央银行的财务收支，进行审计监督。(《审计法》第 20 条) 我国中央银行是"中国人民银行"，而该选项是对"当地农业银行"的审计，由当地审计机关进行审计监督即可。A 选项错误。

B 选项，审计机关依照法律规定独立行使审计监督权，所以其有权对国有金融机构的财务收支情况进行审计监督，不受其他行政机关、社会团体和个人的干涉。(《审计法》第 5 条、第 22 条第 1 款) B 选项错误。

C 选项，审计机关经县级以上人民政府审计机关负责人批准，有权查询被审计单位在金融机构的账户。(《审计法》第 37 条第 2 款) 此处的"负责人"并未区分"正职副职"。C 选项正确。

D 选项，该企业申请的财政贴息贷款属于"与国家财政收支有关的特定事项"，依据《审计法》第 29 条的规定，审计机关有权对其进行专项审计调查。D 选项错误。

参考答案 C

总结

凡是问审计机关是否有审计监督权，答案都是"有"！

273

某县污水处理厂系扶贫项目，由地方财政投资数千万元，某公司负责建设。关于此项目的审计监督，下列哪些说法是正确的？（改编自 2016/1/74-多）

A. 审计机关对该项目的预算执行情况和决算，进行审计监督

B. 审计机关经金融监督管理局局长批准，可冻结该项目在银行的存款

C. 审计组应在向审计机关报送审计报告后，向该公司征求对该报告的意见

D. 审计机关对该项目作出审计决定，而上级审计机关认为其违反国家规定的，可直接作出变更或撤销的决定

本题考点 审计职责；审计程序

选项分析 A 选项，该扶贫项目由地方财政投资，根据《审计法》第 23 条的规定，审计机关对政府投资和以政府投资为主的建设项目的预算执行情况和决算，进行审计监督。A 选项正确。

B 选项，审计机关作为行政机关，无权直接采取财产保全措施，故其冻结存款应当向法院提出申请，而非经金融监督管理局局长批准。(《审计法》第 38 条第 2 款) B 选项错误。

C 选项，审计组的审计报告报送审计机关前，应当征求被审计单位的意见。(《审计法》第 44 条) 该选项根据常识也可判断，应当先征求意见再报送，否则报送后再听取意见就毫无价值了。C 选项错误。

D 选项，审计业务以上级审计机关领导为主，所以上级审计机关认为下级审计机关作出的审计决定违反国家有关规定的，可以责成下级审计机关予以变更或者撤销，必要时也可以直接作出变更或者撤销的决定。(《审计法》第 46 条) D 选项正确。

参考答案 AD

专题 47 土地权属法律制度

274

望河乡的蔬菜生产基地根据土地利用总体规划被划为永久基本农田。根据《土地管理法》的规定，下列哪一选项是正确的？（2020-回忆版-单）

A. 可以开展循环经济，在该基地适度发展林果业
B. 可以在该基地内挖一处鱼塘
C. 若高铁需要穿过该基地，相关的土地征收问题必须经当地省级人民政府批准
D. 当地人民政府应当将该永久基本农田的位置、范围向社会公告，并设立保护标志

本题考点 永久基本农田保护

选项分析 A、B 选项，我国对规划为永久基本农田的耕地实行严格保护，禁止占用永久基本农田发展林果业和挖塘养鱼。（《土地管理法》第 37 条第 3 款）A、B 选项错误。

C 选项，占用永久基本农田应当是"经国务院批准"。《土地管理法》第 35 条第 1 款规定，国家能源、交通、水利、军事设施等重点建设项目选址确实难以避让永久基本农田，涉及农用地转用或者土地征收的，必须经国务院批准。C 选项错误。

D 选项，为了加强对永久基本农田的保护，《土地管理法》第 34 条第 2 款规定，乡（镇）人民政府应当将永久基本农田的位置、范围向社会公告，并设立保护标志。D 选项正确。

参考答案 D

总结 永久基本农田的范围："粮棉油糖菜，科学实验田"。禁止"林果渔"。

275

甲因外出务工而将村里的老宅租给乙使用，双方签订了租赁合同。后爆发山洪，房屋毁损。甲被告知，因土地地基塌陷，房屋无法修复和居住。对此，下列哪些说法是正确的？（2024-回忆版-多）

A. 甲的宅基地使用权消灭，应为甲重新分配宅基地
B. 甲因出租老宅而再申请宅基地的，不予批准
C. 乙可以解除租赁合同
D. 乙有权向村委会申请宅基地

本题考点 宅基地

选项分析 A、B 选项，《民法典》第 364 条规定："宅基地因自然灾害等原因灭失的，宅基地使用权消灭。对失去宅基地的村民，应当依法重新分配宅基地。"A 选项正确，B 选项错误。

[易错] 本题不适用《土地管理法》第 62 条第 5 款的规定："农村村民出卖、出租、赠与住宅后，再申请宅基地的，不予批准。"该条款适用于转让房屋后，在保留原宅基地的同时另行申请宅基地的情形。这和本题案情不符。

C 选项，符合《民法典》第 563 条第 1 款第 1 项规定的"因不可抗力致使不能实现合同目的"的情形，合同解除。C 选项正确。

D 选项，宅基地使用权是基于集体成员身份享有的一种保障性的权利。本题中，乙仅为和甲签订房屋租赁合同的主体，当因自然灾害等原因重新分配宅基地时，也只有甲（属于本集体且丧失基本居住条件）有权利主张。D 选项错误。

参考答案 AC

276

甲物流公司与乙村村委会签订土地使用权转让合同，约定乙村将其500亩集体所有土地的使用权转让给甲物流公司作为物流基地。关于该宗集体经营性建设用地使用权的转让，下列哪些选项是正确的？（2020-回忆版-多）

A. 该块土地必须已经登记为集体经营性建设用地
B. 该块土地必须已经被土地利用总体规划、城乡规划确定为工业、商业等经营性用途
C. 该块集体经营性建设用地不得交由个人使用
D. 该块集体经营性建设用地使用权的转让，必须经本村村民会议或村民代表的60%以上成员同意

本题考点 集体经营性建设用地

选项分析 A、B选项，土地利用总体规划、城乡规划确定为工业、商业等经营性用途，并经依法登记的集体经营性建设用地，土地所有权人可以通过出让、出租等方式交由单位或者个人使用，并应当签订书面合同。（《土地管理法》第63条第1款）A、B选项正确。

C选项，依据上述法条可知，符合条件的集体经营性建设用地既可以交由单位使用，也可以交由个人使用。C选项错误。

D选项，集体经营性建设用地出让、出租等，应当经本集体经济组织成员的村民会议2/3以上成员或者2/3以上村民代表的同意。（《土地管理法》第63条第2款）可知，通过比例应当≥66.7%。D选项错误，错在"60%"。

参考答案 AB

总结

集体经营性建设用地使用权的出让、出租：符合两规划+两用途+一登记+2/3以上通过。

专题48 城市房地产管理法律制度

277

在加大房地产市场宏观调控的形势下，某市政府对该市房地产开发的管理现状进行检查，发现以下情况，其中哪些做法是需要纠正的？（2017/1/74-多）

A. 房地产建设用地的供应，在充分利用现有建设用地的同时，放宽占用农用地和开发未利用地的条件
B. 土地使用权出让，符合土地利用总体规划、城市规划或年度建设用地计划之一即可
C. 预售商品房，要求开发商交清全部土地使用权出让金，取得土地使用权证书，并持有建设工程规划许可证等
D. 采取税收减免等方面的优惠措施，鼓励房地产开发企业开发建设商业办公类住宅，方便市民改作居住用途

本题考点 土地使用权出让；商品房预售

选项分析 A选项，《土地管理法》第21条第1款规定："城市建设用地规模应当符合国家规定的标准，充分利用现有建设用地，不占或者尽量少占农用地。"所以A选项错在"放宽"，

应当是"严格限制"。A 选项当选。

B 选项，错在"之一即可"，应当符合全部所列条件。《城市房地产管理法》第 10 条规定："土地使用权出让，必须符合土地利用总体规划、城市规划和年度建设用地计划。"B 选项当选。

C 选项，商品房预售的条件可归纳为"2 金 3 证 1 投资开发"，即：①已交付全部土地使用权出让金，取得土地使用权证书；②投入开发建设的资金达到工程建设总投资的 25%以上，并已经确定施工进度和竣工交付日期；③持有建设工程规划许可证；④办理预售登记并取得商品房预售许可证明。（《城市房地产管理法》第 45 条第 1 款）所以，C 选项中房产管理部门的做法正确，无需纠正。C 选项不当选。

D 选项，商业办公类住宅，是将商业用地性质土地用作住宅项目。这种做法改变了原规划用地的用途，扰乱了房地产市场秩序。所以，D 选项"鼓励……"是错误的做法。D 选项当选。

参考答案 ABD（本题为"选错题"）

278

甲公司以出让方式获得一地块的使用权，进行商品房开发。楼盘建设过半，投入约 2 亿元，甲公司因资金链断裂无以为继。无奈之下，甲公司将该地块的使用权以及楼盘转给乙公司。对此，下列说法正确的是：（2019-回忆版-单）

A. 乙公司取得该地块的使用权及楼盘时，其土地使用权的使用年限应重新计算
B. 乙公司受让后，可以在其土地使用权的使用年限届满后申请续期
C. 乙公司若要改变原土地使用权出让合同约定的土地用途，只需取得甲公司的同意即可
D. 甲公司转让该宗地块的使用权，应缴纳

全部的土地使用权出让金并获得土地使用权证书

本题考点 出让；房地产转让

选项分析 A 选项，《城市房地产管理法》第 43 条规定："以出让方式取得土地使用权的，转让房地产后，其土地使用权的使用年限为原土地使用权出让合同约定的使用年限减去原土地使用者已经使用年限后的剩余年限。"A 选项错误，错在"重新计算"。

B 选项，土地使用权出让合同约定的使用年限届满，土地使用者需要继续使用土地的，应当至迟于届满前 1 年申请续期。（《城市房地产管理法》第 22 条第 1 款）所以，乙公司若要续期，不能在年限届满后申请。B 选项错误。

C 选项，出让地转让后，如果发生土地用途变更，必须取得出让方和市、县人民政府城市规划行政主管部门的同意，签订土地使用权出让合同变更协议或者重新签订土地使用权出让合同，相应调整土地使用权出让金。（《城市房地产管理法》第 18 条）可知，不能仅由买卖双方协商进行。C 选项错误。

D 选项：

（1）以出让方式取得土地使用权的，转让房地产时，应当符合下列条件：（《城市房地产管理法》第 39 条）

❶按照出让合同约定已经支付全部土地使用权出让金，并取得土地使用权证书；

❷按照出让合同约定进行投资开发，属于房屋建设工程的，完成开发投资总额的 25%以上，属于成片开发土地的，形成工业用地或者其他建设用地条件；

❸转让房地产时房屋已经建成的，还应当持有房屋所有权证书。

（2）可知，全部土地使用权出让金+土地使用权证书是转让的必要条件。

D 选项正确。

参考答案 D

专题 49 城乡规划和不动产登记法律制度

一、城乡规划的制定和实施

279

甲市要对旧城区进行修建保护，涉及一处历史文化遗产街区的规划草案。对此，下列说法正确的有：(2024-回忆版-多)

A. 历史文化遗产保护应当作为城市总体规划的强制性内容
B. 由取得资质证书的历史文化部门负责该街区规划的具体编制工作
C. 规划草案报批前，应当邀请专家和代表召开闭门座谈会，征求意见
D. 可对该街区进行整体拆迁和重建

本题考点 城乡规划的制定

选项分析 A选项，根据《城乡规划法》第17条第2款的规定，规划区内自然与历史文化遗产保护等内容，应当作为城市总体规划、镇总体规划的强制性内容。A选项正确。

B选项，《城乡规划法》第24条第1款规定，城乡规划组织编制机关应当委托具有相应资质等级的单位承担城乡规划的具体编制工作。B选项正确。

C选项，应当公开征求意见。《城乡规划法》第26条第1款规定，城乡规划报送审批前，组织编制机关应当依法将城乡规划草案予以公告，并采取论证会、听证会或者其他方式征求专家和公众的意见。公告的时间不得少于30日。C选项错误，错在"闭门座谈会"。

D选项，整体拆迁和重建会对历史文化遗产造成不可逆转的损坏性后果。《城乡规划法》第31条第1款规定，旧城区的改建，应当保护历史文化遗产和传统风貌，合理确定拆迁和建设规模。D选项错误。

参考答案 AB

280

临山村的王某继承了其祖父的祖宅及宅基地，然后自行对楼房进行了重建。下列选项正确的有：(2024-回忆版-多)

A. 乡政府有权要求王某补办建房审批手续
B. 乡政府无权因王某违规翻建而取消王某的土地权益
C. 乡政府有权没收重建房屋
D. 临山村村委会有权拆除重建房屋

本题考点 城乡规划的实施（乡村建设规划许可）

选项分析《城乡规划法》第41条第2、4款规定，在乡、村庄规划区内使用原有宅基地进行农村村民住宅建设的规划管理办法，由省、自治区、直辖市制定。建设单位或者个人在取得乡村建设规划许可证后，方可办理用地审批手续。同法第65条规定，在乡、村庄规划区内未依法取得乡村建设规划许可证或者未按照乡村建设规划许可证的规定进行建设的，由乡、镇人民政府责令停止建设、限期改正；逾期不改正的，可以拆除。

可知：

A选项，本题中，王某使用原有宅基地建设住宅，应当由乡级人民政府根据村庄、集镇规划和土地利用规划批准。（更加详细的规定可参考《村庄和集镇规划建设管理条例》第18条第1款第2项）A选项正确。

B、D选项，王某未取得乡村建设规划许可证即进行建房，应当由乡、镇人民政府责令停止建设、限期改正；逾期不改正的，可以拆除。可知，不能因为没有取得乡村建设规划许可证就取消王某享有的宅基地使用权权益。并且，

村委会无权采取拆除措施。B 选项正确，D 选项错误。

C 选项，可采取的措施包括责令停止建设、拆除等，但不包括没收房屋。C 选项错误。

参考答案 AB

281

甲市准备在 A 区建设一座国家重点扶持的超大型飞机场，预计占地面积超过 2 万平方米，以划拨方式提供国有土地使用权。就该建设项目用地的规划许可程序，下列说法正确的有：(2019-回忆版-多)

A. 该建设项目用地必须经县级以上人民政府批准

B. 建设单位应当向城乡规划主管部门提出建设用地规划许可申请

C. 建设单位应当在取得建设用地规划许可证前，向土地主管部门提出建设用地申请

D. 建设单位应当和土地主管部门签订国有土地使用权出让合同

本题考点 用地规划许可（划拨）

选项分析 A 选项，国家重点扶持的能源、交通、水利等基础设施用地（如本题中的超大型飞机场），经县级以上人民政府依法批准，可以以划拨方式取得。（《土地管理法》第 54 条第 3 项）A 选项正确。

B、C 选项，《城乡规划法》第 37 条规定："在城市、镇规划区内以划拨方式提供国有土地使用权的建设项目，经有关部门批准、核准、备案后，建设单位应当向城市、县人民政府城乡规划主管部门提出建设用地规划许可申请，由城市、县人民政府城乡规划主管部门依据控制性详细规划核定建设用地的位置、面积、允许建设的范围，核发建设用地规划许可证。建设单位在取得建设用地规划许可证后，方可向县级以上地方人民政府土地主管部门申请用地，经县级以上人民政府审批后，由土地主管部门

划拨土地。"可知，B 选项"提出建设用地规划许可申请"是正确的；C 选项错误，错在"取得……前"，程序错误。

D 选项，土地使用权划拨，是指县级以上人民政府依法批准，在土地使用者缴纳补偿、安置等费用后将该幅土地交付其使用，或者将土地使用权无偿交付给土地使用者使用的行为。（《城市房地产管理法》第 23 条第 1 款）从上述定义可知，划拨方式是一项行政行为，土地使用权经县级以上人民政府依法批准后取得，无需签订出让合同。D 选项错误。

参考答案 AB

282

甲公司取得了规划许可证，在某工业园建一仓库。当地城乡规划主管部门在巡查时发现，甲公司为了存放货物，私自在仓库边挖了一个地下室，并在仓库楼顶搭设了供工人居住的临时工棚。根据《城乡规划法》的规定，下列哪一说法是正确的？(2019-回忆版-单)

A. 甲公司可补办该工棚的临时建设规划许可证

B. 甲公司可补办该地下室的规划许可证

C. 城乡规划主管部门可以责令甲公司限期拆除临时工棚，并对其处以不超过建造成本的罚款

D. 城乡规划主管部门可以责令甲公司填埋地下室

本题考点 临时建设规划许可

选项分析 A、B、C 选项，地下室和临时工棚均属于未经批准的临时建设，根据《城乡规划法》第 66 条第 1 项的规定，由所在地城市、县人民政府城乡规划主管部门责令限期拆除，可以并处临时建设工程造价 1 倍以下的罚款。A、B 选项错误，错在"补办规划许可证"；C 选项正确。

D 选项，城乡规划主管部门作出责令停止

建设或者限期拆除的决定后，当事人不停止建设或者逾期不拆除的，建设工程所在地县级以上地方人民政府可以责成有关部门采取查封施工现场、强制拆除等措施。（《城乡规划法》第68条）可知，城乡规划主管部门无权责令甲公司填埋，其职权为"作出责令停止建设或者限期拆除的决定"。D选项错误。

参考答案 C

283

某市混凝土公司新建临时搅拌站，在试运行期间通过暗管将污水直接排放到周边，严重破坏当地环境。关于该临时搅拌站建设，下列说法正确的是：（改编自2017/1/95-任）

A. 如在该市规划区内进行建设的，应经市城管执法部门批准

B. 如该搅拌站影响该市近期建设规划的实施，有关部门不得批准

C. 如该搅拌站系未经批准进行临时建设的，由市政府责令限期拆除

D. 如该搅拌站超过批准时限不拆除的，由市城乡规划部门采取强制拆除措施

本题考点 临时建设规划许可

选项分析 A选项，"临时搅拌站"属于临时建设，应当经城市、县人民政府城乡规划主管部门批准（《城乡规划法》第44条第1款），而不是由"市城管执法部门"批准。A选项错误。

B选项，近期建设规划应当以重要基础设施、公共服务设施和中低收入居民住房建设以及生态环境保护为重点内容。临时建设影响近期建设规划或者控制性详细规划的实施以及交通、市容、安全等的，不得批准。（《城乡规划法》第34条第2款、第44条第1款）B选项正确。

C、D选项，《城乡规划法》第68条规定，城乡规划主管部门作出责令停止建设或者限期拆除的决定后，当事人不停止建设或者逾期不

拆除的，建设工程所在地县级以上地方人民政府可以责成有关部门采取查封施工现场、强制拆除等措施。可知，未经批准进行临时建设的，"责令限期拆除"的行政机关应当是"城乡规划主管部门"，而非"市政府"；具体"采取强制拆除措施"的是"有关部门"，而非"城乡规划部门"。C、D选项错误。

参考答案 B

二、不动产登记法律规则

284

甲买了一套预售商品房，开发商在协议中承诺，若实际交房面积未达140平方米，可退款。交房后，甲发现不动产登记簿记载的房屋面积为130平方米，但经委托法定鉴定机构鉴定，该房屋实际面积为140平方米。对此，下列哪一选项是正确的？（2023-回忆版-单）

A. 甲可以单独向不动产登记机构提出更正登记

B. 甲可以单独向不动产登记机构提出变更登记

C. 甲和开发商应共同向不动产登记机构提出更正登记

D. 甲可以不申请相关登记但是要求开发商退款

本题考点 不动产登记的种类

选项分析 本题首先要辨析"更正登记"与"变更登记"。

（1）更正登记是事后纠错程序，如果登记时记载的内容或状况与真实的内容或状况不符，则应通过更正程序予以纠正，恢复到登记时的真实权利状况；

（2）变更登记，是指登记行为发生之后，权利人和不动产自然状况发生了变化，登记机构根据权利人的申请，对发生变化的内容进行记载，作出相应变更登记，不涉及登记内容纠错。

A选项，根据《不动产登记暂行条例》第14条的规定，因买卖等申请不动产登记的，应当由当事人双方共同申请。但是，申请更正登记、变更登记等，可以由当事人单方申请。本题原登记时记载的房屋面积与真实状况不符，应当申请更正登记，并且甲可以单方申请。A选项正确。

B选项，若权利人姓名、名称或者不动产自然状况发生变化，可以由当事人单方申请变更登记。但本题是事后纠错，登记类型应为"更正登记"。B选项错误。

C选项，更正登记属于单方申请程序，无需双方共同申请。C选项错误。

D选项，本题中，房屋实际面积为140平方米，开发商并未违约，故甲不能申请退款。D选项错误。

参考答案 A

285

王某从甲市搬迁到乙市，欲将甲市的房产赠与其亲戚张某，现到不动产登记机构办理房屋产权变更登记。据此，下列说法正确的是：（2021-回忆版-单）

A. 办理登记前，登记机构工作人员必须去实地查看房源
B. 王某和张某需要共同申请
C. 赠与合同的公证书是必备的登记材料
D. 完成登记后，交易中心要向申请人核发不动产登记簿复印件

本题考点 不动产登记程序

选项分析 A选项：

（1）一般情况下，不动产登记机构只审查申请人提交的材料，对交易的不动产不进行实地查看。仅在某些特殊情形下，不动产登记机构可以对申请登记的不动产进行实地查看，包括：①房屋等建筑物、构筑物所有权首次登记；②在建建筑物抵押权登记；③因不动产灭失导致的注销登记；④不动产登记机构认为需要实地查看的其他情形。（《不动产登记暂行条例》第19条第1款，可概括为"一生一死一抵押"）

（2）本题中的"赠与"不属于上述情形，无需实地查看。

A选项错误。

B选项：

（1）我国不动产登记以"双方共同申请"为原则。但在一些特殊情况下，可采用"单方申请"，这些情况可概括为"非交易行为"。例如，继承、接受遗赠取得不动产权利；因权利人姓名发生变化，申请变更登记；等等。（《不动产登记暂行条例》第14条）

（2）本题中的"赠与"可看作广义的交易行为，也需双方共同申请不动产变更登记。B选项正确。

C选项，《不动产登记暂行条例》第16条第1款规定了申请人应当提交的材料，包括两大类：①申请人、代理人身份证明材料；②相关的不动产权属情况。至于不动产交易合同（赠与合同）的公证书，不是不动产登记机构审查的范围。C选项错误。

D选项，我国设立统一的不动产登记簿，由不动产登记机构永久保存。所以"不动产登记簿"由国家保管，并不向申请人提供。而不动产权属证书，是权利人享有该不动产物权的证明。所以在完成登记后，应当向申请人核发不动产权属证书或者登记证明。D选项错误。

参考答案 B

总结

（1）双申请为原则，单申请为例外；
（2）不动产实地查看：一生一死一抵押。

第十四讲 环境资源法

专题 50 环境保护法律制度

一、环境影响评价制度

286 甲市文旅局计划建设旅游景点，规划在各市辖区、县均建一个生态旅游园区，需要经市政府同意。关于环境影响评价，下列说法正确的是：（2024-回忆版-单）
A. 向市政府提出环境影响报告书
B. 向市政府的生态环境主管部门提出环境影响报告书
C. 向市政府提出环境影响报告表
D. 向市政府的生态环境主管部门提出环境影响报告表

本题考点 环境影响评价（专项规划评价）

选项分析 A 选项：

（1）《环境影响评价法》规定了十类专项规划的环评。该法第 8 条第 1 款规定："国务院有关部门、设区的市级以上地方人民政府及其有关部门，对其组织编制的工业、农业、畜牧业、林业、能源、水利、交通、城市建设、旅游、自然资源开发的有关专项规划（以下简称专项规划），应当在该专项规划草案上报审批前，组织进行环境影响评价，并向审批该专项规划的机关提出环境影响报告书。"

（2）本题中，甲市文旅局规划在各市辖区、县均建一个生态旅游园区，这属于专项规划中的"旅游"，应当向审批该专项规划的机关（市政府）提出环境影响报告书。

A 选项正确。

B 选项：

（1）对专项规划的环评，《环境影响评价法》第 12 条规定："专项规划的编制机关在报批规划草案时，应当将环境影响报告书一并附送审批机关审查；未附送环境影响报告书的，审批机关不予审批。"同法第 13 条第 1 款规定："设区的市级以上人民政府在审批专项规划草

案，作出决策前，应当先由人民政府指定的生态环境主管部门或者其他部门召集有关部门代表和专家组成审查小组，对环境影响报告书进行审查。审查小组应当提出书面审查意见。"

（2）本题中，专项规划的编制机关为甲市文旅局，审批机关为"设区的市级以上人民政府"，即应当向甲市政府提出环评文件。

B选项错误。

C、D选项，对专项规划，编制机关应当提出环境影响"报告书"，而非"报告表"。C、D选项均错误。

[易错] 本题不是考查建设项目的分类评价。建设项目如果没有造成重大环境污染，是制作环境影响报告表。而就专项规划而言，均是制作环境影响报告书。

参考答案 A

287

甲公司是某市一民办医院的承建商，该医院项目环境影响报告书经批准后，因为项目资金问题一直没有开工建设。6年后，该项目准备开工，有关部门提出，周围新建有养老院、居民楼，需要在施工中降低噪音。对此，下列说法正确的是：（2021-回忆版-单）

A. 甲公司需将原环境影响报告书备案，不影响继续执行
B. 甲公司需在原环境影响报告书的基础上进行补充评价
C. 甲公司需将原环境影响报告书报原审批部门重新审核
D. 甲公司需重新制作环境影响报告书报原审批部门审批

本题考点 环境影响评价（建设项目）

选项分析 A、B选项，建设项目的环境影响评价文件自批准之日起超过5年，方决定该项目开工建设的，其环境影响评价文件应当报原审批部门重新审核；原审批部门应当自收到建设

项目环境影响评价文件之日起10日内，将审核意见书面通知建设单位。（《环境影响评价法》第24条第2款）可知，因为需要"审核"，所以是否继续执行原环评文件要依据审核结果；同理，是否补充评价也需依据审核结果。A、B选项错误，错在"未考虑重新审核程序"；C选项正确。

D选项，"重新审核"与"审批新环评文件"不同。"审批"意味着原环评文件作废，需要对建设项目重新评估；而"审核"的文本仍是原环评文件，并未作废。D选项错误。

参考答案 C

288

W公司从甲省承包了一条高速公路的修建工程，该高速公路横跨甲、乙两省，环境影响评价文件已经审批通过，准备开工时发现该公路需要延长到丙省。对于该公路项目的环境影响评价文件报批的相关事宜，下列哪些说法是正确的？（2019-回忆版-多）

A. 该公路的环境影响评价文件应由丙省的生态环境主管部门审批
B. 在原环境影响评价文件上作相应补充，由甲、乙两省的生态环境主管部门审批
C. 未经生态环境主管部门审批环境影响评价文件，该公路不得开工建设
D. 应对该公路项目重新进行环境影响评价

本题考点 环境影响评价的变更（审批机关、重新评价、后评价）

选项分析 A选项，根据《环境影响评价法》第23条第1款的规定，国务院生态环境主管部门负责审批下列建设项目的环境影响评价文件：①核设施、绝密工程等特殊性质的建设项目；②跨省、自治区、直辖市行政区域的建设项目；③由国务院审批的或者由国务院授权有关部门审批的建设项目。本题中，该公路项目横跨甲、乙、丙三个省，应当由国务院生态环境主管部门负责审批。A选项"由丙省的生态环境主管

部门审批"是错误的。

B 选项，本题因为建设项目规模发生变化，所以应当重新进行环境影响评价，而非简单的补充。B 选项错误。

C 选项，对于一项建设项目而言，环境影响评价文件未依法经审批部门审查或者审查后未予批准的，建设单位不得开工建设。(《环境影响评价法》第 25 条) C 选项正确。

D 选项，该公路项目的环境影响评价文件经批准后，在开工前发现该公路需要延长至丙省，属于"建设项目的规模、地点"发生重大变动，根据《环境影响评价法》第 24 条第 1 款的规定，建设单位应当重新报批建设项目的环境影响评价文件。D 选项正确。

参考答案 CD

289

某采石场扩建项目的环境影响报告书获批后，采用的爆破技术发生重大变动，其所生粉尘将导致周边居民的农作物受损。关于此事，下列哪一说法是正确的？（2016/1/31-单）

A. 建设单位应重新报批该采石场的环境影响报告书
B. 建设单位应组织环境影响的后评价，并报原审批部门批准
C. 该采石场的环境影响评价，应当与规划的环境影响评价完全相同
D. 居民将来主张该采石场承担停止侵害的侵权责任，受 3 年诉讼时效的限制

本题考点 环境影响评价的变更（重新评价、后评价）；规划环评与建设项目环评的关系；环境侵权诉讼时效

选项分析 A 选项，《环境影响评价法》第 24 条第 1 款规定："建设项目的环境影响评价文件经批准后，建设项目的性质、规模、地点、采用的生产工艺或者防治污染、防止生态破坏的措施发生重大变动的，建设单位应当重新报批建设项目的环境影响评价文件。"本题中，采石场爆破技术发生重大变动，应当重新报批建设项目的环境影响评价文件。A 选项正确。

B 选项，在项目建设、运行过程中产生不符合经审批的环境影响评价文件的情形的，建设单位应当组织环境影响的后评价，采取改进措施，并报原环境影响评价文件审批部门和建设项目审批部门备案。(《环境影响评价法》第 27 条) 可知，后评价，是指建设项目本身未发生变化，但产生了不符合环评文件的情形而开展的评价行为，与本题所述情形不符。B 选项错误。

C 选项，建设项目的环境影响评价，应当避免与规划的环境影响评价相重复。具体而言：①作为一项整体建设项目的规划，按照建设项目进行环境影响评价，不进行规划的环境影响评价；②已经进行了环境影响评价的规划包含具体建设项目的，规划的环境影响评价结论应当作为建设项目环境影响评价的重要依据，建设项目环境影响评价的内容应当根据规划的环境影响评价审查意见予以简化。(《环境影响评价法》第 18 条) 本题中，"采石场扩建项目的环境影响报告书"属于"建设项目环评"，它和"规划环评"是两类环境影响评价，二者并不要求"完全相同"。C 选项错误。

D 选项，环境侵权诉讼时效分两种情况：①被侵权人提起诉讼，请求污染者停止侵害、排除妨碍、消除危险的，不受时效期间的限制；②提起环境侵权损害赔偿诉讼的时效期间为 3 年，从当事人知道或者应当知道其受到损害时起计算。所以，本题中，如果居民提起损害赔偿诉讼，受诉讼时效 3 年的限制；而如果只是提起对于停止侵权的诉讼请求，不受诉讼时效之限制。D 选项错误。

参考答案 A

总结

建设项目的环评文件经批准后仍具有不确定性，要准确区分三种情况：

（1）重新报批环评文件（再评价）：其指建设项目的环境影响评价文件经批准后，

建设项目的性质、规模、地点、采用的生产工艺或者防治污染、防止生态破坏的措施发生重大变动的，建设单位应当重新报批建设项目的环境影响评价文件；

（2）重新审核环评文件：超过5年方决定开工建设的，建设单位应当报原审批部门重新审核；

（3）原部门备案环评文件（后评价）：在项目建设、运行过程中产生不符合经审批的环境影响评价文件的情形的，建设单位应当组织环境影响的后评价，采取改进措施，并报原审批部门备案。

二、环境保护法的基本制度

290

根据《环境保护法》的规定，下列哪些选项是正确的？（2020-回忆版-多）

A. 国务院生态环境主管部门制定国家污染物排放标准

B. 天津市人民政府对国家污染物排放标准中未作规定的项目，可以制定地方污染物排放标准

C. 重庆市人民政府生态环境主管部门对国家污染物排放标准中已作规定的项目，可以制定严于国家污染物排放标准的地方污染物排放标准

D. 地方污染物排放标准应当报国务院生态环境主管部门备案

本题考点 环境质量标准制度（排污标准）

选项分析 A、B选项，环境质量标准分为国家环境质量标准、地方环境质量标准、行业环境质量标准。《环境保护法》第16条规定："国务院环境保护主管部门根据国家环境质量标准和国家经济、技术条件，制定国家污染物排放标准。省、自治区、直辖市人民政府对国家污染物排放标准中未作规定的项目，可以制定地方污染物排放标准；对国家污染物排放标准中已作规定的项目，可以制定严于国家污染物排放标准的地方污染物排放标准。地方污染物排放标准应当报国务院环境保护主管部门备案。"A、B选项正确。

C选项，地方环境质量标准是由省级人民政府制定，而非由省级生态环境主管部门制定。C选项错误。

D选项，由A、B选项解析可知，地方环境质量标准需要报备。D选项正确。

[易错] 地方环境质量标准无需报国务院生态环境主管部门批准，只需备案。

参考答案 ABD

291

关于突发环境事件的预警与处置，下列做法错误的是：（2020-回忆版-单）

A. 甲县人民政府建立环境污染公共监测预警机制，组织制定预警方案

B. 乙县环境受到污染，可能影响公众健康和环境安全时，乙县人民政府及时公布预警信息，启动应急措施

C. 丙企业在可能发生突发环境事件时，及时通报可能受到危害的单位和居民，并向环境保护主管部门和有关部门报告

D. 丁县人民政府在突发环境事件应急处置工作结束后，立即组织评估事件造成的环境影响和损失，但没有将评估结果向社会公布

本题考点 突发环境事件应急处置

选项分析（1）突发环境事件应急处置规定于《环境保护法》第47条。要点包括：

❶县级以上人民政府应当建立环境污染公共监测预警机制，组织制定预警方案；环境受到污染，可能影响公众健康和环境安全时，依法及时公布预警信息，启动应急措施。（A、B选项正确，不当选）

❷企业事业单位应当按照国家有关规定制定突发环境事件应急预案，报环境保护主管部

门和有关部门备案。在发生或者可能发生突发环境事件时,企业事业单位应当立即采取措施处理,及时通报可能受到危害的单位和居民,并向环境保护主管部门和有关部门报告。(C选项正确,不当选)

❸突发环境事件应急处置工作结束后,有关人民政府应当立即组织评估事件造成的环境影响和损失,并及时将评估结果向社会公布。

(2) D选项,错在"没有将评估结果向社会公布"。环境污染的突发事件容易造成群众恐慌,所以,突发环境事件应急处置工作结束后,有关人民政府应当立即组织评估事件造成的环境影响和损失,并及时将评估结果向社会公布。D选项错误,当选。

参考答案 D(本题为"选错题")

三、环境法律责任

292

关于因污染环境和破坏生态造成损害的环境侵权,下列判断正确的有:(2019-回忆版-多)

A. 要求污染单位停止侵权的诉讼时效期间为3年,从当事人知道或者应当知道其受到损害时起计算
B. 为维护社会公共利益提起诉讼的社会组织不得通过诉讼牟取经济利益
C. 污染者可以排污符合国家或者地方污染物排放标准为由主张不承担侵权责任
D. 水污染损害是由受害人故意造成的,排污方不承担赔偿责任

本题考点 环境民事责任

选项分析 A选项,《环境保护法》第66条规定:"提起环境损害赔偿诉讼的时效期间为3年,从当事人知道或者应当知道其受到损害时起计算。"《民法典》第196条规定:"下列请求权不适用诉讼时效的规定:①请求停止侵害、排除妨碍、消除危险;……"可知,环境侵权纠纷中,要求损害赔偿的诉讼时效为3年,但请求停止侵害不受时效期间的限制。A选项错误。

B选项,环境公益诉讼中,提起诉讼的社会组织不得通过诉讼牟取经济利益。(《环境保护法》第58条第3款)B选项正确。

C选项,污染者承担无过错责任。即,污染环境、破坏生态造成他人损害,行为人不论有无过错,都应当承担侵权责任。C选项错误。(《最高人民法院关于审理生态环境侵权责任纠纷案件适用法律若干问题的解释》第4条第1款规定:"污染环境、破坏生态造成他人损害,行为人不论有无过错,都应当承担侵权责任。")

D选项,受害人故意造成水污染损害的,排污方不承担赔偿责任。D选项正确。(《水污染防治法》第96条规定:"因水污染受到损害的当事人,有权要求排污方排除危害和赔偿损失。由于不可抗力造成水污染损害的,排污方不承担赔偿责任;法律另有规定的除外。水污染损害是由受害人故意造成的,排污方不承担赔偿责任。水污染损害是由受害人重大过失造成的,可以减轻排污方的赔偿责任。水污染损害是由第三人造成的,排污方承担赔偿责任后,有权向第三人追偿。")

参考答案 BD

293

某市混凝土公司新建临时搅拌站,在试运行期间通过暗管将污水直接排放到周边,严重破坏当地环境。公司经理还指派员工潜入当地环境监测站内,用棉纱堵塞空气采集器,造成自动监测数据多次出现异常。有关部门对其处罚后,公司生产经营发生严重困难,拟裁员20人以上。关于该公司的行为,下列说法正确的是:(2017/1/96-任)

A. 如该公司应报批而未报批该搅拌站的环评文件,不得在缴纳罚款后再向审批部门补报

B. 该公司将防治污染的设施与该搅拌站同时正式投产使用前,可在搅拌站试运行期间停运治污设施

C. 该公司的行为受到罚款处罚时,可由市环保部门自处罚之日的次日起,按照处罚数额按日连续处罚

D. 针对该公司逃避监管的违法行为,市环保部门可先行拘留责任人员,再将案件移送公安机关

本题考点 环境行政责任

选项分析 A选项,建设单位未依法报批建设项目环境影响报告书、报告表,擅自开工建设的,由县级以上生态环境主管部门责令停止建设,根据违法情节和危害后果,处建设项目总投资额1%以上5%以下的罚款,并可以责令恢复原状;对建设单位直接负责的主管人员和其他直接责任人员,依法给予行政处分。(《环境影响评价法》第31条第1款)可知,对未报批环评文件擅自开工建设的处理是"责令停止建设+罚款"。A选项正确。

B选项,建设项目中防治污染的设施,应当与主体工程同时设计、同时施工、同时投产使用。(《环境保护法》第41条)本题中,该临时搅拌站虽然是在"试运行期间",但因为污水直接排放到周边,已经严重破坏当地环境,所以不可停运治污设施。B选项错误。[1]

C选项:

(1) 企业事业单位和其他生产经营者违法排放污染物,受到罚款处罚,被责令改正,拒不改正的,依法作出处罚决定的行政机关可以自责令改正之日的次日起,按照原处罚数额按日连续处罚。(《环境保护法》第59条第1款)可知,按日连续处罚有一个前提——"拒不改

正"。本题题干显示,"有关部门对其处罚后,公司生产经营发生严重困难……"没有明示也难以推定该公司"拒不改正",所以C选项中采取的措施不合法。C选项错误。

(2) C选项还有一个错误,即使是采取"按日连续处罚",也是"自责令改正之日的次日起",而非"自处罚之日的次日起"。

D选项,本题公司的行为属于"通过暗管、渗井、渗坑、灌注或者篡改、伪造监测数据,或者不正常运行防治污染设施等逃避监管的方式违法排放污染物"。就该种行为,尚不构成犯罪的,除依照有关法律法规规定予以处罚外,由县级以上人民政府环境保护主管部门或者其他有关部门将案件移送公安机关,对其直接负责的主管人员和其他直接责任人员,处10日以上15日以下拘留;情节较轻的,处5日以上10日以下拘留。(《环境保护法》第63条第3项) D选项的错误很明显:环保部门无权拘留,应当是移送公安机关。

参考答案 A

总 结

拒不改正+自责令改正之日的次日起→按照原处罚数额按日连续处罚。

---

[1] 补充:《建设项目环境保护管理条例》(该条例修订版自2017年10月1日起施行,未列入大纲,仅供大家了解)第23条第1款规定:"违反本条例规定,需要配套建设的环境保护设施未建成、未经验收或者验收不合格,建设项目即投入生产或者使用,或者在环境保护设施验收中弄虚作假的,由县级以上环境保护行政主管部门责令限期改正……"

专题 51 森林和矿产资源法律制度

一、森林法律制度

294

关于林木、林地所有权和使用权争议，下列选项错误的是：（2020-回忆版-单）

A. 单位之间发生的林木、林地所有权和使用权争议，由县级以上人民政府依法处理
B. 个人与单位之间发生的林木所有权和林地使用权争议，可以由乡镇人民政府依法处理
C. 当事人可以自接到处理决定通知之日起30日内，向人民法院起诉
D. 在林木、林地权属争议解决前，即使因森林防火需要，当事人任何一方也不得砍伐有争议的林木或者改变林地现状

本题考点 林木、林地权属争议的处理

选项分析 关于林木、林地所有权和使用权争议的处理，规定在《森林法》第22条。要点包括：

（1）单位之间发生的林木、林地所有权和使用权争议，由县级以上人民政府依法处理；（A选项正确，不当选）

（2）个人之间、个人与单位之间发生的林木所有权和林地使用权争议，由乡镇人民政府或者县级以上人民政府依法处理；（B选项正确，不当选）

（3）当事人对有关人民政府的处理决定不服的，可以自接到处理决定通知之日起30日内，向人民法院起诉；（C选项正确，不当选）

（4）在林木、林地权属争议解决前，除因森林防火、林业有害生物防治、国家重大基础设施建设等需要外，当事人任何一方不得砍伐有争议的林木或者改变林地现状。（D选项错误，当选）

参考答案 D（本题为"选错题"）

295

关于我国的自然资源权属制度，下列哪一说法是正确的？（2019-回忆版-单）

A. 森林资源属于国家以及集体所有，经批准可属于个人所有
B. 我国的森林、林木、林地使用权可以有偿转让，但不得将林地改为非林地
C. 个人承包国家所有和集体所有的宜林荒山荒地造林，承包合同无约定的，承包后种植的林木归个人所有
D. 城镇居民和职工在房前屋后种植的林木归个人所有

本题考点 自然资源权属制度

选项分析 A选项，森林资源属于国家所有，由法律规定可属于集体所有。但森林资源不能由个人所有，个人只能拥有林木的所有权及林地的使用权。（《森林法》第14、15条）A选项错误。

B选项，我国只有森林中的"用材林、经济林、能源林"及其林地使用权可以依法转让。B选项中"森林"的范围过大，因为森林还包括防护林、特种用途林。B选项错误。

C选项，集体或者个人承包国家所有和集体所有的宜林荒山荒地荒滩营造的林木，归承包的集体或者个人所有；合同另有约定的从其约定。其他组织或者个人营造的林木，依法由营造者所有并享有林木收益；合同另有约定的从其约定。（《森林法》第20条第3、4款）可知，个人承包造林的，如合同未对林木归属作

出约定，应当归承包人所有。C 选项正确。

D 选项，农村居民在房前屋后、自留地、自留山种植的林木，归个人所有。城镇居民在自有房屋的庭院内种植的林木，归个人所有。（《森林法》第 20 条第 2 款）可知，城镇居民和职工在庭院内种植的林木，归个人所有，不包括"房前屋后"。D 选项错误。

参考答案 C

296

村民甲要将承包的林地里的枣树砍掉全换成樱桃树，为此申请采伐许可证。对此，下列哪一选项是正确的？（2022-回忆版-单）

A. 如果该县今年的采伐限额已满，甲明年自动取得采伐许可证
B. 甲砍伐枣树无需申请采伐许可证
C. 乡政府可颁发采伐许可证
D. 如果同村的乙有采伐许可证，甲可以借用

本题考点 森林资源保护（采伐许可）

选项分析 A 选项，我国严格控制森林年采伐量。省、自治区、直辖市人民政府林业主管部门根据消耗量低于生长量和森林分类经营管理的原则，编制本行政区域的年采伐限额。（《森林法》第 54 条）A 选项错误，错在"明年自动取得采伐许可证"，因为第二年还要依据编制的年采伐限额重行申请许可。

B 选项，《森林法》第 56 条第 1、2 款规定了无需取得采伐许可证的两种情形：①采伐自然保护区以外的竹林，不需要申请采伐许可证，但应当符合林木采伐技术规程；②农村居民采伐自留地和房前屋后个人所有的零星林木，不需要申请采伐许可证。本题中，甲采伐承包林地里的林木，不属于上述情形。B 选项错误。

C 选项，《森林法》第 57 条第 3 款规定，农村居民采伐自留山和个人承包集体林地上的林木，由县级人民政府林业主管部门或者其委托的乡镇人民政府核发采伐许可证。C 选项正确。

D 选项，我国禁止伪造、变造、买卖、租借采伐许可证。（《森林法》第 56 条第 5 款）D 选项错误。

参考答案 C

297

河东村村民王某向河西村村民张某购买了 10 棵杨树，之后王某未办理采伐许可证即到张某承包的林地伐木。经查，双方并未明确约定办理采伐许可证的主体。根据当地惯例，采伐许可证一般由买树方办理。下列哪一选项是正确的？（2024-回忆版-单）

A. 应对王某以盗伐林木进行处罚
B. 应对王某以滥伐林木进行处罚
C. 对当事人之间的买卖价款应予以罚没
D. 应由张某补种 10 棵杨树

本题考点 森林资源保护（采伐许可）

选项分析（1）林木的所有权、使用权和采伐权相分离，不能因对林木拥有所有权、使用权，就不经有关部门批准并领取采伐许可证便进行采伐。

（2）"盗伐"和"滥伐"的区分以是否"以非法占有为目的"为标准。若以非法占有为目的，未取得采伐许可证，擅自采伐，构成"盗伐"；若不以非法占有为目的，未取得采伐许可证，或者违反采伐许可证规定任意采伐，则构成"滥伐"。

可知：

A 选项，本题中，王某向张某购买林木，并非以非法占有为目的，不能认定其为"盗伐"。A 选项错误。

B 选项，采伐林地上的林木应当申请采伐许可证，并按照采伐许可证的规定进行采伐。（《森林法》第 56 条第 1 款）所以，王某虽然砍伐的是自己购买的林木，但其未按法律规定申请采伐许可证，仍然构成滥伐林木。B 选项正确。

C、D 选项，《森林法》第 76 条第 2 款规

定："滥伐林木的，由县级以上人民政府林业主管部门责令限期在原地或者异地补种滥伐株数 1 倍以上 3 倍以下的树木，可以处滥伐林木价值 3 倍以上 5 倍以下的罚款。"可知，对滥伐林木的处理有两种：一是补种，二是罚款。所以，C 选项"没收交易当事人的购树价款"是错误的。且本题系买树方王某未取得采伐许可证，王某构成"滥伐"，故应当由王某补种。D 选项错误。

参考答案 B

二、矿产资源法律制度

298

甲公司的核心资产为 A 煤矿的采矿权。甲公司将其全部股权出售给乙公司，《股权转让合同》约定，甲公司转让全部股权和全部资产，包括 A 煤矿的所有固定资产、设备和一切证照公章，以及采矿许可手续。采矿权作价 10 亿元出售，溢价 5 亿元。对此，下列说法正确的有：(2023-回忆版-多)〔1〕

A.《股权转让合同》有效，不导致采矿权主体发生变更
B. 本案以股权转让形式将采矿权倒卖牟取高额利益，违反了法律的强制性规定，《股权转让合同》无效
C. 本案实质上是甲公司的采矿权转让，乙公司需要办理采矿权审批变更手续
D. 本案乙公司通过股权转让获得甲公司的全部资产，无需重新获取新的采矿权证书

本题考点 矿业权人的权利（探矿权、采矿权）

选项分析 A、B 选项，本题系企业股权和资产整体转让，只涉及出资人的变动，并非采矿权转让，不涉及采矿权人的变更。《股权转让合同》并非"采矿权转让合同"，双方不存在以合法形式掩盖非法目的的情形，且不违反法律、行政法规的强制性规定，《股权转让合同》应当认定为合法有效。A 选项正确，B 选项错误。

C、D 选项，本题采矿权的主体仍为 A 煤矿，虽然股权发生变更，但案涉采矿权并未转移，不存在重新取得新的采矿权手续、重新获取新的采矿权证书的情形。C 选项错误，D 选项正确。

参考答案 AD

---

〔1〕 该题解析部分参见最高人民法院民事裁定书"（2020）最高法民申 5703 号"和"（2015）民申字第 1282 号"。

答案速查表

题号	答案	题号	答案	题号	答案	题号	答案
1	D	28	AC	55	C	82	B
2	A	29	D	56	AD	83	CD
3	AD	30	ACD	57	AC	84	BCD
4	BD	31	A	58	AB	85	BC
5	AD	32	AB	59	ABD	86	D
6	AD	33	B	60	AD	87	D
7	C	34	AC	61	C	88	BC
8	C	35	AC	62	AB	89	AB
9	A	36	AC	63	BCD	90	A
10	ABC	37	ABC	64	CD	91	D
11	ABD	38	ABC	65	AD	92	BD
12	C	39	D	66	BC	93	A
13	CD	40	D	67	A	94	AD
14	BC	41	AB	68	ACD	95	D
15	ABC	42	AD	69	ACD	96	C
16	C	43	AB	70	ABCD	97	D
17	ACD	44	B	71	B	98	D
18	CD	45	AD	72	BD	99	AD
19	D	46	A	73	C	100	D
20	D	47	BC	74	ABC	101	D
21	ABC	48	AD	75	ABD	102	CD
22	BD	49	D	76	C	103	B
23	ABC	50	D	77	C	104	D
24	B	51	A	78	D	105	BC
25	BC	52	AD	79	A	106	AD
26	BD	53	D	80	D	107	C
27	C	54	AC	81	CD	108	C

题号	答案	题号	答案	题号	答案	题号	答案
109	AB	140	D	171	ACD	202	AC
110	C	141	ACD	172	ABCD	203	C
111	B	142	BC	173	BC	204	A
112	C	143	CD	174	A	205	AD
113	B	144	BD	175	AC	206	C
114	BC	145	C	176	AD	207	ABCD
115	BD	146	C	177	A	208	BC
116	B	147	AB	178	ACD	209	BD
117	BC	148	ACD	179	B	210	B
118	A	149	B	180	ABCD	211	ABC
119	B	150	A	181	AC	212	A
120	BC	151	CD	182	BCD	213	B
121	BCD	152	B	183	ABC	214	AD
122	BCD	153	AC	184	BC	215	B
123	BD	154	AB	185	C	216	B
124	ABC	155	ABD	186	BD	217	B
125	B	156	AB	187	B	218	D
126	C	157	D	188	BC	219	ACD
127	D	158	A	189	B	220	A
128	AB	159	AB	190	D	221	ACD
129	BCD	160	CD	191	D	222	A
130	A	161	BC	192	AB	223	AD
131	D	162	A	193	ABC	224	ABC
132	BD	163	AB	194	AD	225	A
133	ABC	164	AB	195	BCD	226	A
134	C	165	C	196	CD	227	B
135	B	166	C	197	A	228	AB
136	BD	167	BD	198	A	229	ABCD
137	D	168	ABC	199	AD	230	BC
138	BCD	169	CD	200	C	231	ABCD
139	B	170	BD	201	C	232	ABC

题号	答案	题号	答案	题号	答案	题号	答案
233	ACD	250	ACD	267	AD	284	A
234	AC	251	ACD	268	BCD	285	B
235	AB	252	B	269	B	286	A
236	B	253	B	270	BC	287	C
237	BD	254	BD	271	BCD	288	CD
238	AD	255	ACD	272	C	289	A
239	BCD	256	AD	273	AD	290	ABD
240	CD	257	AB	274	D	291	D
241	CD	258	A	275	AC	292	BD
242	C	259	AB	276	AB	293	A
243	C	260	B	277	ABD	294	D
244	D	261	C	278	D	295	C
245	ACD	262	BC	279	AB	296	C
246	ABD	263	AB	280	AB	297	B
247	CD	264	ABC	281	AB	298	AD
248	A	265	ABCD	282	C		
249	BD	266	ACD	283	B		

声　明	1. 版权所有，侵权必究。
	2. 如有缺页、倒装问题，由出版社负责退换。

图书在版编目（CIP）数据

商经法 298 题. 真题卷 / 鄢梦萱编著. -- 北京 : 中国政法大学出版社，2025. 2. -- ISBN 978-7-5764-1930-6

Ⅰ. D923.990.4；D922.290.4

中国国家版本馆 CIP 数据核字第 2025AA2536 号

出　版　者	中国政法大学出版社
地　　　址	北京市海淀区西土城路 25 号
邮寄地址	北京 100088 信箱 8034 分箱　邮编 100088
网　　　址	http://www.cuplpress.com（网络实名：中国政法大学出版社）
电　　　话	010-58908285(总编室) 58908433（编辑部）58908334(邮购部)
承　　　印	三河市华润印刷有限公司
开　　　本	787mm×1092mm　1/16
印　　　张	13.5
字　　　数	405 千字
版　　　次	2025 年 2 月第 1 版
印　　　次	2025 年 2 月第 1 次印刷
定　　　价	55.00 元

2025年主客一体至尊班

*2024年12月中旬-2025年主观题考前
*课程价格：18800元

至尊服务

八科答疑　八科专业讲师进群答疑，及时解决学习中的困惑

小组抽背　各科专业讲师不定期抽查，检测学员学习效果

进阶主观　提前安排主观小案例训练，熟悉主观作答思路

人工批改　专业讲师1V1人工精细化批改，及时纠正，从容应考

小灶梳理　科目老师定期梳理重难点，强化巩固，加深记忆

周期回访　班主任定期回访，检查学习进度，及时了解学习动态

(入学问诊)　(全程规划)　(专属小群)　(陪伴督学)

(多元测试)　(小灶梳理)　(周期回访)　(定期班会)

◎ 课程全　◎ 开课早　厚大网授
◎ 有保障　◎ 服务精

主客一体重读模式
扫码购买了解详情

2025年主客一体私教九对一

2025年3月上旬-2025年主观题考前
*课程价格：25800元

私教服务天花板

专属档案　专业导师一对一问诊,定制专属个性学习计划,建立个人档案

私教小群　你一个人的专属学习群，静心备考，学习氛围浓厚，想不学习都难

个性规划　专业班主任电话深度辅导学习、重难点科目指导,使督学更针对性

讲师答疑　复习规划及时调，学习疑问不过夜，学习质量有保证

严格督学　班主任根据听课数据；复习情况专业性督学,保障学习不掉队

主观指导　针对掌握情况，结合主观题的考查方式，指导复习方法和计划

测试评估　检测学习效果，根据作答情况动态调整学习方案，不留漏洞

一对一抽背　科目老师一小时的科目抽查，帮助及时发现问题，巩固复习成果

一对一批改　就作答给出批改反馈，针对性辅导，帮助了解主观题考查方式

◎ 针对答疑　◎ 严格督学　厚大网授
◎ 私教小群　◎ 个性规划

主客一体普通模式
扫码购买了解详情